中國現代產業體系實現論

詹懿 著

財經錢線

前　言

　　產業體系是各產業之間基於技術、市場等關係而相互結合在一起的有機產業系統。產業是國民經濟的基本組成部分，產業的興衰直接關係到一國綜合國力的強弱，關係到一國經濟、軍事、政治力量的強弱。國民經濟中的各個產業不是相互獨立存在的，而是相互依賴、共榮共衰的關係。各個具有直接或間接聯繫的產業通過企業和居民的消費而連接成一個整體，這個整體共同決定著一國的經濟發展水平和抵禦外部經濟干擾的能力，這個整體就是現代產業體系。

　　中國作為一個經濟總量居世界第二的發展中國家，一方面，擁有巨大的國內市場和內需潛力，具有支撐國內產業轉型升級和產業體系形成與發展的良好基礎；另一方面，在發展的過程中還將面臨越來越嚴峻的外部壓力和挑戰，在技術和市場等方面被惡意邊緣化。因此，發展現代產業體系，通過現代產業體系把國內龐大的內需市場、產業升級的需求，與以製造業為核心的產業體系創造的有效供給相結合，把原有的被分割和抽掉核心環節的產業鏈連接起來，借助互聯網+、大數據、3D打印等新一輪科技革命的引領效應，充分激發國內的內需潛力和產業轉型升級引發的輻射帶動效應，實現同一產業鏈式發展、相關配套產業集群化發展、各個產業體系化發展，在此過程中逐漸培育一批具有核心技術的民族企業、民族品牌，使中國真正由製造業大國向製造業強國轉變。

　　要促進工業化、信息化、城鎮化和農業現代化同步發展，要著力構建現代產業發展新體系。學者和政府圍繞發展現代產業體系做出了很多研究和區域性探索，豐富了研究現代產業體系的理論和實踐。但對中國現代產業體系發展的概念、特徵、原則、內容等問題的研究還處於起步階段，相關的理論和對策研究還存在很多不足，還不符合中國推進「四化」同步發展的需要。

深化經濟體制改革、實施創新驅動發展戰略、推進經濟結構戰略性調整等五個方面做出了重要部署。本書立足於這一理論與現實背景，將「中國現代產業體系實現論」作為研究主題，主要對其科學內涵、特徵、發展模式、主要實現內容等問題進行重點研究。根據本書的研究主題，全書共分為七章：

第一章考察了本書的選題背景和選題意義、文獻綜述、框架結構、主要研究方法以及本書的可能創新點和不足之處。

第二章對現代產業體系的相關理論進行了梳理，重點是以馬克思主義的現代產業體系理論為主。首先介紹了馬克思、恩格斯、毛澤東和鄧小平的現代產業體系理論思想，其次從產業關聯理論、產業結構理論、李斯特的國民經濟體系理論、邁克爾‧波特的國家競爭優勢理論等方面介紹了西方經濟學中的現代產業體系理論，最後對其他學科中的現代產業體系理論進行了簡單的羅列和介紹。本章對現代產業體系理論進行概括的目的是為下文深入分析中國現代產業體系的實現提供理論基礎。

第三章歸納了發展中國現代產業體系的戰略意義，並從世界經濟整體處於艱難爬坡時期、經濟全球化背景下國際資本流動對中國「經濟解構」的威脅、國際金融危機對中國經濟發展的影響、中國正處於「四化」加速發展時期、中國現代產業體系的發展現狀五個方面分別進行了闡述，是本書寫作的出發點。

第四章構建了中國現代產業體系的基本框架，是本書的核心部分。首先，對中國現代產業體系的科學內涵進行了界定，在此基礎上通過比較和分析發達國家經濟史，提出了中國現代產業體系的基本特徵。其次，結合中國當前的經濟發展實際，提出了中國現代產業體系的發展原則和目標體系，接著在總結發達國家產業發展經驗的基礎上提出了中國現代產業體系的發展模式。再次，根據中國現代產業體系的發展重點，提出了中國現代產業體系實現的主要內容，即中國現代產業體系的技術實現、中國現代產業體系的區域實現、中國現代產業體系的制度實現。最後，提出了中國現代產業體系的評價指標體系。

第五章首先概述了中國現代產業體系技術實現的基本內涵和主要內容，以及技術創新的內涵和特徵。其次，結合當前中國技術創新的實際，分析和歸納了中國現代產業體系發展進程中技術創新的主要成就和問題，在此基礎上，指出了中國現代產業體系發展進程中技術創新的模式選擇。再次，根據國家戰略性新興產業規劃和中國產業技術創新中面臨的問題，指出了今後一段時間中國在發展現代產業體系過程中技術實現的重點。最後，從科技、人才、體制、機

制等方面提出了加快中國現代產業體系技術實現的對策措施。

第六章首先概述了中國現代產業體系區域實現的基本內涵和主要內容。其次分別對中國東部地區、中部地區、西部地區、東北地區四個區域推進現代產業體系的現狀和問題進行了分析，並在此基礎上指出了四個區域推進現代產業體系的發展方向和戰略重點。

第七章首先概述了中國現代產業體系制度實現的基本內涵和主要內容。其次對產業政策、官員政績考核制度等在推進中國現代產業體系實現中的作用、存在的主要問題等進行了歸納和分析，並在此基礎上提出了相應的對策建議。

目　錄

1　導論　/　1
 1.1　選題背景與意義　/　1
 1.2　文獻綜述　/　3
 1.3　框架結構　/　8
 1.4　主要研究方法　/　10

2　現代產業體系的理論溯源　/　11
 2.1　馬克思主義的現代產業體系理論　/　11
  2.1.1　馬克思、恩格斯的現代產業體系理論　/　11
  2.1.2　毛澤東的現代產業體系理論　/　14
  2.1.3　鄧小平的現代產業體系理論　/　16
 2.2　西方經濟學中的現代產業體系理論　/　18
  2.2.1　產業關聯理論　/　18
  2.2.2　產業結構理論　/　19
  2.2.3　李斯特的國民經濟體系理論　/　22
  2.2.4　波特的國家競爭優勢理論　/　23
 2.3　其他有關現代產業體系的理論　/　25

3　經濟全球化背景下發展中國現代產業體系的戰略意義　/　27
 3.1　世界經濟整體處於艱難爬坡時期　/　27
 3.2　經濟全球化背景下國際資本流動對中國「經濟解構」的威脅　/　29
 3.3　國際金融危機對中國經濟發展的影響　/　32
 3.4　中國正處於「四化」加速發展時期　/　34
 3.5　中國現代產業體系發展的現狀　/　40

4 中國現代產業體系的基本框架 / 49

4.1 中國現代產業體系的科學內涵 / 49
- 4.1.1 體系的涵義 / 49
- 4.1.2 產業體系的涵義 / 49
- 4.1.3 現代產業體系的涵義 / 50
- 4.1.4 中國現代產業體系的涵義 / 51

4.2 中國現代產業體系的特徵 / 52
- 4.2.1 動態性 / 52
- 4.2.2 現代性 / 52
- 4.2.3 系統性 / 52
- 4.2.4 開放性 / 53
- 4.2.5 層次性 / 53
- 4.2.6 協調性 / 54
- 4.2.7 創新性 / 54
- 4.2.8 融合性 / 54

4.3 中國現代產業體系的發展原則 / 55
- 4.3.1 「兩化」融合 / 55
- 4.3.2 區域互動 / 56
- 4.3.3 創新驅動 / 56
- 4.3.4 「四化」聯動 / 57
- 4.3.5 成鏈發展 / 57

4.4 中國現代產業體系的目標體系 / 58
- 4.4.1 經濟快速增長 / 59
- 4.4.2 優化產業結構 / 59
- 4.4.3 提升產業競爭力 / 60
- 4.4.4 維護國家經濟安全 / 62
- 4.4.5 提高產業自主創新能力 / 63
- 4.4.6 構建完備的國內產業體系 / 65

4.5 中國現代產業體系的發展模式 / 66
- 4.5.1 根據政府與市場發揮作用的不同劃分的模式 / 66

    4.5.2 根據推進的要素和途徑的不同劃分的模式 / 69

  4.6 中國現代產業體系實現的主要內容 / 74

    4.6.1 中國現代產業體系的技術實現 / 75

    4.6.2 中國現代產業體系的區域實現 / 76

    4.6.3 中國現代產業體系的制度實現 / 78

  4.7 中國現代產業體系的評價指標體系 / 80

    4.7.1 現代產業體系評價指標體系的構建原則 / 80

    4.7.2 中國現代產業體系評價指標體系的選擇 / 81

5 中國現代產業體系的技術實現 / 87

  5.1 概述 / 87

  5.2 中國現代產業體系發展進程中技術創新的主要成就與問題 / 93

    5.2.1 中國現代產業體系發展進程中技術創新的主要成就 / 93

    5.2.2 中國現代產業體系發展進程中技術創新的主要問題 / 99

  5.3 中國現代產業體系發展進程中技術創新的模式選擇 / 105

    5.3.1 技術創新模式選擇的影響因素分析 / 105

    5.3.2 中國現代產業體系發展進程中技術創新模式的選擇 / 107

  5.4 中國現代產業體系發展進程中技術實現的重點 / 111

    5.4.1 高端裝備製造技術 / 111

    5.4.2 新材料技術 / 112

    5.4.3 新能源技術 / 114

    5.4.4 新一代信息技術 / 115

    5.4.5 農產品深加工技術 / 116

    5.4.6 現代育種技術 / 118

  5.5 中國現代產業體系發展進程中技術創新的對策措施 / 119

    5.5.1 加大技術創新投入力度 / 119

    5.5.2 加快技術創新人才隊伍建設 / 119

    5.5.3 積極探索多種有效的技術創新模式 / 120

    5.5.4 理順技術創新的體制機制障礙 / 121

    5.5.5 營造有利於技術創新的文化氛圍 / 122

    5.5.6 培育大企業大集團 / 122

　　　　5.5.7　培育和壯大產業集群／123

6　中國現代產業體系的區域實現／126
- **6.1　概述／126**
- **6.2　東部地區現代產業體系的實現／131**
  - 6.2.1　東部地區推進現代產業體系實現的現狀和問題／131
  - 6.2.2　東部地區推進現代產業體系實現的發展方向和戰略重點／138
- **6.3　中部地區現代產業體系的實現／139**
  - 6.3.1　中部地區推進現代產業體系實現的現狀和問題／140
  - 6.3.2　中部地區推進現代產業體系實現的發展方向和戰略重點／144
- **6.4　西部地區現代產業體系的實現／147**
  - 6.4.1　西部地區推進現代產業體系實現的現狀和問題／147
  - 6.4.2　西部地區推進現代產業體系實現的發展方向和戰略重點／155
- **6.5　東北地區現代產業體系的實現／159**
  - 6.5.1　東北地區推進現代產業體系實現的現狀和問題／159
  - 6.5.2　東北地區推進現代產業體系實現的發展方向和戰略重點／162

7　中國現代產業體系的制度實現／166
- **7.1　概述／166**
- **7.2　中國現代產業體系發展進程中的產業政策實現／167**
  - 7.2.1　產業政策在中國現代產業體系發展進程中的作用／167
  - 7.2.2　現階段中國產業政策存在的主要問題／170
  - 7.2.3　中國現代產業體系發展進程中產業政策創新的
　　　　對策建議／179
- **7.3　中國現代產業體系發展進程中的政績考核制度實現／185**
  - 7.3.1　政績考核制度在中國現代產業體系發展進程中的作用／185
  - 7.3.2　現階段中國政績考核制度存在的主要問題／187
  - 7.3.3　中國現代產業體系發展進程中政績考核制度創新的
　　　　對策建議／190

參考文獻／192

後記／204

1 導論

1.1 選題背景與意義

20世紀末，隨著計算機等信息化技術手段的出現和大量使用，人類逐漸進入了信息化時代。信息化時代的到來使信息產業作為一個新的產業在經濟社會的發展中發揮著越來越重要的作用，它不僅改變了人們的日常生產生活方式，更重要的是降低了不同國家和地域的企業之間的交易成本，促進了世界各國之間的經濟貿易往來，進一步加快了社會分工在國與國之間以及產業與產業之間的發展速度。

進入21世紀，在經濟信息化和經濟全球化的共同影響下，世界經濟一體化的進程加速推進，整個國際分工逐漸由產業間的分工轉向產業內不同產品間的分工，由產業內不同產品間的分工轉向同一產品不同價值鏈環節間的分工。國際分工格局也發生了新的變化，由以往的發達國家生產和出售工業製成品換取發展中國家的原材料等初級產品，轉向發達國家控制產業的研發、核心零部件、品牌等高附加值環節，而原料加工、簡單組裝等低附加值環節轉移到發展中國家，發達國家出口高端產品進口低端產品，發展中國家出口低端產品進口高端產品的新格局。

伴隨國際分工深化的是國際產業佈局的重新調整，是產業價值鏈在全球的重新佈局。在舊的國際分工格局中，全部工業產業價值鏈都在發達國家內部，而發展中國家只有微不足道的工業生產能力，更多的是農業等自然資源產業。而在新的國際分工格局中，發達國家企業基於資本利潤最大化的需要，將部分能耗高、污染大的資源型產業和勞動力密集型產業通過對外直接投資、合資和外包等形式轉移到發展中國家，國內則繼續保留研發、核心零部件生產、關鍵設備生產和組裝、品牌、銷售等高附加值環節，從而實現了腦體產業在發達國

家內部的分離和在全球的重新佈局。

發達國家腦體產業在全球的重新佈局，給正處於工業化過程的中國既帶來了機遇，同時也帶來了更深層次的挑戰。改革開放後，中國抓住新一輪國際產業轉移的契機，積極融入國際分工體系之中，通過引進外資和合資等形式承接了大量出口加工型產業，在短期內實現了工業總量和 GDP 的快速增加，以及工業化、城鎮化水平的迅速提升，人民生活得到了極大改善。但是，大量承接以資源密集型和勞動力密集型產業為主體的出口加工型產業，使中國成為了世界經濟大國，而不是世界經濟強國，這種高投入、高消耗、高污染、低效益的經濟增長方式給中國的資源和環境帶來了巨大的壓力，阻礙了經濟的可持續發展。更重要的是，中國過量發展資源密集型和勞動力密集型等低端產業，而在裝備製造、電子信息、新材料、新能源、現代服務業等中高端產業中，外資利用其資金、技術、品牌、管理和中國對外資的政策優惠等優勢，通過惡意併購、專利控制等方式對國內關鍵零部件企業或龍頭企業實施了整體壓制，並對中高端產業的產業鏈實施了分段割裂和整體控制，整個現代產業體系面臨被分割瓦解的危險。這不僅不利於中國產業之間的互動發展、自主創新能力的提升，而且不利於產業結構的優化升級、經濟發展方式的轉變和國家產業安全的維護。

最近幾年，筆者經常在國內報紙、雜誌和新聞媒體上聽到美國等發達國家對中國實施軍事圍堵、資源圍堵，並且各自都提出了自己的見解。事實上，還有一個重要方面值得我們警醒，就是美國為了繼續維持其軍事霸權及其賴以存在的美元霸權，蓄意渲染「中國威脅論」並尋找各種理由和借口對中國實施「產業圍堵」，表現為在國際上千方百計地阻止中國獲得發達國家的先進技術，在國內利用跨國公司大肆兼並、收購中國的行業性龍頭企業和關鍵零部件企業，企圖把中國的產業發展永遠鎖定在產業鏈的低端位置，淪為其原料供應地和低端產品供應地（基於舊殖民主義思維下的新殖民主義格局）。基於這樣的國際和國內環境，筆者認為中國要破除面臨的軍事、資源和產業「三大圍堵」，維護中國的資源、國防和產業安全，首先要破除產業圍堵，即維護產業安全，而維護產業安全的重要手段就是建立和發展中國現代產業體系，通過發揮現代產業體系的系統整合力促進高端裝備製造業、信息產業、新材料和現代服務業等高端產業的發展，不斷提高中國的產業技術水平、自主創新能力和產業競爭力，不斷增強中國的經濟實力和軍事實力。

黨的十七大報告中明確提出，要「加快轉變經濟發展方式，推動產業結構優化升級。要堅持走中國特色新型工業化道路，堅持擴大國內需求特別是消

費需求的方針，促進經濟增長由主要依靠投資、出口拉動向依靠消費、投資、出口協調拉動轉變，由主要依靠第二產業帶動向依靠第一、第二、第三產業協同帶動轉變，由主要依靠增加物質資源消耗向主要依靠科技進步、勞動者素質提高、管理創新轉變。」要「發展現代產業體系，大力推進信息化與工業化融合，促進工業由大變強，振興裝備製造業，淘汰落後生產能力」。但是，到目前為止，中國的現代產業體系還未完全實現，整個國家產業體系因對外依存度過大和產業間互動發展能力不足而失去了系統化發展能力，因缺乏高新技術產業、戰略性新興產業等現代產業以及研發、設計等產業鏈高端環節的支撐和引領作用而難以推動整個產業體系的優化升級。

黨的十八大進一步指出，「以經濟建設為中心是興國之要，發展仍是解決中國所有問題的關鍵。在當代中國，堅持發展是硬道理的本質要求就是堅持科學發展。要適應國內外經濟形勢新變化，加快形成新的經濟發展方式，把推動發展的立足點轉到提高質量和效益上來，著力激發各類市場主體發展新活力，著力增強創新驅動發展新動力，著力構建現代產業發展新體系，著力培育開放型經濟發展新優勢，使經濟發展更多依靠內需特別是消費需求拉動，更多依靠現代服務業和戰略性新興產業帶動，更多依靠科技進步、勞動者素質提高、管理創新驅動，更多依靠節約資源和循環經濟推動，更多依靠城鄉區域發展協調互動，不斷增強長期發展後勁。」[①]

因此，在這樣的背景下，只有通過對現代產業體系相關理論的歸納、內涵的科學界定、形成機理的深入分析和發達國家成功實現的經驗總結，對中國當前現代產業體系在技術、制度和區域實現等方面面臨的問題進行深入的剖析，才能提出科學、合理的政策建議，從而為中國現代產業體系的實現提供可資借鑒的理論參考、經驗借鑒、政策建議。

1.2 文獻綜述

目前，國內外有關現代產業體系的研究並不多。從國外來看，由於發達國家的經濟發展具有先發的優勢，即市場優勢、技術優勢、資金優勢和人才優勢等。發達國家在發展國內經濟、構建國內產業體系的時候思慮的主要是如何發

[①] 胡錦濤. 堅定不移沿著中國特色社會主義道路前進 為全面建成小康社會而奮鬥——在中國共產黨第十八次全國代表大會上的報告 [R]. 北京：人民出版社，2012：19-20.

揮本國的資源、技術、人才等優勢，以搶占不斷擴大的國內和國際市場，為本國的企業和國家賺取財富和利潤，在遭遇外部競爭的時候如何通過各種手段維護自身的利益。在有關發達國家經濟史的文獻中沒有專門談及發達國家怎樣發展現代產業體系的文獻。儘管發達國家經濟史中沒有專門談及發展現代產業體系的文獻，但從發達國家經濟發展的歷程來看，其經濟發展尤其是產業的發展還是有跡可循的，即以棉紡織業為核心的現代產業體系→鋼鐵產業為核心的現代產業體系→汽車產業為核心的現代產業體系→信息產業為核心的現代產業體系。

從發達國家發展現代產業體系的成功經驗可以看出，各國現代產業體系的核心主要是製造業，當產業體系的核心偏離製造業（實體經濟）而轉向虛擬經濟的時候，國內經濟的發展將面臨危機，2007年美國爆發的次貸危機就是一個例證。儘管國外有關研究中沒有直接談及現代產業體系的，但仍有部分文獻從側面強調了工業發展或實體經濟發展對現代產業體系發展的重要性。如 Rick Delbridge（1997）[1] 認為，強大的工業經濟體系是發達國家國民財富增長和維持市場競爭優勢的基礎，傳統產業的衰退會影響這些國家在國際市場上的競爭地位。製造業勞動生產率的下降會抑制經濟增長，並削弱本國產業的國際競爭力。Tibor Kis（2011）[2] 認為，應該進一步優化配置要素以調整工業結構而不是簡單地放棄工業的發展，對於傳統工業基地的轉型不能簡單地轉向服務經濟，而是應該轉向更高層次和更高技術水平的工業生產，如法國的洛林地區。

從國內來看，中國有關現代產業體系的研究主要是在黨的十七大報告以後，黨的十七大報告提出要「發展現代產業體系」以來，國內學者圍繞現代產業體系進行了多方面的研究，主要集中在以下幾個方面：一是圍繞現代產業體系的科學內涵、特徵、動力等進行了詮釋；二是分析了現代產業體系的技術實現問題；三是分析了現代產業體系的區域實現問題；四是分析了現代產業體系的制度實現問題。

1. 現代產業體系的內涵

自黨的十七大報告提出發展現代產業體系以來，中國政府決策部門和理論界圍繞現代產業體系的基本內涵、特徵和動力等進行了多維度的解讀，但到目前為止，對現代產業體系的科學內涵尚未形成統一的認識。

---

[1] Rick Delbridge. Manufacturing in Transition [M]. Newyork: Routledge, 1998: 3.
[2] Tibor Kis. Reidustrialation Problems of Regions of Economics in Transtions – Case of Vojvodina [J]. Advances in Business – Related Scientific Research Journal (ABSRJ), Volume 2, Number 2, 2011.

李颭（2008）認為，現代產業體系是指順應經濟知識化、經濟全球化的趨勢和消費需求升級的要求，以當代高新技術為依託，以創新為主要發展動力，實現農業現代化、工業信息化、服務業主體化，強調資源消耗低、環境污染少，追求生態效益與經濟效益、社會效益三贏的可持續發展的產業系統。並認為現代產業體系具有「可持續性、開放性、融合性、創新性、市場適應性」[①] 五個特徵。

陳建軍（2008）認為，現代產業體系是產業體系的一個集合或者子類，即被納入「現代產業體系」中的那些產業，應該具有更多的「現代元素」。從中國理論界和政策研究界討論的情況看，這些元素就是符合科學發展觀統領一切的理念，符合「兩高兩低一自主」特徵的各類產業，並認為現代產業體系具有「創新性、開放性、知識性、融合性、集聚性、可持續性」[②] 等特徵。

向曉梅（2008）從系統論的角度定義現代產業體系：「現代產業體系可以看作是產業在橫向聯繫上具有均衡性和協調性，在縱向發展上形成完整的產業鏈，產業具備良好的制度素質、技術素質和勞動力素質，產業結構與消費結構之間形成良好互動，產業發展與資源、環境相協調，與國際產業發展相銜接的產業鏈完整、優勢集聚、競爭力強的產業系統，具有很強的創新性、開放性、協調性、適應性和可持續性等特徵。」[③]

劉明宇、芮明杰（2009）在將現行產業體系和現代產業體系進行區分的基礎上，提出現代產業體系是指具有當代領先的具有競爭優勢的又面向未來發展趨勢的產業體系。這樣的產業體系既有本國先天的要素稟賦帶來的路徑依賴，也有後天要素稟賦升級和專業化分工產生的動態比較優勢的影響。[④]

張明哲（2010）認為：「現代產業體系是相對於傳統產業體系而言的，其目的是實現產業結構的優化升級，其核心是一個先進製造業、現代服務業和現代農業互相融合、協調發展的系統，是中國轉換經濟發展方式、實現科學發展、構建資源節約環境友好型社會的產業載體。」[⑤]

彭興庭（2010）從創新的角度提出，「構建現代產業體系，就是以產業鏈

[①] 李颭. 構建現代產業體系的路徑選擇——廣東現代產業體系及其支撐要素互動關係研究 [M]. 北京：中國社會科學出版社，2008：11.
[②] 陳建軍. 關於打造現代產業體系的思考——以杭州為例 [J]. 浙江經濟，2008（17）：43-45.
[③] 向曉梅. 著力構建現代產業體系 [J]. 港口經濟，2008（9）：42.
[④] 劉明宇，芮明杰. 全球化背景下中國現代產業體系的構建模式研究 [J]. 中國工業經濟，2009（5）：59.
[⑤] 張明哲. 現代產業體系的特徵與發展趨勢研究 [J]. 當代經濟管理，2010（1）：42.

條上各企業為創新主體，構建產業之間、企業之間以及企業和高校、科研機構、用戶和供應商、金融機構、政府之間的聯繫網絡，最終實現產業結構的優化和升級。」①

周權雄（2010）在全球化和信息化的時代背景下，結合中國的國情，從四個方面提出了具有中國特色的現代產業體系動力機制，一是自主創新和技術進步，二是可持續發展，三是企業家創新，四是體制改革。②

唐家龍（2011）認為，現代產業體系是一個動態概念，它以工業化進程的不斷推進和深化為前提，是一個服務經濟比重逐步提高、技術先進、以人力資本價值實現為依託、具有生產率競爭優勢、可持續性強的產業體系。它是工業深化、結構軟化、科技發展和人的發展相結合的新型產業體系。③

以上觀點從轉變經濟發展方式、產業集合論、系統論、創新和動態發展的角度分別對現代產業體系進行了多方位的闡釋和解讀，但對於理解現代產業體系的科學內涵還缺乏全面性和系統性。

2. 現代產業體系的實現路徑

(1) 現代產業體系的技術實現

技術創新是促進新興產業形成、改造提升傳統產業、提高產業競爭力的關鍵，是優化產業結構、構建現代產業體系和發揮產業系統整體優化功能的基礎。根據掌握的現有文獻，目前國內學術界主要從以下幾個方面對現代產業體系的技術實現進行了論述。

江湧、李雪瑜（2011）從科技創新的角度對廣東省構建現代產業體系進行了分析，認為「科技創新是產業結構優化升級的動力和源泉」，「科技創新決定了現代產業體系的特徵」，即決定了現代產業體系的開放性、融合性、集聚性和可持續性，並從「依靠科技創新，優化產業佈局，促進現代服務業與先進製造業調整升級」，「依靠科技創新，掌握產業核心技術，改造傳統產業、培育高新技術產業」，「依靠科技創新，調整產業結構，構建現代農業和基礎產業的協調發展」④ 三個方面提出了構建廣東現代產業體系的策略。

王海燕、劉家順（2011）從分析科技創新與現代產業體系的關係出發，

---

① 彭興庭.論現代產業體系的構建 [J].天府新論，2010 (1)：49-50.
② 周權雄.現代產業體系構建的背景條件與動力機制 [J].科技進步與對策，2010 (2)：49-51.
③ 唐家龍.經濟現代化與現代產業體系的內涵與特徵 [J].天津經濟，2011 (5)：16.
④ 江湧、李雪瑜.依靠科技創新構建廣東現代產業體系 [J].科技管理研究，2011 (24)：24-16.

認為「科技創新是現代產業體系的根本推動力」,「科技創新對現代產業體系的作用最終是通過推動產業結構升級和產業組織變革來實現的」,「科技創新通過科技供給和市場需求拉動,以及企業組織重構,來改變要素結構、需求結構、產業結構,從而促進現代產業體系的形成。現代產業體系又通過創造新的需求和良好的市場運行環境,反作用於科技創新」①,最終兩者形成良性的「循環累積效應」。

(2) 現代產業體系的區域實現

牛竹梅、喬翠霞(2010)從山東省產業體系的現狀和問題分析出發,提出了加快山東省現代產業體系建設的「六項」基本原則:因地制宜、協調發展、集聚發展、技術支撐、戰略引領、區域對接,以及六大舉措:推動工業結構升級,做強先進製造業;立足現有基礎,推進傳統產業優化升級;加快自主創新步伐,引領高新技術產業迅速成長;大力發展現代服務業,改造提升傳統服務業;突出功能培育,建設現代化農業強省;發揮資源優勢,挖掘海洋經濟潛力。②

楊永華(2008)在廣東省勞動密集型產業大量外遷的背景下,從廣東省產業發展面臨的問題出發,提出「廣東構建現代產業體系的目標是建設先進服務業、先進製造業和高新技術產業;實質是提升產業的科技含量;關鍵是發展民族產業,擁有企業自主知識產權。」③

(3) 現代產業體系的制度實現

宋立根(2011)從財稅政策支持的角度分析了怎樣促進現代產業體系發展的問題,認為「發揮財稅政策的引導作用,有利於促進現代產業體系的建立和經濟增長方式的轉變。」④ 並從財稅政策在現行傳統產業發展中的作用,存在的主要問題出發,提出了構建現代產業體系的財稅政策建議。

以上分別從技術、區域和制度三個方面闡述了現代產業體系的實現問題,但大多是從具體的省份(如廣東省、山東省)出發,由於這兩個省份的經濟發展水平較高,難以作為研究中國現代產業體系的一般性代表。

---

① 王海燕,劉家順.科技創新與現代產業體系相關關係[J].河南理工大學學報,2011(3):44-46.

② 牛竹梅,喬翠霞.加快山東省現代產業體系建設的思路與對策[J].理論學刊,2010(1):36-39.

③ 楊永華.廣東構建現代產業體系的理論探析[J].廣東金融學院學報,2008(6):117-122.

④ 宋立根.構建現代產業體系的財稅政策支持[J].中國發展觀察,2011(3):45-47.

1.3 框架結構

根據本書的研究主題，全書共分為五個部分，其基本研究框架如圖1-1所示。第一部分是全書的導論，考察了本書的研究背景和選題意義等，包括第一章；第二部分是現代產業體系的理論溯源，包括第二章；第三部分是經濟全球化背景下發展中國現代產業體系的戰略意義，包括第三章；第四部分是中國現代產業體系的基本框架，包括第四章；第五部分是中國現代產業體系實現的主要內容，分為技術實現、區域實現和制度實現三個部分，包括第五、第六、第七章。

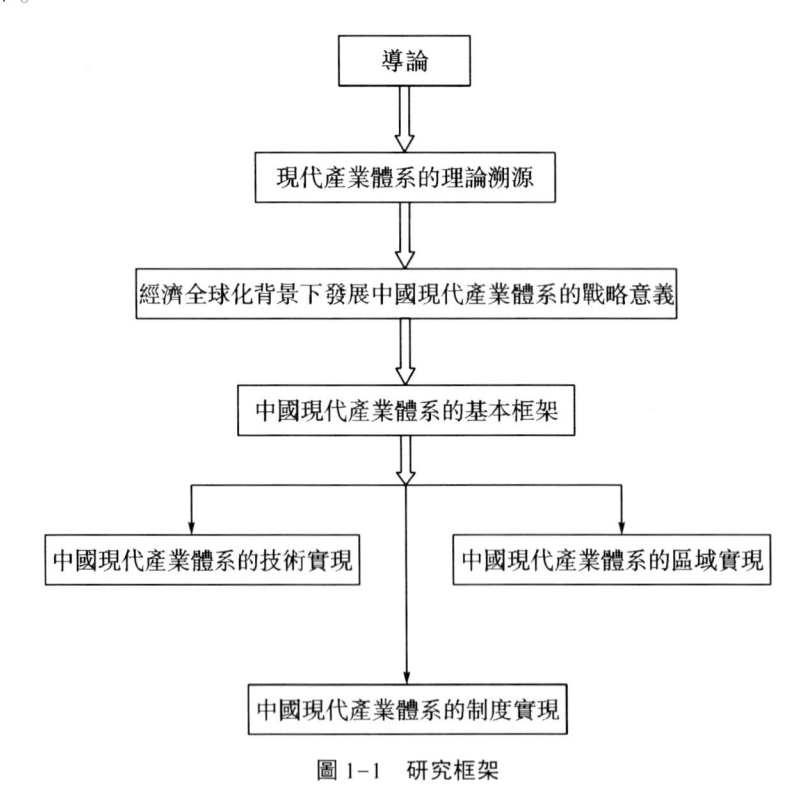

圖1-1 研究框架

第一章導論。本章考察了本書的選題背景和選題意義、框架結構、主要研究方法以及主要創新點和不足之處。

第二章中國現代產業體系的理論溯源。本章對產業體系的理論和思想進行了分類和梳理，重點是以馬克思主義的產業體系理論為主。首先介紹了馬克思

恩格斯、毛澤東和鄧小平的產業體系理論思想，其次從產業關聯理論、產業結構理論、李斯特的國民經濟體系理論、邁克爾・波特的國家競爭優勢理論等方面介紹了西方經濟學中的產業體系理論思想，最後對其他學科中的產業體系理論進行了簡單的羅列和介紹，以及國內學者最近對現代產業體系的有關研究。本章對現代產業體系理論的概括，目的是為下文深入分析中國現代產業體系的實現提供理論基礎。

第三章經濟全球化背景下發展中國現代產業體系的戰略意義。本章歸納了發展中國現代產業體系的戰略意義，並從世界經濟整體處於低谷階段、經濟全球化背景下國際資本流動對中國「經濟解構」的威脅、國際金融危機對中國經濟發展的影響、中國正處於「四化」加速發展時期、中國現代產業體系的發展現狀等方面分別進行了闡述。

第四章中國現代產業體系的基本框架。本章對中國現代產業體系的基本內涵進行了全面歸納，首先對中國現代產業體系的科學內涵進行了界定，在此基礎上通過比較和分析發達國家經濟史，提出了中國現代產業體系的基本特徵。其次，結合中國當前的經濟發展實際，提出了中國現代產業體系的發展原則和目標體系，接著在總結發達國家產業發展經驗的基礎上提出了中國現代產業體系的發展模式。再次，根據中國現代產業體系的發展重點，提出了中國現代產業體系實現的主要內容，即中國現代產業體系的技術實現、中國現代產業體系的區域實現、中國現代產業體系的制度實現。最後，提出了中國現代產業體系的指標體系。本章構建了中國現代產業體系的基本框架，是全書的核心部分。

第五章中國現代產業體系的技術實現。本章首先概述了中國現代產業體系技術實現的基本內涵和主要內容，以及技術創新的內涵和特徵。其次，結合當前中國技術創新的實際，分析和歸納了中國現代產業體系發展進程中技術創新的主要成就和問題，在此基礎上，指出了中國現代產業體系發展進程中技術創新的模式選擇。再次，根據國家戰略性新興產業規劃和中國產業技術創新中面臨的問題，指出了今後一段時間中國發展現代產業體系過程中技術實現的重點。最後，從科技、人才、體制機制等方面提出了加快中國現代產業體系技術實現的對策措施。

第六章中國現代產業體系的區域實現。本章首先概述了中國現代產業體系區域實現的基本內涵和主要內容，以及區域產業佈局的概念和一般規律。其次分別對中國東部地區、中部地區、西部地區、東北地區四個區域推進現代產業體系現狀和問題進行了分析，並在此基礎上指出了四個區域推進現代產業體系的發展方向和戰略重點。

第七章中國現代產業體系的制度實現。本章首先概述了中國現代產業體系制度實現的基本內涵和主要內容。其次對產業政策、官員政績考核制度等在推進中國現代產業體系中的作用、存在的主要問題等進行了歸納和分析，並在此基礎上提出了相應的對策建議。

1.4 主要研究方法

本書堅持以馬克思列寧主義、毛澤東思想、鄧小平理論為指導，同時注意吸收和借鑒西方經濟學的合理內核和方法，將歷史分析與邏輯分析方法、定性與定量分析方法、規範分析與實證分析方法、系統分析方法等有機結合起來。

（1）歷史分析與邏輯分析相結合。歷史分析強調從歷史史實的角度對某一問題進行歸納總結，可以總結其中的成功經驗和失敗教訓。邏輯分析強調事物的原因、過程、結果的合乎情理的分析，可以從現狀出發對未來的發展進行一定程度上的推測。把歷史分析與邏輯分析相結合可以在吸收世界經濟史上現代產業體系發展經驗的基礎上，對中國未來發展現代產業體系進行一定程度上的展望和規劃，本書在分析中國現代產業體系的基本框架時便採用了該方法。

（2）定性分析與定量分析相結合。定性分析主要用於對事物「質」的方面進行考量，以把握事物的發展方向，定量分析主要用於對事物「量」的方面進行把握，以實現對事物「質」的方面的印證和精確化。本書以定性分析為主，以定量分析為輔。如在對中國現代產業體系的基本框架進行界定的時候就充分運用了定性分析的方法，在分析中國現代產業體系的技術實現和區域實現的現狀和問題時則採用了定性分析與定量分析相結合的方法。

（3）規範分析與實證分析相結合。規範分析強調事物應該是什麼，實證分析則強調事物實際是什麼，規範分析與實證分析相結合可以把事物的現實情況與理論發展方向有機結合，使事物的發展既符合常理又符合實際情況。本書在中國現代產業體系的技術實現、區域實現和制度實現時採用了該方法。

（4）系統分析方法。系統分析方法強調從事物普遍聯繫和事物內部各個元素或成分相互依賴的角度來分析問題。本書在對中國現代產業體系的基本框架進行界定的時候就充分運用了系統分析的方法。

2 現代產業體系的理論溯源

2.1 馬克思主義的現代產業體系理論

2.1.1 馬克思、恩格斯的現代產業體系理論

馬克思、恩格斯在其著作中並沒有直接提出「現代產業體系」的語句，但其在對社會總資本的再生產問題進行的全面深入分析中，卻蘊藏著豐富的現代產業體系思想，由此為我們研究現代產業體系的發展提供了很多可資借鑒的理論和視角。如產業協調發展理論和產業結構優化理論等。

1. 產業協調發展理論

馬克思在闡述社會總資本的再生產過程中，從社會總產品的價值實現和實物交換的角度出發，指出生產生產資料和生產消費資料兩大部類之間要實現結構協調和比例適當，才能實現兩大部類之間以及兩大部類內部的價值補償和實物交換。這實際上就是表明一國要實現國民經濟的簡單再生產進而擴大再生產，實現經濟又好又快的發展，必須保持國民經濟各部門之間的結構協調和比例適當，也即保持國民經濟中各產業成體系的發展。

一是兩大部類之間的協調發展。馬克思在分析資本主義條件下社會總資本的擴大再生產問題時，將社會總生產分為兩大部類，即生產生產資料的部類和生產消費資料的部類。馬克思指出：「社會的總產品，從而社會的總生產，分成兩大部類。Ⅰ. 生產資料：具有必須進入或至少能夠進入生產消費的形式的商品。Ⅱ. 消費資料：具有進入資本家階級和工人階級的個人消費的形式的商品。這兩個部類中，每一部類擁有的所有不同生產部門，總合起來都形成一個單一的大的生產部門：一個是生產資料的生產部門，另一個是消費資料的生產

部門。兩個生產部門各自使用的全部資本，都形成社會資本的一個特殊的大部類。」① 接著馬克思又對生產資料和消費資料進行了進一步的細分，馬克思在論述第一部類追加的不變資本時，提出：「它是用來生產 Ic 的生產資料，而不是用來生產 IIc 的生產資料的，是用來生產生產資料的生產資料，而不是用來生產消費資料的生產資料的。」② 從而將第一部類分為生產生產資料的生產資料生產部門和生產消費資料的生產資料生產部門。「商品生產的第二部類是由種類繁多的產業部門構成的，但是，按它們的產品來說，可分成兩大分部類。(a) 消費資料。它們進入工人階級的消費，但因為它們是必要生活資料，所以也構成資本家階級的消費的一部分，……（b）奢侈消費資料。它們只進入資本家階級的消費，所以只能和花費的剩餘價值交換，而剩餘價值是絕對到不了工人手中的。」③ 從而進一步將第二部類分為生產必要生活資料和奢侈消費資料兩個部門。

在對社會再生產過程中的產業部類進行劃分之後，馬克思又結合社會簡單再生產的實現條件，以及社會擴大再生產的前提條件和實現條件，對社會再生產過程中兩大部類之間的結構和比例關係進行了界定。在分析簡單再生產的實現條件時，馬克思提出：「在簡單再生產中，第 I 部類的商品資本中的 v+m 價值額（也就是第 I 部類的總商品產品中與此相應的比例部分），必須等於不變資本 IIc，也就是第 II 部類的總商品產品中分出來的與此相應的部分；或者說，I（v+m）= IIc。」④ 而要實現社會擴大再生產，首要的條件是要能夠提供擴大再生產所需要的追加的生產資料和生產服務（I（v+m）> IIc），即生產生產資料部門的擴張速度要快於生產消費資料部門的擴張速度。其次是要滿足「I（c+△v+m/x）= II（c+△c）」。否則，如果「由於過去的一系列生產期間進行累積的結果，IIc 不僅與 I（v+m）相等，而且甚至大於 I（v+m）。這就是說，第 II 部類的生產過剩了，而這只有通過一次大崩潰才能恢復平衡，其結果是資本由第 II 部類轉移到第 I 部類。」同時，馬克思還從生產與消費之間的相互依存關係出發論證了產業協調發展的思想，他認為：「生產直接是消費，消費直接是生產。每一方直接是它的對方。可是同時在兩者之間存在著一種媒介運動。生產媒介著消費，它創造出消費的材料，沒有生產，消費就沒有對象。但是消費也媒介著生產，因為正是消費替產品創造了主體，產品對這個

---

① 馬克思, 恩格斯. 馬克思恩格斯文集：第 6 卷 [M]. 北京：人民出版社，2009：438-439.
② 馬克思, 恩格斯. 馬克思恩格斯文集：第 6 卷 [M]. 北京：人民出版社，2009：559.
③ 馬克思, 恩格斯. 馬克思恩格斯文集：第 6 卷 [M]. 北京：人民出版社，2009：448.
④ 馬克思, 恩格斯. 馬克思恩格斯文集：第 6 卷 [M]. 北京：人民出版社，2009：446.

主體才是產品。產品在消費中才得到最後完成。……沒有需要，就沒有生產。而消費則把需要再生產出來。」① 可見，要保證社會再生產的順利進行，必須保持兩大部類之間的總量平衡和結構平衡，即要實現現代產業體系的正常運行，必須使各產業之間保持合理的結構和比例關係。

　　二是產業分工與協作中的協調發展。馬克思在論述社會分工的時候，首先區分了社會分工的類型，他指出：「單就勞動本身來說，可以把社會生產分為農業、工業等大類，叫做一般的分工；把這些生產大類分為種和亞種，叫做特殊的分工；把工場內部的分工，叫做個別的分工。」② 接著分析了產業分工的特徵，他指出：「在工場內部的分工中預先地、計劃地起作用的規則，在社會內部的分工中只是在事後作為一種內在的、無聲的自然必然性起著作用，這種自然必然性可以在市場價格的晴雨表的變動中覺察出來，並克服著商品生產者的無規則的任意行動。」③ 同時，「在資本主義生產方式的社會中，社會分工的無政府狀態和工場手工業分工的專制是相互制約的。」④ 從而馬克思「在指出一般分工和個別分工區別的同時，指明了資本主義條件下社會分工的無政府性以及價值規律在調節這種無政府性方面所起的作用。」⑤ 馬克思又對協作的三種基本形式進行了區分，即簡單協作、以分工為基礎的協作和複雜協作三種基本形式。簡單協作是指許多人同時協同完成同一或同種工作，但是每個人的個人勞動，作為總勞動的一部分，仍可以代表勞動過程本身的不同階段。由於協作，勞動對象可以更快地通過這些階段。⑥ 以分工為基礎的協作，在工場手工業上取得了自己的典型形態。這種協作，作為資本主義生產過程的特殊形式，在真正的工場手工業時期占據統治地位。⑦ 複雜協作出現在機器大工業時期，但這種協作現在表現為各個局部工作的結合。⑧ 在分析完協作的基本形式後，馬克思在此基礎上又分析了協作的社會功能，即創造新的生產能力。他指出：「這裡的問題不僅是通過協作提高了個人生產力，而且創造了一種生產力；這種生產力本身必然是集體力。」⑨ 馬克思還從整個產業體系的視角分析了政府

---

① 馬克思，恩格斯.馬克思恩格斯選集：第2卷［M］.北京：人民出版社，1995：93-94.
② 馬克思，恩格斯.馬克思恩格斯文集：第5卷［M］.北京：人民出版社，2009：406-407.
③ 馬克思，恩格斯.馬克思恩格斯文集：第5卷［M］.北京：人民出版社，2009：412.
④ 馬克思，恩格斯.馬克思恩格斯文集：第5卷［M］.北京：人民出版社，2009：413.
⑤ 周肇光.論馬克思產業協調思想的科學內涵及其現實意義［J］.當代經濟研究，2006(3)：3.
⑥ 馬克思，恩格斯.馬克思恩格斯文集：第5卷［M］.北京：人民出版社，2009：379.
⑦ 馬克思，恩格斯.馬克思恩格斯文集：第5卷［M］.北京：人民出版社，2009：390.
⑧ 馬克思，恩格斯.馬克思恩格斯文集：第5卷［M］.北京：人民出版社，2009：436.
⑨ 馬克思，恩格斯.馬克思恩格斯文集：第5卷［M］.北京：人民出版社，2009：378.

在促進整個產業體系協調發展中的宏觀調控作用:「一個單獨的提琴手是自己指揮自己,一個樂隊就需要一個樂隊指揮。」①

2. 產業結構優化理論

馬克思在《資本論》第三卷中對利潤轉化為平均利潤進行了深入的分析,儘管其沒有直接提出產業結構優化的思想,但事實上蘊含了很多產業結構優化的思想。馬克思在分析利潤率轉化為平均利潤率,價值轉化為生產價格的時候,揭示了產業結構變化的規律。在馬克思看來,資本為了追逐高額的壟斷利潤不斷在不同部門之間流動,這一方面使產品的價格與價值發生背離,另一方面也因資本的流動而促進了勞動力等要素在各部門之間的重新分配。在社會生產各部門中,不同部門的資本有機構成是不同的。「從個別部門來看,資本有機構成高的部門資本家獲得的平均利潤高於本部門工人所創造的剩餘價值;資本有機構成低的部門資本家獲得的平均利潤小於本部門工人所創造的剩餘價值。」② 這樣,儘管資本有機構成低的部門創造的剩餘價值量大,但是按平均利潤的規律所獲得的利潤反而較少,這就促使資本不斷由資本有機構成低的部門向資本有機構成高的部門流動(轉移)。而資本有機構成提高的手段除了資本集聚和資本集中外,最重要的手段就是技術創新。因為「技術創新是資本之間競爭的強有力手段。資本因技術創新能夠向更廣泛領域流動,並帶動了產業結構的升級。」③「在技術變動條件下,資本的流動範圍擴大,最終導致產業結構的升級。資本在技術創新的競爭中,追求比平均利潤率還要高的超額利潤。在這個動力驅使下的資本的流動不僅引起經濟的不平衡,還引起經濟動盪:一些部門興起,另一些部門被淘汰;一些部門需求增加,另一些部門需求減少。經濟中產業結構更新和改組,最終在新的技術基礎上形成新的比例關係。」④

2.1.2 毛澤東的現代產業體系理論

毛澤東在《論十大關係》和《關於正確處理人民內部矛盾的問題》等著作和講話中,基於中國當時面臨的國際國內形勢,提出要發展工業尤其是重工業,並指出要注重農業、輕工業和重工業之間互動發展以及區域之間產業的協調發展等,為中國國民經濟的恢復和發展以及工業體系的建立和完善奠定了堅

---

① 馬克思,恩格斯. 馬克思恩格斯文集:第5卷 [M]. 北京:人民出版社,2009:384.
② 洪遠朋.《資本論》教程簡編 [M]. 上海:復旦大學出版社,2009:397.
③ 陳英. 馬克思的資本流動理論與產業結構的變動規律 [J]. 教學與研究,2007(12):36.
④ 陳英. 馬克思的資本流動理論與產業結構的變動規律 [J]. 教學與研究,2007(12):39-40.

實的基礎，也豐富了我們研究中國現代產業體系的理論和視野。

1. 產業互動發展理論

在《論十大關係》中，毛澤東指出：「重工業是中國建設的重點。必須優先發展生產資料的生產，這是已經定了的。但是決不可以因此忽視生產資料尤其是糧食的生產。如果沒有足夠的糧食和其他生活必需品。首先就不能養活工人，還談什麼發展重工業？所以重工業和輕工業、農業的關係，必須處理好。」① 要實現重工業、輕工業與農業之間的協調發展，「我們現在的問題，就是還要適當地調整重工業和農業、輕工業的投資比例，更多地發展農業、輕工業。這樣，重工業是不是不為主了？他還是為主，還是投資的重點。但是，農業、輕工業投資的比例要加重一點」②。「加重的結果，一可以更好地供給人民生活的需要，二可以更快地增加資金的累積，因而可以更多更好地發展重工業。」③ 在這裡，毛澤東實際上提出了產業之間互為需求、互為供給的互動發展思想。在當時國內經濟不發達的情況下，毛澤東提出：「我們現在發展重工業可以有兩種方法，一種是少發展一些農業輕工業，另一種是多發展一些農業輕工業。從長遠觀點來看，前一種方法會使重工業發展得少些和慢些，至少基礎不那麼穩固，幾十年後算總帳是劃不來的。後一種辦法會使重工業發展得多些和快些，而且由於保障了人民生活的需要，會使它發展的基礎更加穩固。」④

在《關於正確處理人民內部矛盾的問題》的講話中，毛澤東提出：「這裡所講的工業化道路的問題，主要是指重工業、輕工業和農業的發展關係問題。中國的經濟建設是以重工業為主，這一點必須肯定。但是同時必須充分注意發展農業和輕工業。」⑤「中國是一個大農業國，農村人口占全國人口的百分之八十以上，發展工業必須和發展農業同時並舉，工業才有原料和市場，才有可能為建立強大的重工業累積較多的資金。大家知道，輕工業和農業有極密切的關係。沒有農業，就沒有輕工業。重工業要以農業為重要市場這一點，目前還沒有使人們看得很清楚。但是隨著農業的技術改革逐步發展，農業的日益現代

---

① 毛澤東. 毛澤東文集：第七卷（一九五六年一月—一九五八年十二月）[M]. 北京：人民出版社，1999：24.
② 毛澤東. 毛澤東文集：第七卷（一九五六年一月—一九五八年十二月）[M]. 北京：人民出版社，1999：24.
③ 毛澤東. 毛澤東文集：第七卷（一九五六年一月—一九五八年十二月）[M]. 北京：人民出版社，1999：25.
④ 毛澤東. 毛澤東文集：第七卷（一九五六年一月—一九五八年十二月）[M]. 北京：人民出版社，1999：25.
⑤ 毛澤東. 毛澤東文集：第七卷（一九五六年一月—一九五八年十二月）[M]. 北京：人民出版社，1999：240-241.

化，為農業服務的機械、肥料、水利建設、電力建設、運輸建設、民用燃料、民用建築材料等將日益增多，重工業以農業為重要市場的情況，將會易於為人們所理解。」① 在這裡，毛澤東根據產業之間的技術和需求聯繫，從整體的角度間接地提出了產業體系中農輕重之間的互動發展問題，實際上已經包含了產業互動發展、發展核心產業與夯實基礎產業等思想。

2. 區域產業協調發展理論

在強調區域之間產業合理佈局的重要性時，毛澤東指出：「中國的工業過去集中在沿海。所謂沿海，是指遼寧、河北、北京、天津、河南東部、山東、安徽、江蘇、上海、浙江、福建、廣東、廣西。中國全部輕工業和重工業，都有約百分之七十在沿海，只有百分之三十在內地。這是歷史上形成的一種不合理的狀況。沿海的工業基地必須充分利用，但是，為了平衡工業發展的佈局，內地工業必須大力發展。」② 在談到產業佈局戰略時，毛澤東指出，「現在，新的侵華戰爭和新的世界大戰，估計短時期內打不起來，可能有十年或者更長一點的和平時期。」③ 但「這不是說新的工廠都建在沿海。新的工業大部分應當擺在內地，使工業佈局逐步平衡，並且利於備戰，這是毫無疑義的。但是沿海也可以建立一些新的廠礦，有些也可以是大型的。至於沿海原有的輕重工業的擴建和改建，過去已經做了一些，以後還要大大發展」。「好好地利用和發展沿海的工業老底子，可以使我們更有力量來發展和支持內地工業。如果採取消極態度，就會妨礙內地工業的迅速發展。」④ 在這裡，毛澤東根據當時的國情，做出了沿海和內地協調發展的決定，既考慮了沿海發展工業的基礎優勢，又兼顧了內地工業在未來產業體系中的作用，實際上包含了產業體系中區域間產業優勢互補和安全戰略的思想。

2.1.3 鄧小平的現代產業體系理論

鄧小平同志在總結中國計劃經濟時期過於注重加工型產業發展，而忽視能源、原材料等基礎產業發展，導致能源、原材料等瓶頸制約嚴重的問題和經驗

---

① 毛澤東. 毛澤東文集：第七卷（一九五六年一月—一九五八年十二月）[M]. 北京：人民出版社，1999：241.

② 毛澤東. 毛澤東文集：第七卷（一九五六年一月—一九五八年十二月）[M]. 北京：人民出版社，1999：25.

③ 毛澤東. 毛澤東文集：第七卷（一九五六年一月—一九五八年十二月）[M]. 北京：人民出版社，1999：26.

④ 毛澤東. 毛澤東文集：第七卷（一九五六年一月—一九五八年十二月）[M]. 北京：人民出版社，1999：26.

教訓的基礎上，提出要注重基礎產業的發展和產業結構的優化升級，間接指出了要注重國家現代產業體系的發展，既要注重加工工業的發展，又要發揮基礎產業的支撐保障作用，以實現國民經濟的協調發展和產業化結構的優化升級。

1. 基礎產業發展理論

基礎產業是根據各個產業在產業體系中戰略地位的不同而劃分的必須先行發展的產業，它是為其他產業部門的生產、營運提供必需的投入品或服務的產業部門，在整個產業體系中發揮著基礎性和決定性的作用，其產出量的增加和技術水平的提高構成整個經濟增長的先決條件。早在1982年，鄧小平就指出：「煤、電、油這些能源項目，還有交通項目，前期工作要抓緊，晚了不行。」「我們整個經濟發展的戰略，能源、交通是重點，農業也是重點。」[1] 1989年，他再次強調：「我贊成加強基礎工業和農業。基礎工業，無非是原材料工業、交通、能源等，要加強這方面的投資，要堅持十到二十年，寧肯欠債，也要加強。」[2] 為了夯實基礎產業的發展基礎，鄧小平提出要聚精會神地把長遠規劃搞好。他建議：「研究下一個世紀前五十年的發展戰略和規劃，主要是制定一個基礎工業和交通運輸的發展規劃。」[3] 同時，鄧小平還特別強調農業作為基礎產業在國民經濟發展中的基礎地位，以及改善農業的措施。首先，強調農業是國民經濟的基礎。他說：「農業是根本，不要忘掉」[4]，「農業搞不好，工業就沒有希望，吃、穿、用的問題也解決不了。」[5] 其次，強調農村和農民的穩定與整個社會穩定之間的直接關係，「中國有百分之八十的人口在農村。中國社會是不是安定，中國經濟能不能發展，首要要看農村能不能發展，農民生活是不是好起來。翻兩番，很重要的是這百分之八十的人口能不能達到」[6]。「農村不穩定，整個政治局勢就不穩定，農民沒有擺脫貧困，就是中國沒有擺脫貧困。」[7] 在這裡，鄧小平細緻地分析了基礎產業在國民經濟發展中的作用，實際上已經包含了基礎產業在現代產業體系發展中的基礎性作用。

2. 產業結構優化理論

產業結構是產業間因技術和經濟聯繫而形成的數量和質量關係，產業結構的好壞直接關係到經濟發展的水平和質量。黨的十一屆三中全會以後，鄧小平

---

[1] 鄧小平. 鄧小平文選：第三卷 [M]. 2版. 北京：人民出版社，1993：17.
[2] 鄧小平. 鄧小平文選：第三卷 [M]. 2版. 北京：人民出版社，1993：307.
[3] 鄧小平. 鄧小平文選：第三卷 [M]. 2版. 北京：人民出版社，1993：312.
[4] 鄧小平. 鄧小平文選：第三卷 [M]. 2版. 北京：人民出版社，1993：23.
[5] 鄧小平. 鄧小平文選：第一卷 [M]. 2版. 北京：人民出版社，1994：322.
[6] 鄧小平. 鄧小平文選：第三卷 [M]. 2版. 北京：人民出版社，1993：77-78.
[7] 鄧小平. 鄧小平文選：第三卷 [M]. 2版. 北京：人民出版社，1993：237.

在總結中國產業結構失調的問題時指出:「我們過去長期搞計劃,有一個很大的缺點,就是沒有安排好各種比例關係。農業和工業比例失調,農林牧副漁之間和輕重工業之間比例失調,煤電油運和其他工業比例失調,『骨頭』和『肉』(就是工業和住宅建設、交通市政建設、商業服務業建設等)比例失調,累積和消費比例失調。」[1]「過去十多年來,我們一直沒有擺脫經濟比例的嚴重失調,而沒有按比例發展就不可能有穩定的、確實可靠的高速度」[2],因此,「在經濟比例失調的條件下,下決心進行必要的正確的調整,是我們的經濟走向正常的、穩定的發展的前提」[3]。此外,鄧小平還重視科技在促進產業結構升級中的作用,科技創新一方面可以改造提升傳統產業,另一方面可以促進新興產業的出現。他強調:「經濟發展得快一點,必須依靠科技和教育。我說科學技術是第一生產力。近一二十年來,世界科學技術發展得多快啊!高科技領域的一個突破,帶動一批產業的發展。」[4]

2.2 西方經濟學中的現代產業體系理論

2.2.1 產業關聯理論

產業關聯是指產業間以各種投入品和產出品為連接紐帶的技術經濟聯繫。[5] 這種聯繫既可以是實物形態的聯繫,也可以是價值形態的聯繫。產業關聯理論是研究整個產業體系內各產業間發生投入產出關係的條件、機理和結果的理論。在西方經濟學文獻中,魁奈的《經濟表》和里昂惕夫的《投入產出經濟學》均對其有所研究。

1. 魁奈的《經濟表》

魁奈於1758年發表了《經濟表》,他以商品資本的循環為基礎,把1年內土地上生產出來的產品作為分析的起點,抓住了社會資本再生產研究中最主要和最困難的問題,即社會產品在物質上如何得到交換和在價值上如何得到補償的問題,提供了社會資本再生產和流通最初的有價值的分析。[6]

---

[1] 鄧小平. 鄧小平文選: 第二卷 [M]. 2版. 北京: 人民出版社, 1994: 250.
[2] 鄧小平. 鄧小平文選: 第二卷 [M]. 2版. 北京: 人民出版社, 1994: 161.
[3] 鄧小平. 鄧小平文選: 第二卷 [M]. 2版. 北京: 人民出版社, 1994: 161.
[4] 鄧小平. 鄧小平文選: 第三卷 [M]. 2版. 北京: 人民出版社, 1993: 377.
[5] 蘇東水. 產業經濟學 [M]. 北京: 高等教育出版社, 2000: 246.
[6] 宋承先. 西方經濟學名著提要 [M]. 南昌: 江西人民出版社, 1998: 74.

2. 里昂惕夫的投入產出經濟學

里昂惕夫在吸收魁奈和馬克思的社會再生產理論的基礎上，運用投入產出的分析方法來描繪再生產過程，實現了理論和數據的有效結合。「一個投入產出表既可綜合反應整個國民經濟的全貌，也可以反應一個生產部門甚至一個大的生產企業的情況。」「任何一個國家的國民經濟都可以被描述成為一個由許多性質不同的但又相互發生聯繫的生產部分和消費部分所構成的體系。任何一個部門的生產，需要依靠其他生產部門的產品作為它的投入物，同時，該部分生產的總產品又可以分解為不同生產部門所需要的投入物和最終消費需求，因此，各個部門之間存在著一種普遍的相互依賴關係，一個國家的經濟越發展，生產的社會化程度越高，部門分類越細，這種依賴程度就越高。」① 里昂惕夫強調產業體系是由各產業在技術和經濟聯繫的基礎上組成的有機整體，每一個產業的發展都離不開其他產業的支持。他說：「在任何一點上，一個事件的影響都是通過把整個體系連接在一起的那種交易鏈條，而一步一步地送到其他經濟部門的。」② 「在這個體系中，每一個部門都依賴於其他部門，因為它為所有其他部門提供投入並從所有部門取得投入。」③ 在強調產業體系的整體性，以及體系內各產業之間相互依賴的關係時，里昂惕夫還引入線性方程組對這個體系進行了數量化，成為經濟預測和分析的工具。他說：「某一體系的各部門之間的相互依賴關係是通過一個線性方程組來描述的。」④

2.2.2 產業結構理論

產業結構的合理化和高度化是實現現代產業體系發展的重要途徑和衡量標準，英國的威廉·配第和科林·克拉克、法國的西蒙·庫茲涅茨和美國的錢納里等經濟學家，在對發達國家早期的經濟發展進行了較為深入觀察和總結的基礎上提出了一些富有創見的觀點和理論，如配第—克拉克定理、庫茲涅茨法則和錢納里的「標準結構」理論等，這些理論和觀點都為我們研究中國現代產業體系的發展提供了豐富的理論素材。

1. 配第—克拉克定理

威廉·配第在其著作《政治算術》一書中描述了不同產業之間收入的差

---

① 宋承先. 西方經濟學名著提高 [M]. 南昌：江西人民出版社，1998：625.
② 沃里希·里昂惕夫. 投入產出經濟學 [M]. 崔書香，譯. 北京：商務印書館，1982：25.
③ 沃里希·里昂惕夫. 投入產出經濟學 [M]. 崔書香，譯. 北京：商務印書館，1982：46.
④ 沃里希·里昂惕夫. 投入產出經濟學 [M]. 崔書香，譯. 北京：商務印書館，1982：142.

異，他寫道：「工業的收益比農業多得多，而商業的收益又比工業多得多」①。這種產業間的收益差異進而導致了從事不同行業的勞動者之間的收入差異，他寫道：「英國的農民每週勞動所得不過四先令，而海員通過工資、食品以及房屋等其他各種供應所得到的收益多達十二先令，所以，一個海員實際上等於三個農民。」② 20 世紀 50 年代，英國經濟學家科林·克拉克通過研究經濟發展過程中產業結構的演化規律，對經濟發展過程中勞動力流向所發生的規律性變化進行了實證性研究和總結，得出如下結論，即隨著人均收入水平的提高，勞動力首先由第一次產業向第二次產業轉移；當人均國民收入水平進一步提高時，勞動力便向第三次產業轉移。由於克拉克的研究結果與威廉·配第的結論一致，因而在經濟史上被合併稱為配第—克拉克定理。配第—克拉克定理反應了一國在不同發展階段和同一時點上不同發展水平的國家間的普遍趨勢，即隨著人均國民收入水平的提高（或經濟發展水平的提高），勞動力將由第一次產業向第二次產業、第三次產業轉移。這實際上包含了現代產業體系中產業結構不斷向高級化方向演進的思想。

2. 庫茲涅茨法則

西蒙·庫茲涅茨在其著作《各國的經濟增長》一書中，根據發達資本主義國家的歷史資料以及某個時點按人口平均國民生產總值高低不同的發展中國家與發達資本主義國家截面數據的分析比較，得出如下結論：「隨著現代經濟的發展，在國民生產總值不斷增長和按人口平均國民生產總值不斷提高的情況下，不論生產的部門結構還是勞動力的部門結構都是變化著的。其變動的一般趨勢為：農業部門所占的比重不論在總產值中抑或在總勞動力中都趨向下降；而工業部門和服務部門占的比重則趨於上升。不過，它們在總產值和總勞動力中占的份額的變動趨向雖然是一致的，但其變動的具體百分比則並不是完全一致的。其趨勢是，在製造業內部，與現代技術密切聯繫的新興部門增長最快，其在整個製造業總產值和勞動力中占的比例是上升的；而一些較老的生產部門占的比例則是下降的。在服務部門，教育與科研和政府行政部門在總勞動力占的比例是上升的。」③ 在論及促進產業結構和就業結構發生變化的原因時，庫茲涅茨認為可以從三個方面來說明：一是需求因素。「無疑地，反應與人類生理特徵有關的需要等級的先後次序級別，在生產結構形成的年代中具有支配作

---

① 威廉·配第. 政治算術 [M]. 陳冬野，譯. 北京：商務印書館，1978：19.
② 威廉·配第. 政治算術 [M]. 陳冬野，譯. 北京：商務印書館，1978：20.
③ 西蒙·庫茲涅茨. 各國的經濟增長 [M]. 常勛，等，譯. 北京：商務印書館，1985：中譯本序，3-4.

用。在現代經濟以前的時期，農業部門的極大比重反應了在低生產率的情況下食物需要的優先性。同時，在對食物需要已相當充分滿足的條件下，把重要的結構改變的大部分歸於工業化，是在按人口平均產值不斷上升時，對 A 部門產品需求有限度的上升的結果。」① 二是國際間的經貿往來。「國際貿易和其他的國際流動，由於反應各國間產品相對優勢變動的各國進出口結構的不斷變動，從而也促使了一國的產出結構的改變。」② 三是技術革新。庫茲涅茨認為這是導致按人口平均產值及生產率的高增長率和生產結構的高改變率之間關聯的最重要的一點，他說：「新知識和技術革新的這些影響是在增長進程中一層一層地添加先已存在的需求結構上的，它無論是對為了適應各改變了的生活條件還是為了對新產品作出反應，都會造成新的需求壓力。」③「在總產值和生產率增長有賴於技術革新的這個限度內講，生產結構的變動率也必然是高的，因為技術革新是在個別或少數行業首先出現的，它的經濟影響是在時間過程中從某一生產分支逐步移至另一分支的。」④「那些在任何一定的時候增長得遠比其他部門更快的工業部門，通常就因為它們當時是技術革新的中心。」⑤

3. 錢納里的「標準結構」理論

錢納里基於 101 個國家 1950—1970 年間的統計資料，運用投入產出分析法、一般均衡分析法和經濟計量模型，總結出了著名的「世界經濟發展模型」，並由此推出一個經濟發展的「標準化結構」，即一國在經濟發展的不同階段所具有的產業結構的標準數值。由標準結構可以看出，在經濟發展的不同階段，存在不同的經濟結構與之相對應，如在人均國民收入達到 400 美元時，農業產值所占比例為 22.8%，工業產值所占比例為 27.6%，服務業產值所占比例為 41.1%，基礎設施的產值所占比例為 8.5%；農業就業人數所占比例為 43.8%，工業就業人數所占比例為 23.5%，服務業就業人數所占比例為 32.7%。隨著經濟的不斷發展，經濟結構呈現出有規律的變化和發展趨勢，如當人均國民收入由 400 美元上升到 1,000 美元時，農業就業所占比例下降為

---

① 西蒙·庫茲涅茨. 各國的經濟增長 [M]. 常勛，等，譯. 北京：商務印書館，1985：344-345.
② 西蒙·庫茲涅茨. 各國的經濟增長 [M]. 常勛，等，譯. 北京：商務印書館，1985：346.
③ 西蒙·庫茲涅茨. 各國的經濟增長 [M]. 常勛，等，譯. 北京：商務印書館，1985：345.
④ 西蒙·庫茲涅茨. 各國的經濟增長 [M]. 常勛，等，譯. 北京：商務印書館，1985：347.
⑤ 西蒙·庫茲涅茨. 各國的經濟增長 [M]. 常勛，等，譯. 北京：商務印書館，1985：347.

25.2%，工業就業所占比例上升為32.5%，服務業就業所占比例上升至42.3%①。在「標準結構」的基礎上，錢納里還根據24個半工業化大國的分析，得出了「大國效應」，即擁有廣大的國內市場的大國，在結構變革的進程中處於有利地位，通過發揮國內市場廣闊的規模經濟效應，大國可以在收入水平較低時就進入結構變革的迅速時期。② 在這裡，錢納里的結論中實際上包含了現代產業體系中三次產業比例關係由一二三向二一三，再向三二一的關係演進的趨勢的理論，並其「大國效應」對中國目前擴大內需、優化產業結構、轉變經濟發展方式等具有一定的借鑒意義。

2.2.3 李斯特的國民經濟體系理論

李斯特從後發國家的視角分析了製造業對農業、商業、運輸業等的促進作用，間接強調了製造業對一國構建現代產業體系的重要性。首先，他分析了以羊毛工業為核心的英國現代產業體系發展的歷程，他說：「毛織品……這一項用品的製造，使英國能夠把漢薩同盟逐出俄羅斯、瑞典、挪威和丹麥市場，使它在與地中海東部各國即東印度群島、西印度群島的貿易中獲得了其中最豐富的果實。也就是這一工業促進了煤業的發展，從而又興起了廣泛的沿海貿易和漁業，這兩者構成了海軍力量的基礎，因此，使那個著名的航海條例得以實行，而為英國海上優勢打下基礎的也就是這個條例。英國的羊毛工業是各業中的一個主幹，許多別的工業圍繞這個主幹而獲得發展，這就使這一工業成為英國工商業與海軍力量得以積極發展的基礎。」③ 接著，他又論述了製造業的重要性，即一個國家產業體系完備的重要性。「農業國家就像一個只有一只臂膀的人，另一只是借外國的，但是它不能確定在任何情況下都能使用這只借來的臂膀；而農業兼製造業國家自己的兩臂齊全，它可以隨心所欲地使用。」④ 這實際上說明了構建完備的產業體系在保證國家產業安全、國家經濟安全和主權獨立方面的重要性。

接下來，他又從產業互動的角度分析了製造業對其他產業的促進作用，他

---

① 馮海發. 結構變革的歷史順序 [J]. 當代經濟科學，1989（3）：49-50。轉引自：H. CHENERY，M. SYCQUIN：Patterns of Development, 1950-1970. Oxford University Press for the World Bank, 1975.
② 安虎森. 區域經濟學通論 [M]. 北京：經濟科學出版社，2004：294-296.
③ 弗里德里希·李斯特. 政治經濟學的國民體系 [M]. 陳萬煦，譯. 北京：商務印書館，1981：39.
④ 弗里德里希·李斯特. 政治經濟學的國民體系 [M]. 邱偉立，譯. 北京：華夏出版社，2009：132.

說：「國內自由、智力、技術與科學、國際與國內貿易、航海業與運輸的改進、文化與政治力量——所有這些，工廠和工業品是它們的前因，也是它們的後果。要把農業從束縛中解放出來，要從農業提高到商業階段，在技術和科學上達到一定程度的水平，從而使地租、農業的收入與工資都有所增長，使地產價值提高——要達到這樣的目的，工業是一個主要手段。」① 並且他還提出了促進一國製造業發展的手段，包括保護性關稅和內需市場等。他說：「保護關稅如果使價值有所犧牲的話，它卻使生產力有了增長，足以抵償損失而有餘，由此使國家不但在物質財富的量上獲得無限增進，而且一旦發生戰事，可以保有工業的獨立地位。工業獨立以及由此而來的國內發展，使國家獲得了力量，可以順利經營國外貿易，可以擴張航運事業，由此文化可以提高，國內制度可以改進，對外力量可以加強。」② 但是「工業的不同部門也並不是一定要在同樣程度上受到保護的；應當予以特別注意的只是那些最重要的部門。這裡所謂重要的工業部門，指的是建立和經營時需要大量資本、大規模機械設備、高度技術知識、豐富經驗以及為數眾多的工人，所生產的是最主要的生活必需品，因此按照它們的綜合價值來說，按照它們對國家獨立自主的關係來說，都有著同等重要意義的工業，例如棉、毛、麻等紡織業就屬於這一類。如果這些主要部門能夠在適當保護下獲得發展，工業中的其他次要部門就可以圍繞著它們在較低度的保護下成長起來。」③ 在論及國內市場時，他說：「向海外追求財富固然重要，還有比這個更加重要十倍的是對國內市場的培養與保衛，只有在國內工業上有了高度發展的國家，才能在國外貿易上有重大發展」。④

2.2.4 波特的國家競爭優勢理論

邁克爾·波特在其《國家競爭優勢》一書中，從企業的微觀角度入手，分析了一國的某個產業在國際上取得競爭優勢的條件、環境、實施戰略和路徑等，並提出了獲取競爭優勢的「鑽石模型」，即生產要素、需求條件、相關和支持性產業、企業戰略、結構和競爭對手、政府和機會六個方面。儘管其理論

---

① 弗里德里希·李斯特. 政治經濟學的國民體系 [M]. 陳萬煦, 譯. 北京：商務印書館, 1981：125.
② 弗里德里希·李斯特. 政治經濟學的國民體系 [M]. 陳萬煦, 譯. 北京：商務印書館, 1981：128-129.
③ 弗里德里希·李斯特. 政治經濟學的國民體系 [M]. 陳萬煦, 譯. 北京：商務印書館, 1981：156.
④ 弗里德里希·李斯特. 政治經濟學的國民體系 [M]. 陳萬煦, 譯. 北京：商務印書館, 1981：162.

重點在於一國產業競爭優勢的獲取，而不是直接針對現代產業體系的，但其中很多觀點和思路仍然對構建中國現代產業體系具有重要的啟示意義。

一是強調國內需求對產業體系發展重要性的理論。他指出：「內需市場借著它對規模經濟的影響力而提高了效率。不過，內需市場更重要的意義在於它是產業發展的動力，他會刺激企業改進和創新。」「國內市場和國際市場的不同之處在於企業可以及早發現在國內市場中的客戶需求，這是外國競爭者所不能及之處。」而且對於廠商和客戶來說，「廠商對周遭需求的注意力是最敏感的，所需的成本也最低」，國內市場中「文化和地緣的一致又使彼此間溝通過程中可能構成的誤差降到最低。」① 當他談到內需對產業競爭優勢的重要性時，他指出：「當一個國家的內需市場和國際市場的主要需求相同、而其他國家卻沒有這樣的條件時，這個國家的廠商就比較容易獲得競爭優勢。」②

二是產業集群對現代產業體系的促進作用的理論。邁克爾·波特認為，產業體系離不開關鍵要素的支撐，而「國家競爭優勢的關鍵要素會組成一個完整的系統，是形成產業集群現象的主要原因。在一個互動的過程中，一個有競爭力的產業帶動並創造了另一個產業的競爭力。」③ 如此循環往復，將創造並帶動整個產業體系的競爭優勢。從產業鏈的角度看，「一個國家上游產業的競爭優勢，同樣有助於它的下游產業發展國際競爭力。上游產業所提供的技術，可以轉化成下游產業的創造力，它本身也可能跳進來加下下游產業的競爭，當一個產業具有國際競爭優勢時，它的技術轉移，通過與現有企業聯手，或因擴散效應的關係，還會創造新的相關產業」④，從而促進一個國家現代產業體系內新老產業的不斷更替和產業結構的優化。「一旦產業集群形成，集群內部的產業之間就形成互助關係。它的效應是上下左右、向四處展現的。經由新的談判籌碼、擴散效益及企業的多元化經營，激烈的產業競爭氣氛往往會由一個產業擴散到另一個產業」⑤，最終提高整個產業鏈或產業體系的競爭能力。

---

① 邁克爾·波特. 國家競爭優勢 [M]. 李明軒，邱如美，譯. 北京：華夏出版社，2002：81.

② 邁克爾·波特. 國家競爭優勢 [M]. 李明軒，邱如美，譯. 北京：華夏出版社，2002：82.

③ 邁克爾·波特. 國家競爭優勢 [M]. 李明軒，邱如美，譯. 北京：華夏出版社，2002：140.

④ 邁克爾·波特. 國家競爭優勢 [M]. 李明軒，邱如美，譯. 北京：華夏出版社，2002：141-142.

⑤ 邁克爾·波特. 國家競爭優勢 [M]. 李明軒，邱如美，譯. 北京：華夏出版社，2002：142.

2.3 其他有關現代產業體系的理論

從系統論的角度看,現代產業體系就是由一系列相互聯繫的產業組成的有機產業系統,這個系統由核心產業組織和引領著,通過與外界的物質、能量交換和產業的新老更替,不斷實現著這個系統的結構優化和整體升級。

1. 一般系統論

美籍奧地利生物學家馮‧貝塔朗菲在《一般系統論——基礎、發展和應用》一書中集中闡述了一般系統論的基本觀點,他說:「要理解一個事物,不僅要知道它的要素而且還要知道要素間的關係,例如細胞中各種酶的相互作用,許多有意識和無意識心理過程的相互作用,社會系統的結構和動力學,等等。」[①] 社會經濟系統中的很多問題,「這些都是『系統』問題,即眾多『變量』的相互關係問題。這同樣適用於工業、商業和軍隊中比較狹窄的對象」[②]。而且,「不管怎樣,我們被迫在一切知識領域中運用『整體』或『系統』概念來處理複雜性問題」[③]。

2. 耗散結構理論

耗散結構理論指出,一個遠離平衡的開放系統(不論其是力學的、物理的、化學的、生物的系統,還是社會的、經濟的系統),通過不斷與外界交換物質和能量,在外界條件變化達到一定閾值時,就可能從原先的無序狀態,轉變為一種在時空上或功能上有序的狀態。[④]

3. 協同學

在協同學的視野中,「系統的性質的改變是由於系統中的要素——子系統之間的相互作用所至。任何系統的子系統都有兩種運動趨向,一種是自發傾向無規無序的運動,這是系統瓦解走向無序的重要原因;另一種是子系統之間的關聯引起的協調、合作運動,這是系統自發走向有序的重要原因。系統是自發

---

① 馮‧貝塔朗菲.一般系統論——基礎、發展和應用 [M].林康義,等,譯.北京:清華大學出版社,1987:譯序,3.
② 馮‧貝塔朗菲.一般系統論——基礎、發展和應用 [M].林康義,等,譯.北京:清華大學出版社,1987:譯序,4.
③ 馮‧貝塔朗菲.一般系統論——基礎、發展和應用 [M].林康義,等,譯.北京:清華大學出版社,1987:2.
④ 魏宏森,曾國屏.系統論——系統科學哲學 [M].北京:清華大學出版社,1995:94-95.

地發生從無序到有序還是有序到無序，取決於其中哪一種運動趨勢佔據主導地位」①。協同理論認為，任何一個系統都是由大量的子系統組成的，系統的整體行為取決於系統內子系統之間的相互作用，當子系統之間的相互作用較大，而其獨立性較小時，系統的整體在宏觀上顯示出結構特徵，這樣的系統是有序的。反之，當子系統之間的相互作用較小，使子系統的獨立性佔主導地位時，它們便處於雜亂無章的「熱運動」狀態，使系統在宏觀上沒有一個穩定的結構，這樣的系統是無序的。簡言之，即「協同導致有序」。在系統由無序狀態向有序狀態的轉變中，時間結構或空間結構在宏觀尺度上以自組織的形式產生出來。協同效應，就是子系統之間通過一定方式的結合，發揮單體簡單相加所不能取得的效果。②這實際上包含了在構建現代產業體系過程中，選擇合適的路徑和處理好局部體系與整體體系之間的關係問題的思想。

---

① 魏宏森，曾國屏. 系統論——系統科學哲學 [M]. 北京：清華大學出版社，1995：96.
② 王雲平，王昌林. 三次產業協同驅動經濟增長的思路和政策建議 [J]. 改革，2008 (10)：54.

3 經濟全球化背景下發展中國現代產業體系的戰略意義

3.1 世界經濟整體處於艱難爬坡時期

2007年爆發的美國次貸危機以及由此引發的全球性金融危機給世界經濟的發展帶來了沉重的打擊,如表3-1所示,美國、歐盟、亞洲新興工業化國家以及新興和發展中國家等國家(地區)的經濟增長速度紛紛下降。儘管目前整個世界經濟出現復蘇的跡象,但由於世界經濟整體處於低位運行階段,加上美國等發達國家長期以來實施的經濟全球化、金融自由化和高槓桿化以及國家財政債務化和赤字化政策,部分企業由於資金鏈斷裂難以在短期內恢復,消費需求也因居民收入差距較大和就業不足等問題難以在短期內迅速擴大。在這輪經濟波動中,「俄羅斯、印度、越南、巴西等新興經濟體都出現了嚴重經濟危機,烏克蘭外債高達1,000億美元,占其GDP的60%,冰島甚至到了國家破產的地步。」[1] 此外,歐洲國家也未能在這次危機中幸免於難,2009年12月8日,全球三大評級公司下調希臘主權評級,希臘陷入債務危機,緊接著其他歐元區國家相繼陷入債務危機。由此,由美國引發的金融危機迅速蔓延到了歐美等整個西方國家,使得「西方國家債臺高築,經濟疲軟,就業壓力難以緩解,進口需求進一步減少,市場保護進入高發期」[2]。「由於西方在全球化過程中總是占領著高端產品市場,需要的是高素質的勞動力,因此就業困難更多地落在

---

[1] 田伯平. 美國次貸危機與全球經濟新挑戰 [J]. 世界經濟與政治論壇,2008 (6):2.
[2] 谷源洋. 2012年世界經濟仍將艱難爬坡———在中國經濟年會(2011—2012)上的演講 [J]. 經濟研究參考,2012 (21):17.

低技能的勞動者身上。」① 加上發達國家將大部分低技術產業轉移到勞動力更加便宜的發展中國家，使得發達國家出現了所謂的「無就業的復蘇」，而且這種復蘇還要等待一系列補救措施的配合和實施，以及新的技術革命和產業革命引發的產業升級效應。因此，整個世界經濟將處於由危機向復蘇轉變的艱難爬坡時期。

表 3-1　　　　　　　　世界主要國家經濟增長情況

國家和地區	2000	2005	2008	2009	2010
世　界①	4.81	4.57	2.79	-0.66	5.11
發達國家	4.16	2.66	0.09	-3.72	3.07
歐　盟	3.96	2.16	0.67	-4.21	1.79
主要發達國家	3.84	2.36	-0.14	-3.52	2.51
亞洲新興工業化國家	7.84	4.83	1.78	-0.74	8.43
其他發達國家②	5.88	4.14	1.68	-1.12	5.79
新興和發展中國家	5.90	7.28	6.03	2.80	7.33
亞洲發展中國家	6.95	9.48	7.74	7.17	9.46

註：①指國際貨幣基金組織世界經濟展望數據庫的 180 個國家和地區。②不包括西方七國和歐元區。

此次世界經濟的整體蕭條，不僅給發達國家和部分發展中國家帶來了沉重的打擊，而且中國的經濟發展也未能獨善其身。一方面，此次金融危機的發生和發展必然引發新一輪世界科技革命的到來。路甬祥（2009）認為：「全球性經濟危機往往催生重大科技創新突破和科技革命。1857 年的世界經濟危機引發了以電氣革命為標誌的第二次技術革命，1929 年的世界經濟危機引發了第二次世界大戰後以電子、航空航天和核能等技術突破為標誌的第三次技術革命。」② 新一輪科技革命的到來必然引發一場新的產業革命和一批新興產業的誕生和發展，發達國家將集中力量大力發展新能源、新材料等高端產業和產業高端環節，以迎接新一輪科技革命的到來和搶占新一輪產業發展的制高點，從而將引發全球經濟格局和產業分工的新一輪調整，引發發達國家之間、發達國家與發展中國家之間在高科技領域和新興產業領域的激烈競爭。如美國和歐盟等國先後掀起的再工業化浪潮和「綠色新政」，「2009 年 2 月 15 日，美國總統

---

① 陳寶森. 為什麼後金融危機時期仍然危機不斷 [J]. 當代世界與社會主義, 2011（5）：15.
② 路甬祥. 經濟危機往往催生重大科技創新 [J]. 當代經濟, 2009（2）：4.

奧巴馬簽署總額為7,870億美元的《美國復蘇與再投資法案》，其中新能源與可再生能源為重點發展產業，以促進新能源與可再生能源產業的發展。」2009年歐盟委員會計劃將130億歐元用於「綠色能源」，進一步鼓勵新能源與可再生能源的發展。[1] 為搶占新一輪產業發展的制高點和恢復國內經濟，美歐等發達國家將利用自己在國際貿易規則制定上的強勢和高新技術壟斷方面的優勢對中國等發展中國家實施技術封鎖，以及在低端製造業方面的苛刻要求，以維持其技術優勢和高額壟斷利潤，這將不利於中國引進國外的先進技術以實現產業的升級和低端製造業的出口。

另一方面，世界經濟的整體蕭條對中國外向型產業造成了沉重的打擊，出口對經濟增長的拉動作用下降，與出口導向型產業相關的產業也在危機中受到重創。中國長期以來形成的以外貿出口為主的、以低端製造業為主的粗放型經濟發展模式，在中國的新能源、新材料、高端裝備製造等高技術產業環節方面與發達國家存在較大差距，在外需不足和內需乏力的情況下將出現難以為繼的發展趨勢。同時，中國已進入中等收入國家行列，土地、資源、能源、勞動力等低要素成本的時代即將結束，轉而面臨的是以低技術創新能力、高要素成本、經濟增長乏力等為特徵的「中等收入陷阱」。而且中國的產業發展整體上還將面臨在高新技術產業和產業的高技術環節發展能力不足，以及在資源和勞動力密集型產業等低技術環節發展過剩和長期鎖定的「高端不足」與「低端鎖定」的「雙重威脅」。在這樣的外部需求不足、高技術受到封鎖等外部條件制約下，要擺脫世界經濟整體低位運行對中國的負面影響，在後金融危機時期實現逆勢而上的發展，必須大力發展中國現代產業體系，以內需為主要動力、以高端裝備製造和戰略性新興產業為核心，充分發揮各產業之間的互動關聯作用，促進產業結構優化升級和整個產業體系向前演進。

3.2 經濟全球化背景下國際資本流動對中國「經濟解構」的威脅

經濟全球化促進了資本等要素在世界各地的流動，改變了整個世界以及各個國家、產業和企業的運行方式。從國家層面上看，經濟全球化使資源的配置

---

[1] 徐冬青. 後金融危機時代中國能源安全戰略體系的構建 [J]. 世界經濟與政治論壇，2010 (6)：141.

突破了國家和地域的界限，促進了分工的全球化，有利於資源在全球範圍內的優化配置，提高資源利用效率，使發展中國家或落後國家有機會融入到國際分工體系和世界經濟發展的大市場、大環境中，利用發展中國家的「後發優勢」獲得國內經濟社會的大發展。但也面臨著在國際分工體系的不斷運行中，部分發展中國家不斷被「邊緣化」，以及由在舊殖民主義時期形成的宗主國出口製成品進口原材料，而殖民地國家出口原材料進口製成品的「舊殖民主義體系」，演化成發達國家生產和出口知識、技術和資金密集型產品（高端產品），發展中國家生產和出口勞動力和資源密集型產品，發達國家獲取產品的大部分利潤從而不斷強化其核心技術優勢，發展中國家獲取極小部分利潤從而難以支撐其自主創新能力的提高和不斷增加對發達國家的依賴程度的「新殖民主義體系」。

從產業層面上看，經濟全球化促進了要素在全球的重新配置和全球市場的一體化，跨國公司作為要素的集合體是促進全球資源重新分配和使用的重要載體。隨著信息化的發展，「企業不再主要依靠產權關係將所有的環節聯為一體，而是依靠發達的信息系統和網絡系統，以市場契約的方式實現與外部利益相關者的合作」[1]。原有的存在於同一企業內的研發、生產、營銷和營運管理等產業鏈的各個環節，由於不同類型產業和產業鏈的不同環節對知識、技術、資本、勞動力、土地和環境等要素資源的要求不同，不同國家和地區的要素成本不同和不同企業對產業鏈不同環節的「比較優勢」不同，跨國公司在成本最小化和利潤最大化的刺激下，將趨向於將產業鏈的不同環節分割並在全球範圍內重新佈局，從而呈現出「腦體分離」的趨勢。「腦體分離」的實質是企業價值鏈的重構，即「企業配合要素的最優分佈，將製造部門和研發、營銷、營運管理部門分開」，這種重構主要分兩種方式進行，即「基於不同地域的分離和基於不同企業的分離。前者意味著企業按照要素資源和組織資源最優化配置原則，在資本和技術密集的地域設置研發、營銷部門乃至營運管理中心，而製造部門搬到勞動力密集的區域。後一種分離意味著企業分別將製造環節、營銷環節和研發環節交給具有比較優勢的其他企業去承擔，這就是「外包」[2]。

由經濟全球化引起的「腦體產業」在不同地域和不同企業之間分離的同時，還進一步促進了「腦袋產業」和「軀體產業」的再分離，以及「腦袋產業」和「軀體產業」在國家間和國內不同地區間的重新佈局，其特點是：從全

---

[1] 李海艦，聶輝華. 現代企業的腦體產業分離發展 [J]. 中國經貿導刊，2003 (15)：20.
[2] 李海艦，聶輝華. 全球化時代的企業運營——從腦體合一走向腦體分離 [J]. 中國工業經濟，2002 (12)：5-7.

球範圍看，一是腦袋產業向發達國家轉移，一方面，許多跨國公司將研發、營銷、營運管理部門設在發達國家，而將製造和售後服務部門遷移出去，所以才有少數發達國家「產業空心化」的說法；另一方面，一些總部原本不在發達國家的企業，出於要素稟賦的考慮，也紛紛將研發、市場部門遷移到發達國家，例如中國的海爾和聯想就在美國硅谷設立了研發中心。二是軀體產業向發展中國家轉移，發展中國家在勞動力、土地、自然資源等要素方面具備發達國家所不可匹敵的絕對成本優勢。[1] 從一國內部來看，「一是就城市規模而言，大城市往往成為腦袋產業的轉移歸宿，而中小城市則成為軀體產業的轉移歸宿；二是就地理位置而言，沿海城市往往成為腦袋產業的轉移目標，而內地城市則成為軀體產業的轉移目標。」[2]

「腦體產業」的分離在促進產業在不同地域和不同企業之間重新佈局和重新分配時，也促進了資本在國際間的流動和國際產業轉移，這種國際間資本的流動可能使得一國經濟體系的獨立發展能力受到削弱甚至被摧毀，即出現「經濟解構」。事實上，當資本在一國內流動時，由於資本有機構成不同的產業在競爭中實際獲得的利潤不同，獲取超額利潤的刺激促進了企業不斷改進技術和自主創新，從而促進了產業技術進步。由於新技術的採用，資本的重新流動將導致部分產業收縮、部分產業擴張、部分產業興起、部分產業淘汰，產業體系中的各產業將在新的技術基礎上形成新的比例關係，從而促進了產業結構的升級。但是，當資本超越一國範圍在國際間流動時，「由於各國的資源稟賦不同，資本盈利的比較優勢也不同。為了追逐更多的利潤，資本的國際流動也趨向於所謂資源最佳配置的分佈。結果一些國家的某些部門幾乎完全轉移到了其他國家，以至國內經濟體系的一部分在海外，國內產業結構因此變得不完整，留在國內的產業部門不能獨立生存，必須與其他國家的某些部門聯合共存。」[3]

在當前經濟一體化的背景下，跨國公司通過在中國投資建廠、兼並收購中國製造業龍頭企業、農業龍頭企業、現代服務業龍頭企業，在控制中國部分行業的專利、渠道、品牌等產業鏈的關鍵環節和獲取高額壟斷利潤的同時，還將

---

[1] 李海艦，聶輝華. 全球化時代的企業運營——從腦體合一走向腦體分離 [J]. 中國工業經濟，2002（12）：10.

[2] 李海艦，聶輝華. 全球化時代的企業運營——從腦體合一走向腦體分離 [J]. 中國工業經濟，2002（12）：10-11.

[3] 陳英. 馬克思的資本流動理論與產業結構的變動規律 [J]. 教學與研究，2007（12）：38-39.

中國已被併購企業中原有的研發設計等重要部門解散，使這些企業從此失去了部分產品的研發和生產能力，中國原有的較為完整的產業體系在國際產業分工體系的整合中和跨國公司等國際資本流動中面臨被「解構」的威脅。中國作為一個發展中的大國，面臨著周邊特殊的政治、軍事、經濟環境和國內特殊的國情，能否構建一個完整、有序、有力的現代產業體系，不僅事關中國現階段轉變經濟發展方式的目標能否實現，更重要的是事關未來中國能否突破部分敵對國家對中國實施的軍事、經濟和政治封鎖，能否順利走出亞洲走向世界。因此，發展具有一定獨立性的現代產業體系是中國未來一段時間突破外部封鎖、贏得他國尊重的重要途徑。

3.3 國際金融危機對中國經濟發展的影響

2007年，由美國次貸危機引發的國際金融危機給全球經濟帶來了巨大的打擊。如美國國內由於虛擬經濟的過度發展，實體經濟發展相對不足，危機的爆發使國內經濟受到重創，企業大量倒閉、工人大量失業，儘管奧巴馬政府採取了「量化寬鬆貨幣政策」、「再工業化」、金融救濟等措施，但到目前為止，國內經濟仍然難以復蘇，仍然存在大量的失業人口，並引發了「佔領華爾街」等經濟和社會問題。在金融危機給美國帶來重創的同時，這場危機的浪潮也席捲了歐洲大陸，2009年年底，希臘政府披露其債務規模高達3,000億歐元，財政赤字與政府債務佔其GDP的比重分別為12.7%和113%，遠遠超出歐盟《馬斯特里赫特條約》所規定的財政赤字不能超過本國GDP的3%、債務總額不能超過GDP的60%的標準①，此後，惠譽、標準普爾和穆迪等信用評級機構相繼下調了希臘政府的主權信用評級。2010年4月，標準普爾將希臘主權信用評級進一步下調至無法融資的垃圾級別，從而拉開了歐債危機的序幕。2010年4月底至5月初，希臘債務危機的傳染效應顯現，危機迅速向歐洲其他國家蔓延，葡萄牙、西班牙、義大利、愛爾蘭等國同時遭受主權信用危機，形成了所謂的「歐豬五國」（PIIGS），包括德國、法國等歐元區的龍頭國家也受到了危機的影響。②至此，由希臘開始的主權債務危機逐漸演變成為一場歐洲主權債務危機。

---

① 馬宇．歐債危機的特殊性、解決方案與對中國的啟示［J］．開放導報，2010（5）：87-88．
② 周茂榮，楊繼梅．「歐豬五國」主權債務危機及歐元發展前景［J］．世界經濟研究，2010（11）：20．

在經濟全球化的背景下，作為世界經濟的重要成員之一和經濟對外依存度較高的國家，中國在這場金融危機中顯然也不能獨善其身，也受到了較大的影響。一是通過金融渠道影響中國經濟。在金融危機過程中，美國利用其以美元霸權為主要內容的當代國際金融貨幣體系的強勢地位，採取了增發貨幣和註資主要金融機構等「量化寬鬆的貨幣政策」，使得美元貶值，並刺激了產品出口和就業。美元的貶值直接導致中國在美國金融機構資產的大量縮水。「中國銀行和中國工商銀行 2007 年年度報告顯示，中國銀行在美國次貸危機中共損失 155.26 億元，其中已終止確認損益 32.63 億元，計提損失 122.63 億元；中國工商銀行沒有具體披露次貸損失金額，但仍計提了 4 億美元（約合 28.2 億元人民幣）的減值準備，占目前所持次級債餘額的近 30%。其他投資海外的機構投資者也出現大量虧損。2007 年 5 月，中國投資有限責任公司斥資 30 億美元，入股美國黑石集團，交易價約為 29.605 美元/股，在 2008 年 3 月 14 日該股收盤價報 14.58 美元/股，該筆投資帳面虧損近 51%。2007 年 11 月 27 日，中國平安宣布從二級市場直接購得富通集團約 4.18% 的股權，成為富通第一大股東，後增持至 4.99%，前後共斥資超過 238 億元人民幣。但是到 2008 年 11 月份，富通的股價已下跌超過 96%，導致中國平安 238 億元投資只剩下 10 億元左右。」① 在美元貶值導致中國在美金融機構遭受損失的同時，國內實體經濟也因為缺少銀行貸款而大量出現「缺血」現象，原因在於中國金融機構在美資產遭受損失，而使總資產受損，影響放貸能力，進而傷害到國內實體經濟。

　　二是通過貿易渠道影響中國經濟。受次貸危機影響，美國經濟增長速度大幅放緩，在美國實施「量化寬鬆貨幣政策」後，由於貨幣貶值導致需求特別是居民消費需求增長放慢，以及由此引起的歐債危機和日本經濟增長放緩等，使得歐美日等主要發達經濟體對中國出口產品需求增長放緩。據中國海關統計數字，2008 年 11 月，中國出口額同比出現 7 年以來的首次負增長，幅度達 2.2%，而 10 月份還曾是 19.2% 的較大幅增長；進口額則下降達 18%，而 10 月份還曾是 15.4% 的增長。進入 2009 年 1 月，情況更為惡化，中國的出口額同比增長負 17.5%，進口額同比增長負 43.1%，其中對美出口額同比增長負 9.8%，進口額同比增長負 29.9%。②

---

① 劉華春，等.淺析美國次貸危機及其對中國經濟的影響 [J]. 思想戰線，2009（S2）：104.
② 劉華春，等.淺析美國次貸危機及其對中國經濟的影響 [J]. 思想戰線，2009（S2）：104.

三是通過實體經濟渠道影響中國經濟。由於中國資源、能源對外依存度大，受國際市場價格波動幅度大，實體經濟中出口加工型產業的產品市場需求和加工技術設備等對外依存度大，受國外市場需求尤其是發達國家市場需求的影響較大，歐美日等發達國家經濟增長放緩和居民消費需求下降，直接導致中國出口產品需求的萎縮，進而導致國內出口加工型產業部門企業的大量歇業或倒閉。根據國家發改委中小企業司披露的信息，2008年上半年全國有6.7萬家規模以上的中小企業倒閉。其中，作為勞動密集型產業代表的紡織行業的中小企業倒閉超過1萬家，2/3的紡織企業面臨虧損，1/3的企業停產。[1]

可見，由於中國經濟結構中內需不足、對國外需求的依存度較大，容易受到國際經濟波動的影響。因此，構建以內需為主、外需為輔，內需促進和引導外需，外需補充內需的相互補充的格局；實體經濟為主與虛擬經濟為輔，以實體經濟支撐虛擬經濟發展，虛擬經濟促進實體經濟發展的互動發展等為特徵的現代產業體系，是有效克服或降低國際經濟或金融危機對中國宏觀經濟造成重大影響的根本之策。

3.4 中國正處於「四化」加速發展時期

產業發展是工業化、城鎮化、信息化和農業現代化的基礎和支撐。工業化需要非農產業尤其是製造業的規模化和專業化發展的支撐，城鎮化需要非農產業的大量發展為其提供非農業人口的就業載體，信息化需要整個產業體系技術水平的提升和高端製造業的發展為其提供載體和技術支撐，農業現代化需要工業化、城鎮化和信息化為其提供資金、技術、產品市場、市場信息等內外部支持，而工業化、城鎮化又需要農業現代化來滿足不斷提高的物質生活產品需求。

中國目前正處於工業化中期和城鎮化加速發展時期，迫切需要製造業和服務業的支撐，尤其是中國正面臨高能耗、高污染、低效益的粗放型經濟發展方式引起的資源、環境等承載能力下降等問題，這就要求中國必須加快轉變經濟發展方式，走新型工業化道路，逐步提高中高端製造業和現代服務業的比重。在經濟信息化高速發展的時代背景下，中國作為發展中的大國，顯然不能獨善

---

[1] 劉華春，等. 淺析美國次貸危機及其對中國經濟的影響 [J]. 思想戰線，2009（S2）：104.

其身，而是必須加快信息化的步伐，走信息化與工業化融合發展的道路。而農業現代化的發展對於當前中國在國際金融危機的影響下進一步推進工業化、城鎮化，以及擴大內需等意義重大。因此，中國正處於工業化、城鎮化、信息化和農業現代化加速發展時期的特殊階段要求中國必須發展能夠支撐「四化」互動發展的現代產業體系。

1. 中國正處於工業化和城市化中期階段，且區域工業化水平差異較大

2011 年，中國人均 GDP 為 35,181 元，約合 5,414 美元，人口城市化率為 51.27%，三次產業產值比例為 10：46.6：43.4，第一產業就業人數占總就業人數的比重為 34.8%。根據陳佳貴等人總結的工業化階段劃分標準（如表 3-2 所示），按人均 GDP 算中國已經處於工業化中期階段，按三次產業產值比例算中國處於工業化中期向工業化後期轉變的過渡時期，按人口城市化率算中國處於工業化中期的初期階段，按第一產業就業人數占總就業人數的比重算中國正處於工業化中期階段，可見，總體來看中國還處於工業化中期階段。

表 3-2　　　　　　　　　　工業化不同階段的標誌值

基本指標	前工業化階段 (1)	工業化實現階段			後工業化階段 (5)
		工業化初期 (2)	工業化中期 (3)	工業化後期 (4)	
1.人均 GDP（經濟發展水平） (1) 1961 年（美元） (2) 1996 年（美元） (3) 1995 年（美元） (4) 2000 年（美元） (5) 2002 年（美元） (6) 2004 年（美元）	100~200 620~1,240 610~1,220 660~1,320 680~1,360 720~1,440	200~400 1,240~2,480 1,220~2,430 1,320~2,640 1,360~2,730 1,440~2,880	400~800 2,480~4,960 2,430~4,870 2,640~5,280 2,730~5,460 2,880~5,760	800~1,500 4,960~9,300 4,870~9,120 5,280~9,910 5,460~10,200 5,760~10,810	1,500 以上 9,300 以上 9,120 以上 9,910 以上 10,200 以上 10,810 以上
2.三次產業產值結構（產業結構）	A>I	A>20%，且 A<I	A<20%，且 I>S	A<10%，且 I>S	A<10%，且 I<S
3.製造業增加值占總商品增加值的比重（工業結構）	20%以下	20%~40%	40%~50%	50%~60%	60%以上
4.人口城市化率（空間結構）	30%以下	30%~50%	50%~60%	60%~75%	75%以上

表3-2(續)

基本指標	前工業化階段(1)	工業化實現階段			後工業化階段(5)
		工業化初期(2)	工業化中期(3)	工業化後期(4)	
5.第一產業就業人員占比(就業結構)	60%以上	45%~60%	30%~45%	10%~30%	10%以下

註：1961年與1996年的換算因子為6.2，系郭克莎（2004）計算；1996年與1995年、2000年、2002年、2004年的換算因子分別為0.981、1.065、1.097、1.162，系筆者根據美國經濟研究局（BEA）提供的美國實際GDP數據推算；A、I、S分別代表第一、第二和第三產業增加值在GDP中所占的比重。

資料來源：陳佳貴，等.中國地區工業化進程的綜合評價和特徵分析[J].經濟研究，2006(6)：5.

另外，陳佳貴等人測算了按第一產業就業比例、城市化率、工業結構指標、三次產業產值比和人均GDP標準得出的中國工業化進程指數，並按加權合成法得出了中國工業化進程的綜合指數（如表3-3所示）。從表3-3可以看出，中國四大經濟板塊中東部地區工業化程度最高，綜合指數為78，西部最低，綜合指數只有25，東北和中部地區居中，綜合指數分別為45和30。可見，中國工業化進程總體上呈現出東高西低的特徵，區域之間的工業化程度差距較大。

表3-3　　　　　　　　中國各地區工業化階段的比較（2005）

階段＼區域		全國	四大經濟板塊	七大經濟區	31省區市
後工業化階段(五)					上海(100)，北京(100)
工業化後期(四)	後半階段			長三角(85)珠三角(80)	天津(96)，廣東(83)
	前半階段		東部(78)	環渤海(70)	浙江(79)，江蘇(78)，山東(66)
工業化中期(三)	後半階段	全國(50)			遼寧(63)，福建(56)
	前半階段		東北(45)	東北(45)	山西(45)，吉林(39)，內蒙古(39)，湖北(38)，河北(38)，黑龍江(37)，寧夏(34)，重慶(34)

表3-3(續)

階段 \ 區域		全國	四大經濟板塊	七大經濟區	31省區市
工業化初期（二）	後半階段		中部(30) 西部(25)	中部六省(30) 大西北(26) 大西南(24)	陝西(30)，青海(30)，湖南(28)，河南(28)，新疆(26)，安徽(26)，江西(26)，四川(25)，甘肅(21)，雲南(21)，廣西(19)，海南(17)
	前半階段				貴州(13)
前工業化階段（一）					西藏(0)

註：括號中的數字為相應的工業化綜合指數。

資料來源：陳佳貴，等．中國工業化進程報告：1995—2005年中國省域工業化水平評價與研究［M］．北京：社會科學文獻出版社，2007：42．

2. 中國正處於工業化與城鎮化互動發展和高速發展時期

工業化與城鎮化是相輔相成的關係，隨著工業化水平的逐漸提高，產業分工逐步深化，中間環節增多。一方面，由於產業間的技術經濟聯繫要求相關產業在某一區域集聚發展，產業的集聚發展和規模化發展促進了製造業內部的專業化分工協作，中間環節服務需求增加，進而吸引相關服務業在周邊集聚，這又促進了服務業的專業化發展，服務業的發展又進一步促進了製造業效率的提高，製造業效率的提高又不斷衍生出新的服務需求，兩者在互動中不斷促進產業的分工深化和專業化發展以及相關產業的集聚化發展，產業的集聚必然帶動人口和相關的服務設施和生活性服務業的集聚，促進城鎮化的發展。另一方面，城鎮化又「通過公用基礎設施，降低了生產成本；通過面對面的交談以及知識的溢出效應，降低了企業的交易成本；服務業的分工細化表現在於對企業的生產服務與對人口的生活服務的加強，吸引人口進入城市；人口規模的擴大與市場範圍的擴張，對工業產品的需求增加，為專業化生產進一步提供了市場條件」[①]。根據國際經驗，處於工業化中期和城鎮化成長期的國家，將出現工業化與城鎮化「雙加速」和「互動」發展現象。如表3-4所示，在起步期是工業化起主要作用，是工業化推動著城鎮化發展，而且主要是以輕工業為主；但發展到了成長期以後，工業化和城鎮化存在互動發展、相互促進的關係，且這段時期的城鎮化速度和工業化速度明顯高於其他階段，城鎮化在數量增加的同時，質量也由於服務業的發展而逐步提高，工業化在數量規模增加到

---

① 陳甬軍，等．中國城市化道路新論［M］．北京：商務印書館，2009：55．

一定限度後將趨於穩定或略微下降，轉而逐步實現質量的提高，產業主要以資本密集型產業和技術密集型產業為主；進入成熟期以後，城鎮化進展緩慢，城鎮化進入質量提升階段，工業就業帶動效應逐漸下降，取而代之的是信息產業等知識密集型產業。

表 3-4　工業化與城市化發展不同時期農村勞動力轉移的主要特徵

發展階段	起步期	成長期	成熟期
兩者關係	工業化推動城市化	工業化、城市化互動發展	城市化質量提升
城市化率	20%以下	20%~70%	70%以上
城市化率年均增長百分點	0.1~0.3	早期發達國家（如美國）：0.3~0.7；後期發達國家（如日本）：0.8~1.2	0.1~0.2
工業就業年均增長率（或製造業年均增長率）	0.4%及以上	以城市化率50%左右為界，之前工業就業與城市人口同比增長；之後工業就業增長率下滑，兩者差距加大	0.1%及以下
服務業就業年均增長率	低於0.4%	以城市化率50%左右為界，之前服務業就業增長低於城市人口增長；之後服務業就業增長率高於城市人口增長	現代服務業增長較快
工業化階段標誌	輕工業	重化工產業、重加工工業	信息產業
主導產業	勞動力密集型產業	資本密集型產業、技術密集型產業	知識密集型產業

註：表中內容是根據有關數據計算和結合產業演化規律總結得出的。

數據來源：中國社會科學院世界經濟與政治研究所綜合統計研究室. 蘇聯和主要資本主義國家經濟歷史統計集（1800—1982）[M]. 北京：人民出版社，1989.

1980年、1990年、1998年數據來源於《國際統計年鑒2000》；1955—1980年勞動力就業的資料來源於《國際經濟和社會統計資料（1950—1982）》。

資料來源：陳甬軍，等. 中國城市化道路新論[M]. 北京：商務印書館，2009：57.

3. 工業化、城鎮化的互動發展將推動農業現代化和信息化的發展

從人口在產業之間的轉移來看，工業化就是農業人口不斷向非農產業轉移的過程，從產業結構的變化來看，工業化就是非農產業比例不斷上升的過程；從人口在地域之間的轉移來看，城鎮化就是人口不斷由農村向城市轉移的過程，從空間結構來看，城鎮化就是非農產業和要素不斷向城市集聚的過程。工業化和城鎮化的互動發展，一方面是人口向非農產業轉移與人口向城市轉移之

間的不斷耦合，另一方面是非農產業比例上升與非農產業向城市集聚之間的不斷耦合，最終實現三次產業結構與三次產業空間佈局在不同區域的耦合。在耦合的過程中，由於工業的比較收益高於農業，因此，農業首先面臨的是要素的流失，如青壯年勞動力外出打工從事非農產業，農民存款不是用於改善農業生產條件，而是被銀行用貸款的形式用於城市建設和工業發展，基礎設施建設優先用於城市，等等；其次，隨著工業化和城鎮化的深入推進，非農人口的大量增加將導致對農產品需求，尤其是隨著人均收入水平的提高，特色農產品需求將迅速擴大，並提高企業與個人投資和發展農業的積極性，農業也將逐漸獲得發展，如農業信息、科技、人才、基礎設施的大量投入，農民也將在工業化、城鎮化帶來的城市文明、市場經濟意識、產業化經營理念、消費觀念等現代化元素的熏陶下成長成為具備生產、經營和管理等能力的新型農民。因此，工業化、城鎮化的互動發展將促進農業現代化的發展。

隨著工業化水平的提高，在產業總量急遽增加的同時，產業結構也將向高度化演進，表現在高端裝備製造業、新能源、新材料、納米技術、電子信息、軟件服務等新興產業在產業結構中所占的比例將逐漸提高，而且在企業內部的產品研發、設計、製造、物流等環節的自動化、智能化水平將逐步提高，從宏觀產業結構和微觀企業發展等方面都將促進信息化的發展。同時，在目前世界經濟信息化發展的大格局下，不僅工業信息化將實現突飛猛進的發展，而且由於信息技術和產品在人們日常生活中的日益普及以及在軍事、教育、文化等方面的大量使用，整個社會的信息化水平將大幅提升。

4. 工業化、城鎮化、信息化和農業現代化的發展需要現代產業體系的支撐

工業化、城鎮化、信息化和農業現代化的加速發展時期也是各類矛盾凸顯的時期，需要處理好多方面的關係。一是在工業化與城鎮化之間是否能夠協調發展，工業化滯後於城鎮化容易引起貧民窟、城鎮失業人員增多、社會治安狀況惡化等社會經濟問題，城鎮化滯後於工業化則容易引起城市基礎設施建設滯後、交通擁擠、污染嚴重等「城市病」問題。二是工業化與信息化之間的融合推進程度。隨著信息社會的到來，工業化與信息化之間的聯繫越來越緊密，甚至在一些環節很難將信息化與工業化分離開來。原因在於工業化既包括整個非農產業總量的增加，也包括整個產業結構的優化升級，即中高端產業在產業結構中所占的比例將逐步提高，而這其中又包含兩層意思，一方面是部分中高端產業的發展既屬於工業化範疇又屬於信息化範疇，如信息工業化；另一方面是傳統產業的改造升級過程，如工業信息化。三是工業化、城鎮化是否能夠與

農業現代化同步發展。工業化、城鎮化的發展將促使農村人口、資金等要素外流，如果沒有合理的反哺機制，將導致農村、農業衰落，必須從財政上補貼農業和從產業上激活農業，以此促進工業化、城鎮化與農業現代化的同步推進。但是，工業化與城鎮化的協調發展需要堅實的產業基礎，工業化與信息化的融合推進需要中高端產業作為載體，工業化、城鎮化與農業現代化的同步發展需要產業發展提供的財力支持和農產品加工業等產業的帶動，等等。因此，中國工業化、城鎮化、信息化和農業現代化的加速發展從供給、需求、技術、產業、人才、資金等方面都需要現代產業體系的支撐，需要中國在產業門類上構建起由勞動力密集型產業、資金密集型產業、資源密集型產業、技術密集型產業、知識密集型產業等組成的產業門類體系，在產業組織結構上構建起由大型龍頭企業、中小型企業、微型企業等組成的產業組織體系，在產業空間佈局上構建起由產業帶、產業集群、產業園區、產業集中區等組成的產業佈局體系。

3.5　中國現代產業體系發展的現狀

具有獨立自主的現代產業體系尤其是工業體系對於一個大國的經濟獨立、主權獨立和國防安全等具有重要的基礎性作用。在新中國成立以來的一段時間裡，中國一直致力於建立獨立自主的工業體系，其間成功研製出了「兩彈一星」和其他代表先進科技水平的標誌性產品，為中國以後一段時間的和平發展奠定了基礎，「三線建設」的實施使中國工業的佈局更加合理，為中國推進工業化尤其是西部地區的工業化打下了堅實的基礎。到改革開放初期，中國基本已建成了以重工業為中心的工業體系。改革開放以來，中國首先在輕工業發展方面取得了重大突破，極大地滿足了人民群眾日益提高的物質文化生活需要，其次是在重工業和服務業方面也取得較大發展，尤其是農業在實施家庭聯產承包責任制以後，農村生產力得到充分釋放，農民積極性和和農產品產量得到迅速提高。加入 WTO 以後，由於中國在發展國際貿易和國際投資方面缺乏經驗，對引進外資的相關立法和制度性規定認識不足和發展滯後，導致在引進外資過程中對外資的惡意收購和市場壟斷等行為規制不夠，中國農產品加工業、裝備製造業、電子信息產業等產業中的龍頭企業和關鍵零部件企業被惡意收購，部分行業的整個產業鏈和產業鏈的關鍵環節被外資控制，給中國產業安全和產業體系的完整性帶來了極大的威脅。

1. 農業產業基礎地位不突出

（1）糧食保障能力有限。由於農業兼業化、糧食副業化、農業勞動力老齡化等問題，以及糧食需求的剛性增長、耕地退化和污染加劇、農業勞動力質量下降、耕地「撂荒」增多、極端氣候頻現等諸多不利因素，中國主要農產品「供求基本平衡，豐年有餘」的格局正在被打破，糧食供求總體趨向偏緊。2011年，中國糧食總產量達到11.4萬億斤（1斤＝0.5千克，下同），中國糧食總產量實現了八連增，但是與糧食生產八連增相隨的是中國從一個糧食淨出口國逐步變為糧食淨進口國。2000年大豆進口突破1,000萬噸，2003年農產品貿易歷史性成為逆差國後，中國現在已經是世界主要的糧食淨進口國。2010年中國進口玉米157萬噸，為2009年的19倍，進口小麥120萬噸，比2009年增加36%，稻米進口近40萬噸，棉花進口280萬噸，是2009年進口量的兩倍，食糖進口達180萬噸。其中最突出的還是大豆，2010年大豆總進口量超過5,500萬噸。① 而且，隨著糧食問題重要性的提高，糧食問題逐漸成為政治問題。美國前國務卿基辛格曾經指出：「如果你控制了石油，你就控制了所有國家；如果你控制了糧食，你就控制了所有的人。」發達國家通過補貼本國超強農業集團搶占發展中國家某些重要的農產品市場份額，已經導致多個國家喪失了糧食主導權。糧食和食品價格迅速攀升成為引發突尼斯、埃及、也門等國騷亂和危機的重要原因之一，糧食的嚴重短缺也成為朝鮮的一大軟肋。②

（2）外資威脅中國農業基礎產業。外資通過控制中國農業產業鏈的關鍵環節，撕裂和分化中國農業產業鏈上各產業之間的有機聯繫，抑制和摧垮中國農業產業鏈上關鍵環節的發展，進而控制整個農業產業鏈，並反向制約中國農業基礎作用的發揮。③ 以油脂產業為例，2004年3月的「大豆危機」之後，國內大量油脂企業由於經營困難紛紛破產，豐益國際、ADM、邦基、嘉吉、路易達孚等跨國公司則利用其資本優勢來中國大肆兼並收購。外資跨國集團直接、間接控制的油脂實際壓榨量已經占中國總的實際有效壓榨量的50%以上。在跨國公司控制油脂壓榨環節的同時，還謀求通過進一步影響和控制國內全行業的油脂油料進口，進而控制整個油脂加工產業鏈。2007年的相關數據顯示，中國外商投資企業進出口食用植物油461.3萬噸，已占同期中國食用植物油進出口總量的54%。這不僅削弱了內資油脂企業的整體盈利水平和經營能力，更為嚴重的是使中國大豆加工業成為跨國企業實現國際貿易利潤的一個環節。這種

---

① 稅尚楠. 全球化視角下中國糧食安全的新思維及戰略 [J]. 農業經濟問題，2012（6）：21.
② 袁海平. 確保新時期中國糧食安全的戰略對策研究 [J]. 農業經濟問題，2011（6）：10.
③ 詹懿. 中國現代產業體系：癥結及其治理 [J]. 財經問題研究，2012（12）：33. 略有改動。

控制已經嚴重制約了國內油料種植產業的發展，影響了中國的糧食安全。① 從結構上看，外資企業的總產值已占到全行業的2/3。2003年外資企業平均工業總產值是國內私營企業的10倍，而2006年這一差距擴大到16倍，這也造成了國內私營企業的相對更加「弱小」與外資企業的相對更加「強大」。②

（3）農產品加工技術水平不高，資源利用效率較低。一是產後初加工率低，產後損失大。據專家測算和實證分析，中國農戶儲糧平均損失為7%～10%，產後損耗蔬菜為15%～20%，水果為10%～15%，馬鈴薯為15%～25%。③ 二是深加工程度不夠，產品增值程度不高。發達國家的農產品加工率一般在90%以上，而中國農產品加工率只有40%～50%，其中二次以上深加工僅20%。發達國家農產品加工業產值與農業總產值的比值大多在2.0：1～3.7：1，如美國為3.7：1，日本為2.2：1，而中國2000年為0.85：1，2003年達到1.11：1。據專家測算，價值1元的初級農產品，經加工處理後，在美國可增值為3.72元，日本為2.2元，中國只有0.38元④。

（4）農產品加工業自主創新能力不強，科技開發和儲備不足。在世界科技迅猛發展和高新技術在農產品加工業中的應用水平不斷提高的趨勢下，技術創新逐漸成為一個地區或企業的農產品加工業競爭力強弱的關鍵，由於中國在農產品加工業中的科技投入不足和科技轉化率不高等原因，導致農產品加工業帶動農業發展的能力不強。

一是科技投入不足。首先是財政投入不足。中國農業科研工作的重心在農產品的生產環節，80%以上的科技經費和研究力量投入在生產中，對產後領域的科研工作比較忽視，造成了農產品加工領域研究經費短缺，研究設備和研究手段落後，產業技術創新能力較低，科技儲備、特別是基礎性的技術儲備嚴重缺乏。而世界發達國家都注重產後加工領域技術開發，美國70%的科研經費都用在產後農產品加工環節。其次是企業投入不足。國際研究表明，農產品加工的研究開發投入占銷售收入的比重在1%以下難以生存，1%～2%可以勉強維持生存，達到3%以上才具有競爭力。發達國家大型食品加工企業研究發展投入占其銷售額的2%～3%。而中國2003年整個農產品加工業研究經費占產品銷售收入的比重僅為0.21%，遠低於國際平均水平。2003年整個農產品加工

---

① 高鐵生，等. 中國食用油市場安全和儲備制度改革 [J]. 經濟與管理研究，2008（8）：35.
② 張曉山.「入世」十年：中國農業發展的回顧與展望 [J]. 學習與探索，2012（1）：5.
③ 魯德銀. 中國農產品加工技術與發達國家的差距與政策 [J]. 科學管理研究，2005（6）：94.
④ 魯德銀. 中國農產品加工技術與發達國家的差距與政策 [J]. 科學管理研究，2005（6）：94.

業中，平均每萬人有研發人員 26 人，低於全國平均值 68 人[①]。

二是農產品加工研究開發體制不健全。由於學校、科研機構和企業在價值取向、合作目標等方面存在較大差異，「高等院校與科研機構參與項目更看重的是項目完成後所發表的論文數量、質量及項目對職稱評審所發揮的作用，而企業則把焦點集中在項目的創新能否帶來良好的市場利益或是否有可觀的市場前景等方面」[②]，這種目標的差異導致學校、科研機構的研究成果與實踐脫節，很多成果沒法轉化成現實生產力，或因轉化成本太高而歸於失敗。

三是科技成果轉化率不高。由於農產品加工業技術推廣體系的不完善，使得科研成果的供給與企業技術創新的需求不能實現最佳的結合，存在重研究、輕推廣，科研成果不能及時產業化和科技貢獻率不高等問題。目前，發達國家科技貢獻率在 70% 以上，而中國農產品加工業整體科技貢獻率僅為 30%～40%。其中飼料產業的科技貢獻率為 45%，糧油儲運與加工的科技貢獻率為 30%，畜產品加工業科技貢獻率不到 30%。發達國家的農產品加工業科技成果轉化率高達 60%，而中國僅 30%。發達國家的農業科技成果轉化率為 65%～85%，而中國僅為 30%～40%；世界發達國家的農業科技進步貢獻率為 60%～80%，而中國只有 42%。[③]

（5）農田水利設施建設嚴重滯後，抵禦自然災害能力不強。目前，中國「農田水利設施最突出的問題是田間末級灌排溝渠如鬥渠、農渠、毛渠等建設滯後，不能很好地解決農田灌溉『最後一公里』的問題；節水技術應用範圍不廣，農田大水漫灌還比較普遍，農業灌溉水利用率只有國際先進水平的 60%；工程性缺水嚴重，水源工程比較少，一些水庫老化失修，蓄水能力不斷下降，造成不少水資源豐富的地區也容易面臨缺水問題」。「2004 年以來，每年因災損失糧食均為 600 億斤以上，2009 年更高達 1,107 億斤，占全國糧食總產量的 1/10」[④]。

（6）農業服務業發展滯後。一是農業生產和流通方式落後。中國農業生產的微觀主體以小農戶為主，專業化、組織化程度低。農產品流通體系建設滯後，交易方式落後，市場信息不對稱，農產品產銷難對接，容易過度刺激或抑

---

① 魯德銀.中國農產品加工技術與發達國家的差距與政策 [J].科學管理研究，2005 (6)：95.
② 袁勝軍，黃立平，劉仲英.產學研合作中存在的問題及對策分析 [J].科學管理研究，2006 (6)：50.
③ 魯德銀.中國農產品加工技術與發達國家的差距與政策 [J].科學管理研究，2005 (6)：93、95.
④ 張紅宇，等.加快推進農業基礎設施建設的重點領域與政策思路 [J].農村經濟，2011 (6)：7.

制生產，並引起相關價格較大漲落。① 二是農業抵禦風險能力不強，農業生產的風險分散機制不健全。

2. 能源和原材料等產業基礎支撐能力不強②

能源和原材料等基礎產業是一個國家經濟發展的先決條件，直接關係到一國現代產業體系能否順暢運行。但目前中國能源和原材料等基礎產業還面臨以下問題：

（1）能源等原材料對外依存度大，能源保障能力有限，能源安全問題突出。2001—2010 年，中國原油進口量增長近 3 倍，對外依存度從 24.1% 飆升至 53.8%。從 2009 年開始，中國原油對外依存度超過 50% 的「國際警戒線」，2011 年已突破 55%。③

（2）產業整體技術水平不高，產業粗放式發展特徵明顯，資源利用效率不高。據統計，2007 年年末，中國直接從事鋼鐵生產的勞動力 358 萬人，按當年 4.89 億噸粗鋼量計，人均產鋼量 137 噸/人，而當年美國是 513 噸/人，日本（2001 年）523 噸/人，德國（2008 年）505 噸/人。④ 這種基礎產業的粗放式發展不僅占用了過多的資源，而且很難在此基礎上分工演化出新能源、新材料等新興產業，很難實現產業間的新老更替和高中低技術水平產業間的成體系發展。

（3）稀有金屬等戰略性資源流失嚴重。由於對稀土等稀有資源的戰略性儲備意識不強，稀土等戰略性資源遭遇無序開採和低價外流，據統計，中國稀土佔有量占世界的比重已由 85% 下降為 30%，照目前的消耗速度，世界最大稀土礦包頭白雲鄂博礦藏將在 30 年內消失，有「世界鎢都」之稱的江西贛州稀土資源礦將在 20 年內開採殆盡。也就是說，下一代人將無稀土可用，有可能使中國陷入由「有資源無技術」向「有技術無資源」轉變的發展困局，並對中國未來的產業安全和國防安全構成威脅。

3. 低端製造業產能過剩與對外依存度大並存

（1）低端製造業產能過剩問題突出。由於低端製造業大多為初加工或粗加工產業，低端製造業的產能過剩，客觀上加重了能源、原材料等上游產業的負擔。在中國能源、原材料對外依存度大的背景下，必將引起能源、原材料等基礎產品的價格上漲，加重整個產業體系的運行成本。

---

① 韓俊．對新階段加強農業基礎地位的再認識［N］．人民日報，2008-02-15（007）．
② 詹懿．中國現代產業體系：癥結及其治理［J］．財經問題研究，2012（12）：33．略有改動．
③ 尹曉珺．「入世」十年中國石油安全狀況簡析［J］．中國經貿刊，2012（9）：22．
④ 王海壯，等．中國鋼鐵工業沿海佈局戰略研究［J］．世界地理研究，2011（2）：145．

（2）中國低端製造業多為外需型產業或出口加工型產業，產業中的企業多為代工企業或貼牌生產廠商，由於渠道、品牌和專利技術均掌握在外商手中，在關鍵零部件、加工設備、物流等方面往往受制於外資企業，這就人為割斷了中國低端製造業與中高端製造業（裝備製造業）、現代服務業之間的有機聯繫。

（3）產業自主創新能力不強，對國外技術依賴程度較大，產品結構不合理。據統計，鋼鐵自動化對國外技術依賴程度，日本為6.6%，美國僅為1.6%，韓國也不過22%，而中國則超過50%。[1] 由於缺乏核心技術，中國低端製造業不得不陷入「引進—落後—再引進」的惡性循環，行業技術始終處於國際上二流或三流水平，產品結構中低端產品產能過剩與高端產品產能不足並存的格局越演越烈，難以滿足中高端製造業對原材料和基礎元器件的需求和產業升級的需要。

4. 中高端製造業發展不足且關鍵環節被人蠶食

（1）中國高端製造業發展不足。中國的高端製造業，尤其是高端裝備製造業和電子信息產業總體上發展水平較低，如高端裝備製造業中關鍵零部件、智能化技術、核心程序、關鍵設備等需要從國外進口，電子信息產業中的大規模集成電路、硬盤、中央處理器等關鍵零部件和技術需要從國外進口，由於缺乏這些核心技術和關鍵零部件，中國中高端製造業難以實現獨立自主的發展，更不能帶動國內關鍵零部件企業的發展。

（2）高端製造業龍頭企業和關鍵零部件企業被外資大量蠶食。如德國FAG公司收購西北軸承廠和洛陽軸承廠這兩個為「神六」飛船提供關鍵部位零件的國有企業；美國鐵姆肯公司與Torrington公司也通過合資—控股—獨資的手段，分別將煙臺軸承廠和無錫軸承廠收入囊中；美國凱雷投資集團收購中國最大的工程機械製造企業——徐州工程機械集團有限公司；德國博世併購無錫威孚；日本山崎馬扎克株式會社吞並寧夏小巨人機床有限公司，等等。外資通過併購中國的行業龍頭企業和關鍵零部件企業，控制整個行業的關鍵技術、品牌和銷售渠道等產業鏈的關鍵環節，進而控制整個產業鏈，不僅摧垮了國內裝備製造業企業的自主研發和生產能力，而且通過知識產權和生產許可等方式把國內相關企業壓制在產業鏈低端，淪為其在華的加工工廠和貼牌廠商，最終使中國的高端製造業難以獲得實質性的發展，低端製造業將因不能獲得高端製

---

[1] 馬竹梧. 中國鋼鐵工業自動化技術應用60年的進展、問題與對策（下）[J]. 電氣時代，2010（8）：28.

造業的先進技術和裝備支撐而難以實現產業升級，與高端製造業相關的現代服務業也因失去了需求市場而成為無本之木和無源之水。

5. 現代服務業發展滯後或受制於人①

服務業是隨著工業化水平的提高，逐步從農業和工業的規模化發展和專業化分工中演化出來的，因此，農業、尤其是工業的發展規模和水平是服務業發展的基礎和源泉，其規模和水平直接決定服務業的規模和水平。由於中國工業化水平不高，產業基礎不牢，服務業本身發展較為落後，因此在經濟全球化、信息化時代背景下，跨國公司依託其在全球的資金、技術、管理、銷售網絡、品牌、專利權等優勢牢牢地控制了全球產業鏈的關鍵環節。中國實施「以市場換技術」的外資引進戰略以來，由於中國在反壟斷規制、產業保護和產業安全的法律法規方面沒能及時跟上，跨國公司通過直接收購中國服務業企業、併購中國關鍵製造業企業、間接控制中國服務業等方式展開了對中國服務業的全面「攻擊」。

（1）中國服務業總體發展水平不高。由於中國工業化水平不高，製造業規模化和專業化分工水平不高，加上條塊分割和地方保護主義等原因，服務業因缺乏市場需求和技術手段發展緩慢，表現為總量不大、技術水平低、企業規模小、市場競爭力弱等特徵。

（2）外資通過直接收購等方式直接控制中國的服務業企業和市場，壓制中國相關服務業的發展。一是控制中國流通業市場。中國美旗控股集團戰略決策委員會主席謝秉臻在接受《21世紀經濟報導》記者專訪時指出，「到2008年6月，外資已占中國大中城市流通業主渠道的60%。照此下去，外資將在三至五年內控制中國流通主渠道。」「零售業失語表象後面，是整個供應鏈渠道控制權的旁落。」② 二是控制中國會計審計業務。自20世紀90年代以來，「四大」會計師事務所借助於中國在「特許經營」等方面給予的優惠政策，得到了狂飆突進的發展，目前已經基本上控制和壟斷了中國的會計審計業，壟斷了中國海外上市企業的所有審計業務。③ 三是控制中國的信用評級市場。2005年，中國曾有中誠信、大公國際、聯合資信、上海新世紀和上海遠東五家具有全國性債券市場評級資質的信用評級機構。但隨著2006—2007年，中誠信、聯合資信、上海新世紀和上海遠東相繼被穆迪、惠譽等美國信用評級機構收購

---

① 詹懿. 中國現代產業體系：癥結及其治理［J］. 財經問題研究，2012（12）：34. 略有改動。
② 高江虹. 流通業主渠道盛世危言：外資已占60%［N］. 21世紀經濟報導，2009-12-03.
③ 劉書瀚，賈根良. 出口導向型經濟：中國生產性服務業落後的根源與對策［J］. 經濟社會體制比較，2011（3）：143.

或兼並，目前只剩下大公國際一家國內信用評級機構了。中央財經領導小組辦公室吳紅指出，「美國正在大規模收購中國信用評級機構，目前已控制中國信用評級市場2/3 的份額，嚴重威脅中國金融安全。中國亟待建立獨立自主的信用評級體系，掌握資本市場話語權」。美國信用評級機構利用其信用評級壟斷優勢壓低中國主權信用評級，攫取中國大量利潤。據統計，僅 2006 年，境外投資者在工、建、中、交等國有銀行身上就賺了 7,500 億元，保守估計，外資一年從中國銀行業賺取的利潤超過 1 萬億元。①

（3）外資通過收購兼並中國的行業龍頭企業和關鍵零部件企業，解散中國企業的研發團隊，把研發、諮詢、維修等生產性服務業轉移到其母國，加速了中國在高端製造業環節的「技術空心化」速度，而且「這些跨國巨頭通過知識產權策略支配合作者，通過排他渠道策略和供貨策略控制下游的本土廠商和銷售廠商，使競爭對手和中國本土產品無法有效地通過銷售渠道進入市場。」② 如 2001 年，西北軸承廠拿出自己擁有知識產權和品牌的產品——鐵路軸承與德國 FAG 集團合資，在經歷了三年的虧損之後，西北軸承廠被動讓出股份，退出合資公司，同時還不得不把擁有的產品設計圖紙、鐵路軸承 NXZ 品牌、鐵道部頒發的生產資質等留給了外商獨資公司，從此不能再生產鐵路軸承。③ 從此，中國在鐵路軸承的研發、維修等相關服務方面失去了控制權。

（4）外資通過合資辦公司的方式滲透進入中國的物流業領域，並間接控制該產業鏈。如日本三井財團利用其財團的成員企業——新日鐵與寶鋼合作的機會，使得「寶鋼所必需的鐵礦石原料，大多由三井物產等日本企業參股控制。不僅如此，這些鐵礦石還是由三井物產的成員企業商船三井運輸到上海；而運輸的大型砂船是由三井財團的另一家成員企業三井造船製造的；三井物產與寶鋼合作生產的卷板，根據汽車、家電等日本在華企業的需求，進行剪裁打孔和加工後銷售」。此外，三井財團還「以新日鐵和寶鋼為切入點，深入到中國鋼鐵產業的各個領域，對中國企業的成本和利潤了如指掌」④，為其參股企業巴西淡水河谷、必和必拓和印度 Sesa Goa 公司在鐵礦石談判中掌握主動權提供有價值的信息。最終，三井財團利用其在鋼鐵領域的先進技術和設備、鋼材物流、客戶管理、原料貿易和物流等方面的優勢，成為中國鋼鐵產業鏈的

---

① 鄭新立. 美國控制我 2/3 信用評級市場 [N]. 經濟參考報，2010-04-12.
② 蔣中俠. 外資引進「拉美化」之憂 [N]. 國際金融報，2004-07-09.
③ 傅捷. 外資控制產業命脈的三種武器 [J]. 中國投資，2006（10）：39.
④ 白益民. 三井帝國在行動——揭開日本財團的中國佈局 [M]. 北京：中國經濟出版社，2008：4-27.

「幕後組織者」。而且鐵礦石、鋼鐵等海上運輸被外資大量壟斷也不利於中國海軍的發展。世界經濟史表明，世界上每一個海軍軍事強國無一不是海上貿易強國，一個國家海軍軍事力量的強弱與海上貿易之間是互為條件、相互補充的關係，即海上軍事的發展為能源、原材料、產品的運輸提供安全保證，海上貿易的發展又為海上軍事的發展提供了可能性和必要性。

4 中國現代產業體系的基本框架

4.1 中國現代產業體系的科學內涵

4.1.1 體系的涵義

體系在《辭海》中的定義為：「若干有關事物相互聯繫、相互制約而構成的一個整體，如理論體系、語法體系、工業體系。」[1] 在英文單詞裡，系統、體系和（人或動物的）身體均可以用同一個單詞 system 表示，表明體系不僅揭示了萬事萬物普遍聯繫的規律，而且具有各個部分簡單相加所不具有的整體優化功能，猶如人的身體是由各個器官組成的，但並不是各個器官的簡單相加，而是由各個器官按一定的規律或秩序組成的系統綜合體。

4.1.2 產業體系的涵義

根據筆者掌握的文獻，目前國內有關產業經濟學方面的教科書還沒有關於產業體系的概念界定，有關產業體系的概念僅僅散見於一些期刊和雜誌。如王國平（2011）認為：「所謂產業體系，是指包括產業結構、產業組織和產業業態三大元素組成的有機體，三者相互依存和互動，共同促進產業體系創新，從而提供每一項目發展新空間。」[2] 曹曼、葉文虎（2006）認為：「產業體系是若干與某種生產要素有關的產業相互聯繫、相互制約而構成的整體。」[3] 可見，兩個關於產業體系的定義都強調了產業間相互聯繫、相互制約、互動發展的關係，以及在這種互動發展中實現的整個體系整體不斷優化和向前演進的能力和

---

[1] 夏徵農, 陳至立. 辭海 [M]. 6 版. 上海：上海辭書出版社, 2009：2237.
[2] 王國平. 產業體系運行的新態勢與發展新空間 [J]. 學術月刊, 2011 (9)：74.
[3] 曹曼, 葉文虎. 循環經濟產業體系論綱 [J]. 中國人口、資源與環境, 2006 (3)：48.

趨勢。根據上面的理解，筆者可以對產業體系做出簡單的界定：產業體系是一國（或地區）的經濟體系內各類產業之間通過各種技術和經濟聯繫而形成的有機產業系統。

4.1.3 現代產業體系的涵義

目前，國內政府文件和學者從轉變經濟發展方式、產業集合論、系統論、創新和動態發展的角度分別對現代產業體系進行了多方位的闡釋和解讀，對於理解現代產業體系的科學內涵具有重要的啟示和借鑒意義。從發達國家現代產業體系發展的歷程來看，現代產業體系是一個動態的產業體系（如表4-1所示），處於不同經濟發展水平的國家，面臨不同的國際國內環境的國家，擁有不同的經濟規模、人口和地域的國家，其現代產業體系的內涵均不一致。如發達國家的現代產業體系，從三次產業結構的比例來看可以歸納為現代服務業占GDP總量的70%以上，先進製造業技術水平和科技創新能力非常強，農業現代化水平高的產業構成。而發展中國家由於工業化水平不高，製造業整體技術水平不高、創新能力不強，現代產業體系的內涵，從三次產業結構的比例來看，工業所占比例有一個從低到高、再從高到低的過程，一般來說要經歷從30%~70%的發展過程，儘管到後期工業所占比例下降到50%及以下，但這是建立在國內裝備製造業發展水平較高、產業自主創新能力很強、關鍵技術設備對外依存度很小等的基礎上，工業增加占GDP的比重在50%左右，並且建立在製造業充分發展基礎上的現代服務業得以蓬勃發展，農業現代化水平在先進製造業和現代服務業的帶動下得以穩步提高。

表4-1　　　　　　　發達國家現代產業體系的演進歷程

時間	重要事件	主要發生國	核心產業	關聯產業
18世紀60年代到19世紀40年代	第一次工業革命	英國、法國、德國	紡織業	煤炭、冶金、鐵路運輸、機械製造
19世紀70年代到20世紀初	第二次工業革命	美國、德國、英國、瑞典、比利時	汽車、飛機、電力	鋼鐵產業、化學工業、海陸空運輸業、電器工業
20世紀四五十年代到21世紀初	第三次科技革命	美國、日本、德國	信息產業、原子能	計算機、半導體、宇航、激光、電子工業、通訊、人工合成材料工業

資料來源：筆者自己整理而得。

根據現代產業體系演進的歷程，現代產業體系的發展應該包含以下兩個特徵：一方面，從三次產業結構的比例來看，現代產業體系應該是工業所占比重由30%上升到70%左右，再由70%下降到50%~30%，製造業技術裝備水平和自主創新能力穩步上升，工業增加值占GDP的比例在50%左右，服務業（尤其是現代服務業）建立在製造業規模化發展和專業化分工協作的基礎上，所占比例穩步上升並達到50%及以上，農業在工業化和城鎮化的帶動下得以快速發展，所占比重最終為10%左右。另一方面，從產業發展特徵來看，現代產業體系應該是以第一、第二、第三次產業互動發展為基礎，在產業縱向發展上形成完整的產業鏈，並能夠控制產業鏈的高端環節和關鍵環節，具有不斷引領產業結構向高度化發展的能力；在產業橫向發展上能夠實現市場的有效競爭，具有較強的均衡性和協調性；區域間能夠實現產業的合理分工和優勢互補；能夠及時主動地吸收世界先進科技成果並形成先進的生產力，具有很強的自我發展能力和自我協調能力的有機產業系統。根據發達國家經濟發展的歷史和借鑒系統論的分析方法，筆者認為現代產業體系的內涵可歸納為：順應經濟全球化、經濟信息化的發展趨勢和消費需求升級的要求，以信息、新能源、新材料等引領世界科技發展的高新技術為依託，以創新為主要的發展動力，以先進製造業、現代農業和現代服務業為主體，實現現代要素的集聚化、產業定位的高端化、產業結構的高級化、區域內三次產業互動發展、新興產業與傳統產業互動融合發展、區域間產業互動發展、上下游產業聯動發展，以及生態、經濟、社會「三位一體」發展的有機產業系統。

4.1.4　中國現代產業體系的涵義

在經濟全球化的時代，一國現代產業體系的發展不可能完全與外界隔離，而必須通過不斷地與世界其他國家之間的經濟和技術交流，獲取所需的物質和信息等資源，從而不斷地促進現代產業體系向更高的水平演進。同時，中國正處於工業化、城鎮化的加速推進時期，構建完整的現代產業體系不僅對推進工業化、城鎮化具有重要作用，而且是在經濟全球化背景下提高產業競爭力的堅實基礎。中國現代產業體系的內涵可歸納為：順應經濟全球化、經濟信息化的發展趨勢和消費需求升級的要求，以信息、新能源、新材料等引領世界科技發展的高新技術為依託，以創新為主要的發展動力，實現現代要素的集聚化、產業定位的高端化、產業結構的高級化、區域內三次產業互動發展、新興產業與傳統產業互動融合發展、區域間產業互動發展、上下游產業聯動發展的，具有較強產業控制力和和可持續發展能力的，以基礎產業為支撐、先進製造業為核

心、現代服務業為輔助、戰略性新興產業為先導的,產業門類齊全、功能完備、結構合理的有機產業系統。

4.2　中國現代產業體系的特徵

由於現代產業體系本身具有的系統性、整體性以及中國目前產業發展的現狀,中國現代產業體系應該具有以下特徵:

4.2.1　動態性

動態性是指現代產業體系不是一成不變的,而是伴隨著社會生產力的發展和人們消費結構的不斷升級而不斷向前演進的,是由第一產業為主向第二產業為主、進而向第三產業為主的產業結構不斷演進的過程,是從產業間無序發展向有序發展的自組織過程,是從以使用土地、勞動力、資源等初級生產要素為主,向以使用資金、技術、人才、信息等高級生產要素為主的產業體系演進的過程,是及時主動地吸收世界先進科技成果,並不斷提高資源能源產出效率的過程,是以勞動密集型為主向資金密集型為主、再向技術密集型產業為主的產業體系演進的過程。

4.2.2　現代性

現代性是指現代產業體系是一個與傳統產業體系相區別的有機的產業組成。第一,從要素發揮作用的大小來看,信息、科技、金融、人才等現代要素對經濟發展的作用越來越大。第二,高端裝備製造業、新能源、新材料等戰略性新興產業、高新技術產業和研發、設計、物流等產業鏈的高端環節在產業結構中所佔的比重逐漸增大,呈現出工業發展智能化、產業結構高級化和軟化發展的趨勢。第三,在產業發展高端化和智能化的同時,由於產業的良性和有序發展,整個國家呈現出經濟、社會、生態「三位一體」協調發展的可持續發展格局。

4.2.3　系統性

系統性是指現代產業體系是一個由各個不同產業組成的整體(系統),這個整體是由相互聯繫、相互制約的不同產業組成的有機體,單個產業不能脫離其他產業的支撐和發展而獨立發展和運行,產業整體能夠通過產業之間的競爭

與協同作用以及系統本身具有的自組織性等作用，產生由各個產業簡單相加所不具有的新功能，即整個產業體系具有的產業的新老更替、要素的集聚與再組織、自主創新能力的培養與發揮、產品市場的發現與放大、產業鏈的延伸與重組、產業結構的優化升級等。如從三次產業來看，第一產業的發展為第二產業和第三產業提供糧食、資金、勞動力和市場，第二產業的規模化、高端化發展為第三產業的規模化和高端化發展提供市場支持和科技手段支撐，為第一產業的（適度）規模化、機械化等現代化發展提供最基本的市場支持（城鎮化）和科技手段支撐，第三產業的發展又進一步為第一產業和第二產業提供物流、金融、信息等服務，從而有利於第二產業專業化水平的提升和核心競爭力的增強，以及第一產業生產能力的提高和產品成本的降低，通過三次產業的互為市場、互動發展，實現要素在三次產業之間的合理流動，實現各產業科技水平的提高，最重要的是實現了新老產業的更替和整個產業結構的優化升級，實現了經濟發展方式的轉變。

4.2.4 開放性

開放性是指現代產業體系不是一個封閉的有機產業系統，而是一個不斷與外界環境和其他產業體系進行著物質、能量和信息交流的開放的產業體系，它不僅包括產業體系向外界環境和其他產業體系的開放，而且包括產業體系內不同層次產業之間的開放。開放性是現代產業體系得以不斷完善和發揮其整體性功能的基本條件。但所謂的開放不是全面的、無條件的開放，而是在有利於體系內各產業競爭力提升，有利於通過體系內各產業間的競爭和協同作用、自組織作用的發揮，並實現產業體系整體功能最優條件下的開放。對於一個大國來說，就是要在與國際上其他國家的交流合作中維護國家的產業安全和經濟安全，掌握技術、產業和經濟發展的主動權；對區域來說就是要有利於實現區域間的合理分工、優勢互補，防止產業重構和惡性競爭；對企業來說就是要有利於利用外部要素實現自主創新能力的提升。

4.2.5 層次性

層次性是指現代產業體系各產業之間不是平等的、並列的存在於體系中，而是存在主與次、先與後、重與輕（重要性）之分，產業體系總是圍繞著某個或幾個產業為核心形成的。其中，核心產業具有技術進步率快、規模報酬遞增、自主創新能力強、產業關聯度大、事關國家產業安全和產業整體競爭優勢等特點，整個產業體系圍繞核心產業形成縱橫交錯、錯落有序的有機產業網絡系統。

4.2.6 協調性

協調性是指在現代產業體系發展過程中，國家產業體系內部各類產業（如基礎產業、低中高端製造業、現代服務業）之間要保持恰當的比例，要符合本國工業化發展水平和產業技術水平的實際狀況，能夠較好的避免部分產業產能嚴重過剩和部分產業發展不足的資源浪費和瓶頸制約現象；同時，關鍵產業與其相關產業之間要配套協作緊密，能夠在相關和輔助性產業的支持下培育成為具有國家競爭優勢的產業；同一產業內部各行業內的組織結構合理，能夠實現規模經濟與市場競爭有效結合；東中西部地區之間要能夠發揮區域的比較優勢，實現區域之間產業發展的優勢互補、良性互動，最終實現產業在東中西部的合理佈局。

4.2.7 創新性

現代產業體系的重要特徵就是創新性，保持先導產業和核心產業的技術創新能力是促進現代產業體系內產業結構不斷優化升級、產業競爭力提升和整個產業體系不斷向前演進的關鍵。「大量事實表明，哪個產業的技術創新活動（可用 R&D 強度或 R&D 活動來表示）越活躍，對創新成果的吸收和融合能力越強，創造能力越強，創新成果的商業化、產業化速度越快，適應市場需求的能力越強，這個產業的發展速度就快，規模就大，影響就廣泛。如果這個產業又具有較強的關聯性和波及效應，就可能會引發新一輪的產業變革甚至產業革命，進而導致產業結構突變——實現產業結構的根本性調整和升級。」[1] 始終保持和培育具有高技術創新能力和擴散效應的戰略性新興產業是現代產業體系「現代性」的重要體現。

4.2.8 融合性

從中國產業發展的現狀來看，傳統產業所占比重還很大，而且傳統產業技術水平還有待提高，傳統產業能否實現轉型升級將直接關係中國現代產業體系的發展。因此，中國現代產業體系的發展必將具有「融合性」的特徵：一方面通過傳統產業與高新技術的融合，實現傳統產業的改造升級，從存量上優化產業結構；另一方面，通過傳統產業與新興產業的融合，培育新的產業，從增量上優化產業結構。

---

[1] 周叔蓮，王偉光. 科技創新和產業結構優化升級 [J]. 管理世界，2001（5）：73.

4.3 中國現代產業體系的發展原則

鑒於中國目前正處於工業化、信息化、城鎮化和農業現代化「四化」加速推進的關鍵時期，以及中國現代產業體系還存在國內產業結構不合理、區域經濟發展差距比較大、技術創新能力不強等問題，中國現代產業體系在建設和發展過程中應堅持以下原則：

4.3.1 「兩化」融合

「兩化」融合，即信息化和工業化的融合。隨著計算機和因特網等信息化工具在人們日常生產和生活中的日益普及，並且現代化的戰爭也越來越離不開信息化的工具和武器，在這樣的背景下，信息化必將成為中國發展現代產業體系、推進工業化過程中的重要工具。由於中國在工業化、信息化兩方面均落後於發達國家，在促進現代產業體系發展的過程中還存在工業化、信息化「雙加速」的問題，而且事實上信息化和工業化之間也存在相互促進的關係，因此，在中國現代產業體系發展過程中，走「兩化」融合的路子，堅持以信息化帶動工業化，以工業化促進信息化，符合中國現階段的國情和未來的戰略需要。一是以信息化帶動工業化水平的提升和質量的改善。表現在以信息化在微觀層面上促進企業的信息化，使企業生產、經營、管理與服務實現信息化，核心業務實現數字化、網絡化、自動化、智能化，產品實現智能化、高技術化；以信息化促進產業技術水平的提升，通過降低產業間的交易成本提高產業間的專業化分工協作水平，在此基礎上加快新產業的誕生速度和新老產業的更替速度，最終實現產業間的融合化發展、產業結構的高度化和軟化發展。二是以工業化的穩步推進為信息化向更深層次和更大範圍的發展提供產業基礎和應用平臺，並在向高端產業和產業鏈高端環節演進過程中實現工業化和信息化的融合發展。即在工業化水平的過程中，伴隨著高端裝備製造業、電子信息和軟件等中高端產業的大規模發展，高中低技術水平產業之間實現順利更替，製造業的規模化發展和專業化分工協作的水平和能力大幅提升，整個產業體系內能夠容納信息化發展的產業基礎在量上不斷擴大，在質上不斷提升，從而使工業化促進信息化發展在產業規模上得以不斷擴大，在產業層次和技術上能夠相互契合，從而在更大的規模上和更深的層次上實現工業化與信息化的融合發展。

4.3.2 區域互動

中國各區域之間由於區位優勢、產業基礎不同，在核心產業選擇、相關和配套產業發展、產業發展戰略等方面都存在很大差異，而構建現代產業體系要求各區域之間的產業能夠合理分工、優勢互補、錯位發展，發揮資源要素差異化和互補優勢，突出自身的競爭優勢，形成差別化發展格局，使現代產業體系中各產業能夠在空間上實現優化佈局。因此，中國在構建現代產業體系過程中必須在發揮各區域之間的比較優勢的基礎上，堅持區域互動的原則，實現各區域之間產業的協調發展。一是堅持東中西部地區之間產業的互動發展，發揮東部地區對外貿易、海上運輸、進口原材料加工等產業的優勢，以及中西部地區在國內市場、特色農產品資源、旅遊資源等方面的優勢，形成各具特色的產業集群和產業帶。二是堅持各區域內部次級區域之間的互動發展，以各區域內部的主導產業為基礎，在周邊區域發展與之相應的配套產業或上下游產業，並在各產業所在城鎮發展與之相配套的基礎和公共設施，以及商業、文化、娛樂、休閒、物流、金融等服務業，實現現代產業體系與現代城鎮體系的互動發展。逐步形成以全國為整體，以各大型產業集群為大節點，各區域的主導產業為中級節點，各配套產業為小節點的網絡狀產業系統。

4.3.3 創新驅動

創新是一個民族的靈魂，是一個國家興旺發達的不竭動力。中國現代產業體系的發展離不開創新的支持，必須建立在技術創新、制度創新、組織創新等創新手段的基礎上。一是以技術創新促進傳統產業技術的升級，以傳統產業技術的升級促進產業競爭力的提升，以產業競爭力的提升帶動相關產業的集聚發展和成鏈發展，從存量上提高整個產業的技術水平。產業技術創新還可以催生出新的產業，如戰略性新興產業，隨著新興產業的規模化發展和輻射效應的不斷擴大，新的產業鏈會逐漸形成，同時會加快一些落後產業和技術的淘汰速度，從而促進整個產業體系內新老產業、高低技術產業之間的更替，促進產業結構的優化調整。二是以制度創新理順產業體系發展過程中的體制機制障礙。首先是以制度創新促進要素在產業間、區域間快捷、高效的流動，使要素價格真正反應要素的供求狀況，最大限度地調動國內外各類要素參與中國現代產業體系發展的積極性。其次是以制度創新促進技術創新，馬克思的辯證唯物主義歷史觀強調生產力與生產關係之間的相互促進和制約關係，即生產力決定生產關係，但生產關係反過來也可以促進或延緩生產力的發展，因此，中國在現代

產業體系發展的過程中應該以制度創新的方式改變阻礙生產力發展的生產關係，最終促進技術創新和其他生產力的發展。

4.3.4 「四化」聯動

現代產業體系是由各類不同的產業組成，而某一個產業並不是孤立地存在於整個產業體系之中，而是與其他產業存在千絲萬縷的聯繫，在與其他產業的互動共榮中實現不斷繁榮、發展和新老更替的過程。現代產業體系的發展除了需要產業發展過程中各類要素的支撐外，還需要有不斷升級的產品需求市場來支撐。中國目前正處於工業化、信息化、城鎮化和農業現代化的加速推進時期，能否處理好四者在速度、質量、規模、水平、階段之間的關係，實現四者力量的最優組合，不僅關係中國今後一段時期工業化、信息化、城鎮化和農業現代化發展的速度和質量，而且直接關係中國現代產業體系發展速度的快慢和質量的好壞。在這樣的背景下，要實現中國現代產業體系的又好又快發展，必須堅持工業化、信息化、城鎮化和農業現代化「四化聯動」的原則。一是以工業化和信息化的發展促進現代產業體系中產業供給的發展，激發現代產業體系中各類要素主體的活力，在此基礎上推進現代產業體系中的產業技術創新、產品創新、產業鏈延伸、高端產業發展和產業結構升級。二是以城鎮化、農業現代化的穩步推進，為現代產業體系中各層次產業的發展提供先進的、不斷升級的產品市場需求，為產業技術創新、產業結構優化升級提供充足的動力，從而間接促進現代產業體系的演化發展。

4.3.5 成鏈發展

產業鏈從微觀上看「是基於分工經濟的一種產業組織形式，涵蓋的產業範圍較廣，包括從供應商到製造商再到分銷商和零售商等所有加盟的節點企業，強調相關產業或企業之間的分工合作關係」（李靖，魏後凱，2007）[1]；從中觀上看是指「在一種最終產品的加工過程中——從最初的礦產資源或原材料一直到最終產品到達消費者手中——所包含的各個環節構成的整個縱向的鏈條」（鬱義鴻，管錫展，2006）[2]；從宏觀上看，「產業鏈是各個產業部門之間基於一定的技術經濟關聯並依據特定的邏輯關係和時空佈局關係客觀形成的鏈條式關聯關係形態」（龔勤林，2004）[3]。可見，產業鏈既包括了企業之間的分

---

[1] 李靖，魏後凱. 基於產業鏈的中國工業園區集群化戰略 [J]. 經濟經緯，2007（2）：69.
[2] 鬱義鴻，管錫展. 產業鏈縱向控制與經濟規制 [M]. 上海：復旦大學出版社，2006：3.
[3] 龔勤林. 論產業鏈構建與城鄉統籌發展 [M]. 經濟學家，2004（3）：121.

工合作關係，也包括了從加工到消費的整個價值鏈和供應鏈，還包括了產業之間的技術經濟聯繫和時空佈局關係，是現代產業體系在企業、產業和空間上的重要體現形式，也是現代產業體系能否實現的關鍵之一，即企業之間的分工合作是否能夠順利進行，從加工到消費的整個價值鏈和供應鏈是否能夠順利連接和形成最大化的合力，產業之間能否根據其技術經濟聯繫實現互動發展和協同發展，以及能否根據其本身的特點和各區域之間區位和要素條件的相對優勢形成合理的產業佈局。

現代產業體系從產業類別上看是由各類不同的產業組成，如第一次、第二次、第三次產業，農業、工業、服務業、信息產業，資源密集型、勞動力密集型、資金密集型、技術密集型、知識密集型產業等。從產業技術經濟聯繫上看，現代產業體系又是由不同的產業鏈，通過縱向和橫向的方式把不同的產業或產業內的不同環節串聯在一起，組成的鏈式網絡系統，如農業產業鏈、製造業產業鏈、大豆產業鏈、汽車產業鏈、服裝產業鏈等，從而把表面上毫無聯繫或聯繫不緊密的各個產業通過產業鏈的延伸和產業鏈某個環節的契合聯繫成為一個有機的整體。當然，在經濟全球化的背景下，這種聯繫不一定全部都發生在一個國家內部，但中國作為一個發展中的大國，為了防止在經濟發展過程中被其他發達國家掐住產業發展主要環節的「咽喉」，有必要在發展現代產業體系的過程中，建立並掌控支撐現代產業體系的各主要產業鏈的關鍵環節，由此掌握發展現代產業體系和整個國家經濟發展的主動權。一是培育和組建各行業中的大型龍頭企業，發揮龍頭企業在資金、技術、人才、信息、管理、品牌、渠道等方面的優勢，集聚優質要素資源、提高產業自主創新能力、新產品的設計、製造能力以及品牌和營銷渠道的掌控能力，以大企業為主體延伸產業鏈。二是鼓勵各地區圍繞某一核心產業或相關產業發展產業集群，以產業集群作為產業鏈延伸的重要載體，引導產業鏈上相關企業集聚發展，並在發揮產業集群的規模經濟、範圍經濟和競爭效應的基礎上，進一步促進集群內產業鏈上下游企業之間的專業化分工協作，促進產業鏈的延伸和加速產業整體技術水平的升級。

4.4　中國現代產業體系的目標體系

中國現代產業體系的目標體系是指通過發展中國現代產業體系所要實現的目標的集合。現代產業體系的目標體系對現代產業體系的構建、總體戰略構想、分階段目標制定、發展重點、區域佈局等具有重要的導向作用，是發展中

國現代產業體系的風向標，各種相關政策的制定、項目的實施等都應該圍繞這個目標進行。

4.4.1 經濟快速增長

某個產業的發展和產業體系的發展都離不開經濟總量的不斷增大，離不開整個經濟的高速增長，經濟的高度增長既是產業體系發展的前提，又是產業體系發展的目標之一。只有在經濟總量的不斷擴大和高速增長中才能實現產業的規模化發展和專業化分工，才能為產業體系中產業門類的增加、技術經濟聯繫效應的增強、產業技術水平的提升提供必要的技術、產品等市場需求支持，只有產業規模的不斷壯大、產業之間的聯繫不斷緊密和整個產業體系的不斷擴展，經濟總量才能得以不斷增加，經濟增長速度才能得以不斷提高。發達國家經濟發展的歷史表明，現代產業體系的發展是與經濟的高度增長相伴而生的。「在十五到十八個目前的發達國家進入現代經濟增長以來的長時期中（這種進入的時期從英國的 18 世紀後期一直延伸到日本的 19 世紀 80 年代，但集中在 19 世紀 30~70 年代），生產總值平均每年約增長 3%，人口約增長 1%，按人口平均的產值增長 2%。這些增長率——在一個世紀內，人口差不多增長 3 倍，按人口平均的產值增長 5 倍多，生產總值至少是 15 倍，而日本則是 50 倍以上」。與此形成鮮明對照的是，「在 1700 年和 1750 年之間，許多時間中歐洲的人口是按大約每世紀 17% 的比率累進增長的，其按人口平均經濟產值是增長得非常緩慢，每世紀增長的倍數必定是變動在 1.25 至 1.50 的範圍內，或者說不到現代時期增長倍數的四分之一到二十分之一。」[1] 可見，發達國家在發展現代產業體系的過程中，均實現了人均國民生產總值的高速增長，從而為現代化的發展奠定了堅實的基礎。中國目前正處於工業化中期和城市化加速發展時期，雖然按人均 GDP 算中國已進入中等收入國家行列，但從人均國民生產總值來看中國的生產生活水平還不高，在發展現代產業體系的過程中，還必須實現經濟的較快增長，對下一階段加快推進工業化、城鎮化和農業現代化打下堅實的基礎。

4.4.2 優化產業結構

現代產業體系的發展過程從系統的角度分析是一個產業結構不斷優化的過程，從產業組織的角度看就是行業內各企業之間的組織結構由原有的無序競爭

---

[1] 西蒙·庫茲涅茨. 各國的經濟增長 [M]. 常勳，等，譯. 北京：商務印書館，1985：26、27、323.

向有效競爭轉變，從產業構成上看整個產業結構逐步由原有的以農業為主向工業為主、再向服務業為主轉變，從產業發展核心來看由原有的以農業為核心向製造業尤其是高端製造業為核心轉變，從產業結構發展趨勢看就是產業體系內整個產業結構的合理化、高度化和多元化。從發達國家工業化過程的歷史考察可以看出，在一個世紀裡，「農業部門的份額顯著下降，從開初的 40% 以上降到近年來的 10% 以下；工業部門的份額顯著上升，從開初的 22%～25% 上升到近年來的 40%～50%；服務業部門的份額不是始終如一的上升，有少數幾個國家則是例外，如法國、美國，還可能有加拿大，它們的服務業部門的份額在某種程度上顯示出較明顯的上升。」① 可見，隨著發達國家經濟的高速增長和現代產業體系的發展，產業結構將發生由傳統產業為主向現代產業為主的轉變。儘管總體上中國已進入工業化中期階段，但由於中國區域經濟發展不平衡，東中西部地區之間經濟發展差距較大，一部分地區將面臨實施「再工業化」② 的戰略任務，一部分地區將面臨繼續推進工業化的任務，還有一部分地區將面臨工業化與「再工業化」的同步推進。整個國家產業體系中還存在低端產業產能過剩、中高端產業發展不足，尤其是高端裝備製造業、先進電子信息產業、軟件、新能源、新材料等支撐現代產業體系發展的高端製造業發展不足，表現為產業結構的合理化和高度化不夠，應該在今後發展現代產業體系的過程中通過制定和實施合理的產業政策、推進企業的兼並重組、培育壯大戰略性新興產業等途徑促進現代產業體系中核心產業的發展，以及充分發揮核心產業的輻射帶動作用，形成高中低端產業比例適當、大中小型企業協調發展的產業格局，不斷推進中國產業結構的合理化和高度化。

4.4.3 提升產業競爭力

產業競爭力是指「在國際間自由貿易條件下（或在排除了貿易壁壘因素的假設條件下），一國某特定產業的產出品所具有的開拓市場、佔據市場並以此獲得利潤的能力」③，該定義強調了產品的市場佔有能力和獲利能力。邁克

---

① 西蒙‧庫茲涅茨. 各國的經濟增長 [M]. 常勛，譯. 北京：商務印書館，1985：330.
② 再工業化就是中國東部沿海等地區在原有工業化的基礎上，在面臨土地資源緊缺、環境污染成本、勞動力成本上升，依靠土地財政支撐經濟發展的模式難以為繼，產業可持續發展能力不強等問題而提出的大力發展先進電子信息、軟件、高端裝備製造業、新能源、新材料等產業，使產業結構轉向以高附加值、知識密集型和技術密集型以及部分資金密集型產業為主、產業自主創新能力明顯提高的現代產業構成。
③ 金碚. 中國工業國際競爭力——理論、方法與實證研究 [M]. 北京：經濟管理出版社，1997：30.

爾·波特在其《國家競爭優勢》一書中從產業和企業的角度研究國家競爭力問題，他認為：一個國家的競爭優勢取決於產業和企業的競爭優勢，而產業和企業的競爭優勢又取決於國家環境，並在此基礎上提出了決定一個國家產業競爭優勢的「鑽石模型」，即一個國家的產業的競爭力取決於生產要素，需要條件，相關與支持性產業，企業戰略、結構和同業競爭，機遇，政府六個要素。其中前四項是關鍵要素，後兩項是輔助要素，它們之間彼此相互作用，共同促進一國產業競爭力的提升（如圖 4-1 所示）。

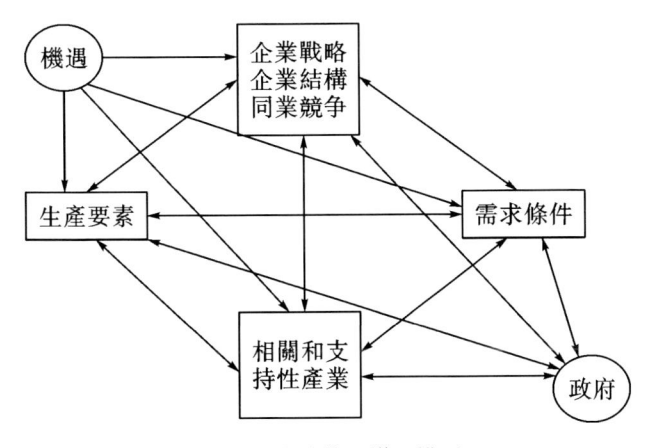

圖 4-1　波特的「鑽石模型」

除此以外，重商主義非常強調民族工業的重要性，提出要利用關稅手段、配額手段、行政管理和匯率等手段防止外來製造品的競爭，把國內市場的主要份額留給本國產業，以此來培育和扶持本國製造業的生產能力和市場競爭力，最終使其能夠進入國際市場戰勝競爭對手，並獲得巨額的貿易利益。但是，在經濟全球化時代的今天和中國加入 WTO 以後，中國已經被迫降低了大部分產品的關稅和貿易壁壘，依靠關稅、配額等手段保護國內製造業發展並由此取得產業競爭力的時代已經過去，取而代之的是應該勇於面對世界經濟一體化的挑戰和機遇，充分利用國際國內「兩個市場」和「兩種資源」，堅持「引進來」和「走出去」相結合，運用法律手段和經濟手段不斷提高中國產業的競爭力，以產業競爭力的提升來促進國內產業的進一步發展壯大，以產業競爭力的提升來抵禦外國產品和企業對中國產品市場、企業和產業的吞噬，以產業競爭力的提升來促進中國產品和企業「走出去」，以產業競爭力的提升來維護中國的產業安全。

4.4.4 維護國家經濟安全

國家經濟安全是指「在經濟全球化時代一國保持其經濟存在和發展所需資源有效供給、經濟體系獨立穩定運行、整體經濟福利不受惡意侵害和不可抗力損害的狀態和能力。其核心就是國民經濟體系抗擊外來衝擊的能力。」[①] 國家經濟安全包括：「國家產業安全、國家經濟決策和體制安全、國家科技與信息安全、國家財政金融安全、戰略資源安全、國家貿易與市場環境安全」[②]。經濟安全是政治安全和軍事安全的基礎和依託，同時也是政治安全和軍事安全的最終目標。事實上，「政治權力不過是實現經濟利益的手段」[③]。可見，維護國家經濟安全是發展中國現代產業體系的重要目標。

進入21世紀以來，隨著經濟全球化和經濟信息化的深入發展，以及信息系統和網絡系統在經濟、社會中的推廣和普及，世界各國之間不再是封閉隔離的，而是你中有我我中有你的相互依存的關係，如一條產業鏈可以涉及幾個甚至十幾個國家，這種互動發展的格局極大地降低了世界各國、各地區之間經濟往來的交易成本，提高了各國之間的經濟貿易的效率，提高了資源在全世界的配置效率，擴大了國際分工的範圍和促進了國際分工的深化，促進了部分新興產業的發展。但是，在這種你中有我我中有你的相互依存的關係中，各國之間的關係並不是平等的，而是有強有弱、有高有低、依附與被依附、控制與被控制、剝削與被剝削、公平與不公平的關係，在這種互動發展過程中如果不處理好封閉與開放、控制與反控制、經濟增長與經濟安全的關係，在發達國家跨國公司的資本、市場、品牌、技術等「堅船利炮」的強大攻勢下，一國的部分產業、產業鏈以及整個產業體系很容易被跨國公司分裂和瓦解，表現在產業鏈的高端環節和關鍵環節被跨國公司控制，高端產業在跨國公司的控制和干擾下將難以發展，經濟結構的優化和經濟發展模式的轉型將難以實現，整個國家的經濟安全、國防安全也因產業體系的瓦解而受到威脅（在一些基礎性產業和高端裝備製造業被外國公司控制時）。

根據中國產業安全報告（2010—2011）：產業外資控制研究，1999—2004年，外資對中國工業的市場控制程度穩步提升，到2005年開始逐步下降，但是都超過了國際慣例警戒線20%的標準，並且2003—2007年，外資對中國工

[①] 曹榮湘. 經濟安全——發展中國家的開放與風險 [M]. 北京：社會科學文獻出版社，2006：59.
[②] 李孟剛. 產業安全理論研究 [M]. 3版. 北京：經濟科學出版社，2012：57-60.
[③] 馬克思，恩格斯. 馬克思恩格斯選集：第4卷 [M]. 北京：人民出版社，1972：246.

業市場的控制程度均在30%以上。可見，外資在中國工業市場已佔有一定的市場份額，且平均佔有程度接近1/3，中國工業安全面臨威脅。[①] 以高技術產業為例，中國高新技術產業外資市場控制程度很高，2004—2008年已超過70%的水平，2004年以前一直保持較高的增長速度，2004年以後增速雖然有所放緩，到2009年外資市場控制程度降低，但仍在65%以上。與較高的市場控制程度相對應的是，中國高新技術產業外資擁有發明控制程度總體上低於外資市場控制程度，1998—2009年間有5年外資擁有發明專利控制程度低於30%，最高為48.3%[②]。可見，外資利用其在中國高新技術產業中的市場控制力大量獲取壟斷利潤的同時，對中國高新技術產業的技術溢出效應並不顯著，說明中國「以市場換技術」的招商引資戰略效果並不理想，反而抑制了中國高新技術產業的發展。事實上，在全球產業價值鏈縱向分割的情況下，跨國公司為了防止技術流失，往往把產業鏈中的技術研發和關鍵零部件的生產製造等中高端環節留在投資國的母公司內部，而只是把一些低技術含量的加工組裝等低端環節轉移到中國。因此，中國在發展現代產業體系的過程中必須處理好引進外資與發展民族工業、引進——落後——再引進與引進——消化吸收——再創新和自主創新之間的關係，在引進外資時堅持「以我為主、為我所用」的原則，把引進外資融入發展中國現代產業體系之中，不斷提高和維護中國經濟安全的能力和水平。

4.4.5 提高產業自主創新能力

創新是指「①引進一種新的產品，也就是消費者當前還不熟悉的產品或者一種產品產生某種新的特徵。②採用一種新的生產方法，也就是當前在有關製造部門還沒有通過經驗檢驗的方法，這種方法的建立決不需要以科學上新的發現為基礎，而且它還可以在商業上處理某種產品的新方式之中存在。③打開一個新的市場，也就是所研究的國家的某一個製造部門以前沒有進入過的市場，而不管這個市場以前是否存在。④徵服或者控制原材料或者半製成品的某種新的供給來源。⑤任何一種工業執行新的組織，比如造成一種壟斷地位，或者打破一種壟斷地位」[③]。創新是一個民族進步的靈魂，是一個國家興旺發達

---

① 李孟剛. 中國產業安全報告（2010—2011）：產業外資控制研究 [M]. 北京：社會科學文獻出版社，2011：11.

② 李孟剛. 中國產業安全報告（2010—2011）：產業外資控制研究 [M]. 北京：社會科學文獻出版社，2011：31.

③ 約瑟夫·熊彼特. 經濟發展理論 [M]. 鄒建平，譯. 北京：中國社會科學出版社，2009：85.

的不竭動力。創新是經濟發展過程中的一個永恆的主題，世界經濟的發展史就是一部創新的經濟史。英國就是在瓦特發明的蒸汽機以及其他的紡織機械和動力機械的基礎上成功開啓了第一次工業革命大門，成功地建立起了以紡織業為核心的現代產業體系，並以其現代產業體系的不斷發展促進了海上貿易和海上軍事的發展，最終鑄就了曾經稱霸全球的「大英帝國」。繼英國之後，美國依託國內龐大的市場、免受戰爭破壞、大量技術移民等特殊的地理和市場環境優勢，成功地引領了第二、第三次科技革命，在此基礎上構建起了完備的現代產業體系，並依託其完備的現代產業體系逐漸發展成為世界頭號經濟和軍事強國。可見，創新對促進一國經濟和軍事的發展具有重要作用。而且，產業自主創新能力的不斷提升本身就是現代產業體系的重要組成部分，它既是現代產業體系發展的基礎，又是現代產業體系發展的重要目標，現代產業體系的演化和發展需要不斷提高的產業自主創新能力的支撐。

　　黨的十七大報告明確提出，要「提高自主創新能力，建設創新型國家。這是國家發展戰略的核心，是提高綜合國力的關鍵。要堅持走中國特色自主創新道路，把增強自主創新能力貫徹到現代化建設各個方面。認真落實國家中長期科學和技術發展規劃綱要，加大對自主創新投入，著力突破制約經濟社會發展的關鍵技術。加快建設國家創新體系，支持基礎研究、前沿技術研究、社會公益性技術研究。加快建立以企業為主體、市場為導向、產學研相結合的技術創新體系，引導和支持創新要素向企業集聚，促進科技成果向現實生產力轉化」①。中國目前正處於工業化中期和轉變經濟發展的關鍵時期，創新對經濟發展的促進作用將逐漸增強。據統計，2010年，中國人均GDP達到4,544美元，已進入中等收入國家行列，土地、資源、能源、勞動力等要素低成本的時代即將結束，依靠高投入、高消耗、低效益的粗放型發展模式將難以為繼，部分勞動力密集型和資源密集型等低端產業將面臨逐步萎縮和被淘汰的威脅。同時，高端裝備製造、先進電子信息、新材料等高端產業還發展不足，中國的高精密度機床還主要依靠從國外進口，這些將威脅到中國經濟的可持續發展。如果不能及時提高中國製造業的自主創新能力以促進經濟的較快發展，中國將可能陷入「中等收入陷阱」，使國內經濟發展和人均生活水平處於停滯狀態。因此，在經濟轉型的關鍵時期，中國發展現代產業體系必須不斷提高中國的產業自主創新能力，尤其是關係國防安全、經濟安全的高端裝備製造、新材料、軟件、電子信息等產業的自主研發和生產能力。

---

① http://news.xinhuanet.com/newscenter/2007-10/24/content_6938568_4.htm.

4.4.6　構建完備的國內產業體系

現代產業體系作為一個由各類不同的產業按照一定的技術經濟聯繫組成的有機產業系統，不僅從質上要求第一、第二、第三次產業互動發展，在產業縱向發展上形成完整的產業鏈，並逐步提高對產業鏈的高端環節和關鍵環節的控制能力，引領產業結構向高度化發展；在產業橫向發展上能夠實現市場的有效競爭，具有較強的均衡性和協調性；能夠及時主動吸收各類世界先進科技成果並形成先進的生產能力，具有很強的自主創新能力、自我協調能力和抵禦外部經濟衝擊能力。而且在量上要做到產業門類較為齊全，在世界經濟一體化發展的環境下，儘管各國之間可以通過貿易的形式獲得自己所需的原材料、產品和部分技術和機械設備。但是，中國作為一個有著十幾億人口、區域發展差距較大、人民生產生活需求多樣化和幅員遼闊的發展中大國，不管是產業發展本身的需要，還是人民群眾生活需求的滿足，都需要發展一個產業門類較為齊全的產業體系。更為重要的是，中國特殊的地理位置——能源和原材料的補給線中，陸路交通運輸橫跨多個國家，運輸成本大、沿途國家之間關係複雜，能源和原材料的保障不穩定；水路運輸要經過多個由不同國家控制的海峽和海域，且控制這些海峽和海域的不同國家背後由不同的力量支撐，多種複雜力量的交匯很容易使中國的能源和原材料的供給發生中斷現象，而且海上運輸由於路線太長導致運費高昂，這些都增加了中國產業發展和整個經濟發展的不確定性，迫切需要中國構建完備的現代產業體系以降低資源的不確定性帶來的結構性震盪。

最後，在當今世界技術創新越來越成為產品市場競爭力和國家軍事實力的象徵的時代，怎樣提高技術創新的速度和保護先進技術不被其他國家的企業獲取，逐漸成為國與國之間，尤其是大國之間較量的焦點，技術民族主義逐漸抬頭，如美國為了防止尖端技術外流，專門制定了安全許可制度，在美國要接觸涉密技術和信息，必須持有不同級別的國家安全許可證。中國在尖端技術方面一直受到西方國家尤其是美國的限制，新中國成立後，美國和英、法等西方盟國一起組織了「巴黎統籌委員會」（簡稱「巴統」），對敏感技術和物資實行貿易禁運，列入禁運清單的有軍事武器裝備、尖端技術產品和稀有物資三大類上萬種產品。進入21世紀，在中國經濟總量逐步增大、經濟實力逐漸增強的過程中，美國等西方發達國家又以「中國威脅論」等為借口從多方面對中國實施技術封鎖，如在軍需品出口方面，美國在《對外關係授權法》中，明確列出了嚴禁向中國出口的清單，嚴禁洛克西德·馬丁、雷神等美國大型軍火企業與中國進行正常的軍火貿易。1989年11月中國航空技術進出口公司與美國馬

姆科公司達成收購協議，這家小公司僅值 2,000 萬美元，主要為波音公司加工民航飛機機翼接頭等零配件，而不生產任何與國防相關的產品。但是在當時的政治氣氛下，美國政府還是援引《埃克森—弗洛里奧修正案》，強行要求中國航空技術進出口公司撤銷收購。① 美國除了自己對華進行技術封鎖外，還利用其在全球的霸主地位唆使其他國家對華實施技術封鎖，如在 2002 年上海電器收購日本秋山印刷機械、2004 年上海汽車工業公司收購韓國雙龍集團時，美國甚至動用外交和其他手段希望日、韓立法對技術轉移進行限制。澳大利亞採礦業的比利頓公司與中國合作，計劃共同開發中國西部礦業資源，但因為該公司使用了一種美國開發的地質勘探和測繪系統，遭到美國五角大樓的封殺。② 可見，中國在尖端技術和高端產業方面正遭受和有可能繼續遭受西方發達國家（主要是美國）的封鎖，即使在西方跨國公司在中國投資的情況下也很難改變這種現狀。因此，這些高端產業和技術不可能從國外引進和合資獲得，而必須走自主創新的道路，通過加大科技投入和培養、吸引人才等方式發展中國自己的高端產業和尖端技術，形成產業門類齊全和功能完備的現代產業體系。

4.5 中國現代產業體系的發展模式

現代產業體系最早產生於英美等發達國家在實現增強國內經濟實力、提高產業市場競爭力、搶占世界產品市場等目標的過程中，但由於各國自身國情的不同，以及發展現代產業體系所經歷的歷程和所處環境不同，現代產業體系的發展模式也存在很大區別。借鑒發達國家現代產業體系發展的歷史經驗，以及結合中國國內經濟發展現狀和所處的外部環境，筆者認為中國現代產業體系的發展可以通過以下幾種發展模式來實現：一是根據政府與市場作用大小分為政府推動型和企業主體型；二是根據推進的要素和途徑的不同分為軍民融合推進型、關鍵技術推進型和核心產業帶動型現代產業體系發展模式。

4.5.1 根據政府與市場發揮作用的不同劃分的模式

1. 政府推動型現代產業體系

政府推動型現代產業體系是指政府在該國現代產業體系的形成和演化過程

---

① 陶文昭. 技術民族主義與中國的自主創新 [J]. 高校理論戰線，2006 (5)：46.
② 陶文昭. 技術民族主義與中國的自主創新 [J]. 高校理論戰線，2006 (5)：47.

中發揮著引導者、支持者、推動者的作用，現代產業體系作為一個國家綜合實力和國家經濟安全的基礎，以日本為代表的發達國家在推進本國工業化、城鎮化過程中，以及在本國經濟高速發展的過程中，紛紛通過發揮政府在法律法規、資金、外貿、軍事等方面的主導作用，大力發展本國的現代產業體系，以現代產業體系促進傳統產業的淘汰升級和新興產業的不斷更替，並以技術創新和制度創新不斷促進現代產業體系內產業結構的合理化和高度化，促進現代產業體系不斷向更高的階段演化。

政府推進型現代產業體系發展模式最典型的是日本，日本作為一個後起的發達國家，其成功很大程度上就是依靠政府適時適度的干預。二戰後，日本根據自己所處的環境和條件，分階段制定了不同的戰略和政策：1946年，日本政府提出了「傾斜生產方式」為主的產業復興政策。20世紀50年代初期，日本政府制定了「產業合理化政策」，提出以鋼鐵、煤炭、電力和造船四大產業為重點，通過設備更新和技術進步來降低基礎工業成本，大力刺激民間企業對現代化設備的投資，使勞動生產率在1951—1955年期間提高了76%。20世紀60年代開始，日本政府以追趕歐美發達國家為指導思想，確立了「貿易立國」戰略，對工業部門實施重工業化和化學工業化，產業政策的思想是推進重化工業化。20世紀70年代受環境和石油危機的影響，日本政府開始將更多的注意力轉向知識密集型產業的發展。20世紀80年代日本產業政策理念是創造性知識集約化，重點是加強自主的技術開發，日本政府在《80年代通商產業政策構想》中提出了「技術立國」的方針。1994年6月日本政府提出了「新技術立國」的方針。1999年又提出了「產業技術產業創新基本戰略」[1]。這些戰略和政策的擬定和實施，為國內企業的發展指明了方向，有效的協調了政府、企業和科研機構之間的關係。

除了在經濟發展各階段制定的發展戰略以外，日本政府還對扶持某一產業採取了一些較為具體的政策措施。如日本政府為推動產業結構實現重化學工業化，採取了以下政策措施：「一是利用進口數量限制措施優先進口化學工業所需的原材料和燃料，限制化學工業產品和生活消費品的進口；二是通過限制外國資本投資日本國內市場，隔絕本國企業與國外企業競爭的渠道；三是鼓勵和支持技術引進；四是利用政策性融資、特別租稅措施及關稅等扶持主要產業的發展；五是出口鼓勵。」[2] 這些政策的制定和實施為日本國內企業獲取西方先

---

[1] 李遠. 美國、日本產業政策：比較分析與啟示 [J]. 經濟經緯，2006 (1)：49.
[2] 薛敬孝，白雪潔. 當代日本產業結構研究 [M]. 天津：天津人民出版社，2002：143-146.

進技術、獲取政府資金支持、擴大生產規模等發揮了積極作用，在最短的時間內促進了國內生產力的發展和產業結構的優化升級，促進了日本國內現代產業體系的不斷完善和向前演進。

此外英國、美國、德國在現代產業體系的發展過程中也曾經採用過或一直在採用政府推動的方法，如英國在發展現代產業體系的過程中就充分發揮了政府的推動作用，在產業鏈的各個環節都滲透著政府干預的影子，如「為了擺脫對外依賴、發展自己完整的產業鏈，英國於伊麗莎白一世時期開始在南部各個郡中種植靛藍作物。」[①] 為了扶持毛紡織業的發展，英國政府先後出抬了多項法令或政策，如英國在都鐸王朝時代總共「約有250個法令涉及經濟問題，其中有關呢絨的生產、銷售、工資和價格等方面的法令佔有突出的地位。」[②]

2. 企業主體帶動型現代產業體系

企業主體帶動型現代產業體系發展模式是指依託部分技術創新能力強的科技型中小企業和規模效應突出的綜合性大型企業，通過發揮其創新引領效應、技術擴散效應、產業鏈延伸效應、產業關聯協作效應、產業協同效應等作用，實現產業的成鏈發展、產業技術創新能力提升、產業競爭力增強、產業互動發展、產業結構優化升級等目標，從而形成以關鍵核心企業為中心節點，其他相關企業和產業為外圍節點等組成的現代產業體系。在經濟全球化的時代背景下，表現為核心企業掌握關鍵核心技術、控制該產業的品牌、銷售等關鍵環節，從而實現在產業縱向發展上能夠依託對關鍵核心環節的控制掌控上下游及整個產業鏈，在產業間的橫向聯繫上能夠依託在關鍵產業方面的領導地位引導、支配其他相關產業的發展，在世界產業系統中形成以該國的現代產業體系為核心、其他國家產業體系為外圍的世界產業發展格局。

企業主體帶動型現代產業體系發展模式最典型的是美國南北戰爭後美國掀起的第二次工業革命，以及在工業革命過程中一大批企業在推進國內工業化、現代化中發揮的積極作用。以鐵路為例，美國南北戰爭後，伊利鐵路公司、中央鐵路公司和賓夕法尼亞鐵路公司等鐵路企業在促進鐵路建設和鐵路運輸的過程中，通過發揮其產業的前向、後向關聯作用，為美國現代產業體系的發展做出了積極的貢獻。一是通過鐵路的前向關聯促進了美國國內市場體系的形成與擴大。「19世紀40年代，東部地區的鐵路建設促進了地區性市場的形成，東北部的工業產品得以運往東部各地，這轉而有助於東北部工業的發展與經濟的

---

① 梅俊杰. 自由貿易的神話——英美富強之道考辨 [M]. 上海：上海三聯書店，2008：62.
② Ramsey P. Tutor Economic Problems [M]. London: Victor Gollancz LTD, 1963: 146. 轉引自：陳曦文. 英國16世紀經濟變革與政策研究 [M]. 北京：首都師範大學出版社，1995：67.

起飛。緊接著，4條橫貫北美大陸的鐵路與各地區鐵路的相接，促使美國的全國性市場最終形成。1900年前後，美國的國內市場成為世界上最大的市場。」[1]二是通過後向聯繫促進了鐵路建設提供原材料和設備的工業部門的發展，諸如鋼鐵、煤炭、蒸汽機車等行業，這些行業的發展又進一步促進了相關的技術進步，如美國鋼鐵產業由酸性轉爐煉鋼法向平爐冶煉法的轉變。

而以美國鋼鐵公司等為主體的美國鋼鐵產業的發展又進一步促進了相關產業的發展。據H. N. 沙伊貝等記載，隨著美國鋼鐵產業的發展，在1910年前後，除了在鋼鐵工廠就業的25萬工人外，還有100萬工人在用鋼鐵做原料來製造耐用生產品和消費品的各種工業中就業，即鋼管製造業、金屬器具製造業、鍋爐製造業、刃具製造業和機械製造業等。所有這些行業的擴大，在橋樑和房屋建築業中廣泛使用鋼材都推動了煤和鐵礦等採礦業的發展，推動了鐵路運輸和蘇必利爾湖航運業的發展，也促進了「向後連鎖」影響的其他工業活動的展開。[2]

隨著美國經濟的發展，以福特、通用汽車、克萊斯勒等企業組成的汽車產業，以及由波音公司、洛克希德·馬丁公司、通用動力公司、普惠公司等組成的飛機和導彈等國防工業進一步替代鋼鐵產業成為驅動美國現代產業體系發展的新的核心產業。由於通用、福特、波音、洛克希德·馬丁等公司具有企業規模大、經營範圍廣、產業關聯性強、技術研發實力強等特點，在與行業內或相關行業的其他企業發生零部件和服務等技術和市場聯繫的過程中，通過發揮其在技術、市場和組織等方面的中心作用，逐步實現了統和整個行業以及整合相關行業發展，如「美國汽車工業使用了全美25%的鋼材，60%的橡膠，美國每年消耗67億桶汽油，其中汽車消費了40%」[3]，以及把零散的產業組織和各產業整合成為一個個以這些大型綜合企業為核心的有組織的產業網絡系統，較大程度上克服了產業無序競爭和盲目發展等市場無政府狀態，有利於整個國家產業的體系化發展和整個產業結構的優化升級。

4.5.2 根據推進的要素和途徑的不同劃分的模式

1. 軍民融合推進型現代產業體系

軍民融合推進型現代產業體系發展模式是指隨著21世紀信息化時代的到

---

[1] 李慶餘，等. 美國現代化道路 [M]. 北京：人民出版社，1994：82.
[2] H. N. 沙伊貝，等. 近百年美國經濟史 [M]. 彭松建，等，譯. 北京：中國社會科學出版社，1983：107.
[3] 李慶餘，等. 美國現代化道路 [M]. 北京：人民出版社，1994：73.

來，各種高新技術迅猛發展，這些技術有的是來自軍事領域、有的是來自民用領域，通過軍民融合，促進軍事技術和民用技術的雙向轉移，提高新技術在軍用和民用領域的配置效率，降低國防工業體系和民用工業體系相互分割給國家安全和國家經濟競爭力帶來的不利影響，充分發揮國防工業技術和民用高新技術的擴散效應，提高國防工業體系的技術開發能力和資金保障能力，以及提高民用產品的技術水平和市場競爭力，實現以民養軍、以軍帶民，國防工業體系和民用工業體系相互促進、互動發展的現代產業體系發展模式。

軍民融合推進型現代產業體系發展模式最典型的是冷戰後美國軍民一體化發展戰略。冷戰結束後，美國削減了軍費開支，國際軍工市場開始出現萎縮的態勢。在這種情形之下，美國首先要保證對於軍民兩用技術研究與開發的投資，使美國繼續在電子技術、生物技術、信息技術、製造和工藝技術、先進材料技術、軟件技術等關鍵技術領域裡保持優勢；其次，美國要通過軍轉民將相對過剩的軍工生產能力消化掉，同時保留軍工生產的核心能力；最後，美國要通過民轉軍引進先進的生產技術，降低軍品的生產成本[①]。為此，美國制定了「技術再投資計劃」、「兩用技術應用計劃」和「高技術計劃」等促進軍民一體化的計劃措施，這些措施整合了美國的國防工業基礎與民用工業基礎，在保障國家安全需要的同時，也提升了美國經濟在全球的競爭力。美國的軍民融合戰略獲得了巨大的成功，其中之一就是二戰後波音公司利用其雄厚的軍用飛機研發能力研製出了波音系列的民用客機，（1957年，波音公司在KC—135空中加油機的基礎上研製成功了波音707客機，該飛機使波音公司獲得了上千架的訂單，並在此基礎上發展出了波音的一系列飛機）並依託民用客機在市場上的強大競爭力獲得了高額壟斷利潤，而這些利潤又進一步支撐了波音公司其他軍用戰鬥機等國防工業產品的發展，既提高了民用產品的國際市場競爭力，又為軍用產品的研發提供了大量資金支持，真正實現了「以民養軍、以軍帶民」。最重要的是使美國的國防工業體系和民用工業體系逐漸融合成為一個一體化的、相互依賴、相互促進的現代產業體系，這個現代產業體系由於融合了國防工業和民用工業的尖端技術和人才，使得產業體系內的技術創新能力和整個產業體系的演化升級能力大為增強，極大地提高了美國的國防實力和在全球經濟中的影響力。

中國在未來的發展中也將面臨國防工業體系與民用工業體系相互分割、自成體系的問題，尤其是在西部和東北的部分地區國防工業占地區經濟發展總量

---

① 王宏偉. 美國的軍民一體化 [J]. 中國軍轉民，2004（5）：69-70.

的比重較大，怎樣通過處理好國防工業與民用工業的關係，既保證國防工業技術水平的不斷提高、生產能力的逐漸增強，又要提高企業的市場經營能力和盈利能力、穩定企業的科研和職工隊伍、提高企業的自我發展能力，直接關係中國的國防建設發展和地區經濟發展問題，以及工業化、城鎮化進程。美國的經驗值得中國借鑒，通過實施軍民融合推進型現代產業體系發展模式，留住和吸引高科技人才到西部和東北從事國防科技工業發展，把促進西部和東北地區的國防工業發展和振興老工業基地、發展裝備製造業融入到現代產業體系的發展之中，培育以大型重大裝備製造龍頭企業為核心、其他中小企業為配套的裝備製造業產業集群，實現「以軍帶民、以民促軍、引民入軍、軍民融合」的發展目標。而且，通過「引民入軍」，首先可以提高軍民一體化程度，緩解國防建設與經濟建設之間的矛盾，實現國家安全效益和經濟效益的「雙贏」。其次，有利於打造「軍轉民」、「民轉軍」均比較靈活的軍工生產體制，有利於戰爭狀態下工業動員的快速進行，真正地實現「平戰結合」[①]。

2. 關鍵技術推進型現代產業體系

關鍵技術推進型現代產業體系是指關鍵技術的產生和擴散對在現代產業體系的發展和演化發揮著重要的作用，關鍵技術的產生和擴散可以改造提升原有的傳統產業和催生出大量新興產業，從而改變原有產業體系中的產業種類數量、產業技術水平、產業結構和產業間的關聯方式，使原有產業體系中各產業之間的結構和比例關係失調，各類產業逐步在新的、更高的技術水平上形成新的結構和比例關係，從而實現以新的技術水平為基礎的現代產業體系在產業技術升級的基礎上向更高的階段演化。

關鍵技術推進型現代產業體系發展模式典型的是20世紀90年代在美國發生的信息技術革命，以及由此引起的美國經濟的高速發展、低通貨膨脹高就業率和產業結構的優化升級等，被稱為「新經濟」、「信息經濟」以及「知識經濟」。信息技術革命給美國的經濟、社會、軍事、文化等方面帶來了極大的變化，其中最重要是在經濟方面，信息技術革命使美國的信息產業得到突飛猛進的發展。一方面，信息產業作為新興產業本身創造了巨額的產值。據統計，美國IT產業的增加值從1991年的3,466億美元增加到1996年的6,579億美元，1992—1997年，信息產業對實際經濟增長的貢獻率平均高達28.2%，為其名義值的2.3倍[②]。信息產業逐步成長為美國產值最大的產業，取代了汽車、建

---

① 王宏偉. 美國「引民入軍」對中國的啟示 [J]. 國防科技工業, 2004 (12)：46.
② 鐘明. 美國信息產業對宏觀經濟的影響 [J]. 世界經濟與政治論壇, 1999 (2)：2-3.

築業、鋼鐵等傳統產業成為美國新的最大的支柱產業，並成為美國經濟新的增長點。另一方面，美國信息產業的發展推動了國民經濟體系中其他產業的發展。隨著美國信息產業的發展，信息技術被廣泛應用於國民經濟中的各個部門和生產生活中的各個環節，「改變了製造、加工、運輸、信息獲取和傳遞過程，徹底革新的傳統經營方式（如網上購物）使這些領域煥然一新，經濟活動節奏加快，生產效率提高，尤其是信息產業的發展，帶動了傳統產業的更新換代，使它們又重新煥發了勃勃生機」①。如 CAD、CAPP、CIMS、PDM、CAM、ERP、SCM、EC 等信息化技術在產業鏈中的應用，使製造業企業實現了生產的自動化、管理的信息化、產品的智能化等，極大地提高了企業生產經營的效率和產品市場競爭力。除了信息技術在製造業中的大量應用以外，其他的金融、保險等服務業也大量採用信息技術以提高產品服務質量，據統計，到 1991 年，僅美國的銀行、保險、運輸、賓館等行業投資在信息技術的資金就達 8,620 億美元②。美國信息產業的發展壯大和信息技術在國民經濟中的廣泛滲透，不僅促進了傳統產業的改造升級，而且更為重要的是實現了整個經濟體系的信息化改造，提高了整個產業體系的技術水平，使得美國的現代產業體系得以建立在以信息產業為核心的更高的技術水平基礎上。

中國目前正處於工業化與信息化「兩化融合」的關鍵時期，能否加快發展電子信息技術、納米技術、新能源、新材料、重大裝備製造等新興技術和產業，以新興技術改造提升中國國民經濟體系的整體技術水平，直接關係中國現代產業體系的演化發展速度，直接關係中國經濟、軍事實力的強弱。因此，加快推進新一輪戰略性新興產業等關鍵技術的發展，做好關鍵技術的推廣和普及工作，以此促進中國現代產業體系的發展，可以而且應當成為中國今後推進現代產業體系發展的模式之一。

3. 核心產業帶動型現代產業體系

核心產業帶動型現代產業體系發展模式就是培育和扶持核心產業的發展，通過發揮核心產業關聯度大、輻射帶動效應強的特點，帶動其產業的前向、後向、側向產業發展，再由其前向、後向和側向產業進一步帶動其前向、後向和側向產業等關聯產業的發展，由此逐漸形成一個由核心產業為中心，其前向、後向和側向等關聯產業組成的有機產業網絡系統，通過核心產業與其前向、後向、側向產業之間的關聯互動，不斷促進核心產業的更替和整個現代產業體系

---

① 全志奇.美國信息產業革命與宏觀經濟目標 [J]. 新東方，1999（2）：30.
② 朱式毅，傅政.信息產業與美國經濟——以信息科學和信息技術裝備起來的美國經濟 [J]. 國際商務研究，1997（1）：45.

的升級換代。

核心產業帶動型現代產業體系發展模式最典型的是英國早期的工業革命，英國政府通過扶持毛紡織業進而促進棉紡織業的發展，而棉紡織業的發展首先促進了紡紗機和織布機的發展以及其動力裝置蒸汽機的發展，最後促進了相關的採礦業、冶鐵業、交通運輸業等產業的發展，並引導了第一次工業革命，最終使英國成功發展起了以棉紡織業為核心，以採礦業、冶鐵業、機械製造業和交通運輸業等產業相配套的現代產業體系，並且在產業技術進步和市場需求結構的變化中逐步演化成為以機械製造業為核心的現代產業體系。

首先，英國現代產業體系的發展得益於政府對毛紡織業的扶持。為了保證毛紡織業原材料的供應和發展本國民族工業，英國政府頒布了具有強烈保護主義內涵的「牛津條例」，規定：「英國所生產的羊毛必須在國內加工生產，不準賣給外國人；人人都必須穿本國織造的呢絨。14 至 15 世紀的 1332 年、1337 年、1376 年、1377 年、1464 年、1467 年，多次重申上述規定，其中羊毛出口的禁令一再被打破，但是限制甚至禁止外國呢絨進口的法令卻執行得非常嚴格」①。在利用技術移民扶持產業本土化升級方面，政府通過向技術移民辦特許證、給予宗教寬容、以學徒制促進本地化等政策促進了英國呢絨工業的發展。為保持呢絨產品在海外市場的良好聲譽和穩定的海外市場，政府對呢絨的生產和買賣規定了嚴格的標準。「為了打開並保障英國紡織品在海外的銷售市場，同時也為了削弱主要的競爭對手，英國非常重視與外國簽訂商業條約、向外派駐領事、建立海外同盟關係等。」「為了拓展產業成長的國際空間，英國政府全力以赴，不惜以武力來保駕護航。」②

其次，政府的扶持加上國內相對寬鬆的發展環境，使英國棉紡織業的發展得到政府和企業家的雙重刺激，直接或間接地推進了英國現代產業體系的發展。歷史學家在論及英國議會的立法時說道：1700 年的法律「禁止棉布或棉紡織品的輸入，但它並未禁止棉布的生產，這為當地產業創造了一個獨特的機會，富有創新精神的中間商很快就用足了這一政策。現在的問題是如何足夠的加快紡紗和織布的速度，以便滿足受保護的龐大國內市場的需求。」③ 1721 年

---

① Lipson E. The Histroy of the Woollen and Worsted Industries (The first roll) [M]. London：A and C Black，1921：462-463. 轉引自：陳曦文. 英國 16 世紀經濟變革與政策研究 [M]. 北京：首都師範大學出版社，1995：79.

② 梅俊杰. 自由貿易的神話——英美富強之道考辨 [M]. 上海：上海三聯書店，2008：64-65.

③ Stavrianos. A Global Histry：The Word since 1500 [M] //梅俊杰. 自由貿易的神話——英美富強之道考辨 [M]. 上海：上海三聯書店，2008：85.

的法律「又刺激了基於進口原棉的國內紡織業，這最終成為所謂工業革命的搖籃」。就是在這種非市場手段的催化下，約翰·凱伊於 1733 年發明了飛梭，加快了織布的速度，反過來也對紡紗的速度提出了新的要求。此後，詹姆斯·哈格里夫斯於 1764 年發明多錠紡紗機；理查德·阿科萊特於 1769 年獲水力紡紗機專利；塞繆爾·克朗普頓於 1774—1779 年間發明並完善了走錠紡紗機。紡紗速度的顯著提高又使織布速度相對落後，為保持平衡，埃蒙德·卡特萊特於 1785 年發明了動力織機。紡織業中紡與織之間的你追我趕、相互帶動還延伸到紡織業與其他產業的關係中。新的棉紡織機器要求獲得比水輪和馬力更大、更可靠的動力，於是詹姆斯·瓦特在 1763 年改進了蒸汽機。新的棉紡織機器和蒸汽機當然又對鐵、鋼、煤提出了更大的需求，從而引發了礦產和冶煉的技術進步，交通、通訊的突破自然也隨之而跟上。① 英國紡織業的迅速發展不僅從產業關聯上促進了冶金和機械等產業的發展，而且其創造的高額利潤或資本原始累積也「無疑為工業化支付了第一批訂單。一個週期推動了另一個週期。」② 最終促進了英國整個現代產業體系的發展。

4.6　中國現代產業體系實現的主要內容

　　產業技術創新能力強、產業結構能夠實現協調化和高度化發展、產業佈局合理（即能夠實現產業在區域之間的優勢互補、分工協作，實現在區域內的集群化、集聚式發展）、產業之間關聯互動和配套協作能力強等是發展現代產業體系的基本要求，而要實現以上這幾個目標，不僅需要從技術創新和區域互動兩個方面著手，而且應該通過制度創新為資源的自由流動和高效配置提供制度保證。因此，筆者認為中國現代產業體系的實現應該從技術、制度和區域三個維度進行分析和處理。即中國現代產業體系實現的主要內容包括技術實現、制度實現與區域實現。其中技術實現主要是指產業技術創新，它是實現中國現代產業體系的重要支撐力量和核心動力所在，不斷提高產業的技術創新能力和技術水平，是實現中國現代產業體系由產業間不成體系向體系化發展、由低技

---

　　① Gameron. A Concise Economic History of the World [M]. Stavrianos. A Global History: The Word since 1500 [M] //梅俊杰. 自由貿易的神話——英美富強之道考辨 [M]. 上海：上海三聯書店，2008：85.

　　② 布羅代爾. 15~18 世紀的物質文明、經濟和資本主義：第三卷 [M]. 顧良，施康強，譯. 北京：三聯書店，1993：665.

術水平的產業體系向高技術水平的產業體系不斷演進的基礎。區域實現是指現代產業體系在各區域內部和各區域之間的合理佈局，也即是資源在各區域之間的合理配置。制度實現是指改變限制和阻礙中國現代產業體系實現的制度安排，也就是通過制度創新破除和理順中國現代產業體系發展過程中的一些體制、機制等制度問題，它是中國現代產業體系技術實現和區域實現的重要保障。也就是說，中國現代產業體系的技術實現是其手段和動力，中國現代產業體系的區域實現是其表現和基礎，中國現代產業體系的制度實現是整個現代產業體系實現的制度保障。

4.6.1　中國現代產業體系的技術實現

科學技術是第一生產力，產業技術創新是實現中國現代產業體系的重要內容之一，現代產業體系的實現需要新材料、納米、新能源等高精尖技術引領戰略性新興產業的發展，需要信息技術等先進適用技術改造提升傳統產業，需要高端裝備製造技術等提高中國製造業發展水平，增強中國產業的技術創新能力，提高技術密集型產業在中國現代產業體系中的比重，使經濟發展逐漸從依靠資源大量投入為主的傳統經濟發展模式轉向依靠技術、知識等為主的現代經濟發展模式。發達國家現代產業體系發展的成功經驗證明，技術創新是發展現代產業體系的首要條件，紡織技術、蒸汽動力技術等使英國構建起以紡織業為核心的現代產業體系，電力技術、內燃機技術使美國構建起以汽車、飛機等重型裝備製造業為核心的現代產業體系，信息技術、新材料技術、空間技術等使美國構建起以信息產業為核心的現代產業體系。

中國目前正處於信息化與工業化融合推進的關鍵時期，產業技術創新對促進中國現代產業體系的發展既有必要性又有可能性。從必要性來看，目前中國傳統產業升級和高端產業發展過程中關鍵技術和設備對外依存度仍然較大，且有逐年增大的趨勢，產業技術創新能力的低下直接制約著中國新興產業的發展和高端製造業的發展，產業被迫「壓縮」到低利潤率、低工資、低附加值的產業鏈低端環節，這又進一步制約了中國產業的技術創新能力，形成了「產業鏈低端環節——低利潤——低技術創新能力——產業鏈低端環節」的惡性循環。產業的低技術創新能力導致的低利潤率和高端產業發展不足，不僅使得中國現代產業體系的「體系化」發展不足，而且也因為高端產業和核心製造業發展緩慢，使得現代產業體系的「現代性」凸顯不夠。因此，加快中國產業技術創新促進現代產業體系發展，既有理論的必要性，又有現實實踐上的必要性。從可能性來看，近十年來，中國對基礎科技和應用科技大量的人力物力

投入，各類科研體制機制的逐步完善，產學研相結合的技術創新體系正逐步形成。大多數企業在經歷經金融危機之後普遍意識到缺乏核心技術、產品對外依存度過高等給企業發展帶來的弊端，逐步增強了提高企業技術創新能力的意識，這些因素都有可能使中國在未來現代產業體系的發展過程中提高技術創新能力。

　　產業技術創新不僅對中國現代產業體系的發展具有必要性和可能性，而且對未來中國現代產業體系的發展具有重要的促進作用，主要體現在以下幾個方面：①產業技術創新的高速發展可以逐步提高技術、知識等高端要素在經濟發展中的地位和比重，提高這些高端要素的要素報酬率，進而促進產業技術創新人才的集聚和降低產業技術創新人才的流失率，改變經濟發展過於依賴資源等自然資源的傳統發展模式。②產業技術創新的加速發展提高了突破新興技術難題的能力，可以促進戰略性新興產業發展，成為中國現代產業體系發展的先導產業，並通過產業融合的方式促進新的產業發展，提高整個產業體系的技術水平和資源能源利用效率。③產業技術創新一方面通過新興技術的技術擴散效應實現新技術在其他產業中的技術滲透，另一方面通過對新工藝的出現提升原有技術的效能，兩種方式共同促進了傳統產業的改造升級。④產業技術創新的發展可以提高中國產業自主創新能力，降低對國外關鍵技術設備的依存度，從而提高中國現代產業體系的「體系化」發展能力。⑤產業技術創新是推進中國產業結構高度化的主要途徑。「實現產業結構高度化，取決於產業結構轉換能力，其關鍵在於創新。創新是產業結構演進的主動力。」[①] 一方面產業技術創新順應消費結構的變化需要引發新產品和新產業的出現，新產業將由於產品需求旺盛引發要素向該產業流動，從而使產業結構逐漸偏重於新興產業；另一方面，產業技術創新改變了部分原有產業的工藝流程，降低了這些產業與其他產業的相對成本，促進了其他相對落後技術產業的資源流向這些產業，從而逐漸增加高技術產業在產業體系中的比重，最終實現產業結構的高級化。

4.6.2　中國現代產業體系的區域實現

　　現代產業體系是一個複雜的產業系統，從量上看，產業體系內的各產業之間在結構和比例上應該與該國的綜合國力和整體技術水平相適應。從質上看，現代產業體系內的各產業之間應該形成關聯協調、有機互動的關係。從產業的空間佈局來看，現代產業體系並不是把同一產業或同一產業鏈的不同環節分佈

---

① 周振華. 產業結構優化論 [M]. 上海：上海人民出版社，1992：29.

在同一個區域，而是要根據產業本身的特點、產業對區域地理環境的要求、區域發展產業具備的相對比較優勢、國防安全、國家有關現代產業體系的總體戰略安排（頂層設計）等，將不同的產業和產業鏈的不同環節分佈在合適的區域和地點，但這種空間上的相對分散和集中並不能割裂各產業之間原有的有機聯繫。可見，產業體系的合理佈局是現代產業體系的重要內容之一。現代產業體系的合理佈局對實現中國現代產業體系具有重要意義：

1. 落實國家現代產業體系總體發展戰略的重要平臺

「任何好的產業選擇，都要落實到一定的地域空間，這樣就必須制定合理的、科學的產業佈局方案。」[①] 國家現代產業體系不僅需要在宏觀上勾畫出總體發展戰略框架和未來發展目標的藍圖，而且需要在中觀上制定出區域產業佈局方案和各產業發展方向，最後還需要在微觀企業的實施方面制定出相應的配套措施和手段，是一個「三位一體」的戰略結構。其中，中觀層面的區域產業佈局方案具有承上啓下的作用，既要體現和貫徹國家現代產業體系總體戰略規劃的框架和藍圖，又要符合地區產業發展比較優勢，體現區域間產業發展的差異化和互動發展關係。因此，按照中國現代產業體系的總體戰略要求，把不同的產業和產業鏈的不同環節根據產業本身的特點和要求合理佈局在東中西部和東北地區，有利於減少區域間產業同構和惡性競爭等現象的發生，形成區域間產業的優勢互補和關聯互動，促進中國現代產業體系在區域間的實現。

2. 發揮區域比較優勢，提升產業競爭力的重要手段

一個區域的產業選擇要求綜合考慮該區域在發展某產業方面存在的顯在和潛在的比較優勢（要素稟賦），如交通運輸條件、地理位置、人口、科技、原材料保障等因素。美國加州地區雲集了大量的飛機、導彈等軍事工業，部分原因就是該地區干燥的氣候便於飛機和導彈的實驗和儲存，硅谷的半導體產業很大程度上就是依靠斯坦福大學及周邊雄厚的科研實力。中國幅員遼闊，東中西部地區之間區域差異顯著，東部沿海地區具有海上運輸成本低廉、原材料獲取方便、信息渠道通暢、人才豐富等優勢，適合發展造船、海上運輸、電子信息等資源密集型、技術密集型和知識密集型產業；而中西部地區地處內陸，特色農產品資源、礦產資源、能源、科技等較為豐富，加上在「三線建設」時期和改革開放以後陸續投資建設的較為完整的工業體系，使得中西部地區適合發展特色農產品深加工、礦產資源深加工、裝備製造業等資源密集型、資金密集型、技術密集型和知識密集型產業。通過各產業在不同區域的合理佈局，把區

[①] 孫久文. 區域經濟規劃［M］. 北京：商務印書館，2004：213.

域要素稟賦和產業發展需求相結合，充分發揮各區域的比較優勢，提升產業的國際競爭力。

3. 順應產業發展演進規律的重要體現

威廉·配第和克拉克在研究世界產業演進規律時發現，隨著人均國民收入水平的提高，人口首先由第一產業向第二產業轉移，當人均國民收入水平進一步提高時，人口將大量向第三產業轉移。伴隨著人口在三次產業之間的流動，三次產業的數量比例也將發生變化，產業在空間的分佈也將隨著產業技術水平的提高、運輸成本的提高、勞動力價格的提高和發達國家的國際產業轉移而發生變化，部分企業或產業的空間地理聯繫將由產業分散發展轉向產業集中發展，產業園區、產業集群、產業帶等產業集聚區逐漸成為產業空間佈局新的載體。中國地區差異大，區域產業基礎和發展方向不同，應該順應產業發展演進的一般規律，以區域主導產業為基礎，吸引相關產業集聚形成產業集群，促進區域產業的集約、集聚、集群發展，進而發揮產業集群的擴散效應帶動周邊產業的發展，通過這種區域內和區域間產業的集聚與擴散的交錯運行，促進產業在全國範圍內的重新配置和合理佈局，進一步增強中國現代產業體系的內在聚合力和體系化發展能力。

4. 增強中國產業安全的重要途徑

中國作為一個大國，產業安全不僅要求產業體系內具有豐富的產業門類、很強的產業技術創新能力、產業獨立發展能力和產品自給能力，而且要求產業的佈局在發生戰爭等不可控因素和環境的情況下，能夠不受或少受戰爭等外部因素的影響，不會因戰爭等外部因素的影響而導致國內關鍵產品的供給中斷，而影響國內社會的穩定和生活的安定。因此，促進國內產業的合理佈局，尤其是關係居民生活的資源、能源和國防安全的裝備製造業等產業和合理佈局，是提高中國現代產業體系安全能力的重要途徑。

4.6.3 中國現代產業體系的制度實現

制度對促進經濟發展具有重要作用，道格拉斯·諾斯在其《制度、制度變遷與經濟績效》一書中分析了制度與經濟績效的關係，即「制度在社會中具有更為基礎性的作用，它們是決定長期經濟績效的根本因素。」[①] 並在《西方世界的興起》一書中分析了制度與經濟增長的關係，即「有效率的經濟組

---

① 道格拉斯·諾斯. 制度、制度變遷與經濟績效 [M]. 杭行，譯. 上海：上海三聯書店，2008：147.

織是經濟增長的關鍵,一個有效率的經濟組織在西歐的發展正是西方興起的原因所在。」而「有效率的經濟組織需要在制度上做出安排和確立所有權以便造成一種刺激,將個人的經濟努力變成私人收益率接近社會收益率的活動。」①中國目前正處於工業化、城鎮化的高速發展時期,以及轉變經濟發展方式和構建現代產業體系的關鍵時期,在經濟轉型過程中不可避免要碰到許多不合理的、過時的制度安排,這些制度安排將阻礙中國現代產業體系的發展。而且,近年來,中國產業發展過程中出現的很多問題也證明,制度的好壞直接關係到各利益主體之間關係是否理順、要素積極性是否充分調動、政府干預是否適度等問題。可見,研究中國現代產業體系發展過程中的制度問題,推進中國現代產業體系發展過程中的技術創新,既有現實的必要性又有實踐上的可能性。

制度創新是中國現代產業體系的重要內容之一,現代產業體系的發展不僅要涉及企業、政府、科研院校等實施主體,而且需要一套合理有效的體制機制(制度安排)保障產業體系的高效運行。合理的制度安排對加快產業技術進步、促進產業組織的合理化、加強產業之間的關聯互動能力、產業結構的優化升級等具有重要作用。①加快產業技術進步。適應生產力發展要求的生產關係會促進生產力的發展,同理,合理的制度安排也會像生產關係促進生產力發展一樣不斷促進技術進步,合理的制度安排有利於理順技術創新過程中各主體之間的利益關係,激發各主體的創新積極性,從而加快產業技術進步。②合理的產業組織政策可以促進同一產業內各企業之間的「有效競爭」,根據產業類型的不同形成分別由大型、中型和小型企業等為主體的產業組織結構,避免產業出現惡性競爭和壟斷等「市場失靈」現象。③增強產業互動能力。合理的制度安排,如改變地方政府唯GDP的政績考核方式、完善政企不分的問題、加強對關鍵產業的宏觀控制等,可以克服局部區域產業過於封閉、全國產業發展不成體系等問題,提高同一產業內不同企業之間、不同產業企業之間的關聯互動水平。④促進產業結構的優化升級。合理的制度安排可以激勵企業和個人開發新技術、投資新產業,從而加快戰略性新興產業的發展,同時,完善的制度安排和監督機制可以加速折舊、改造升級和淘汰落後產業,進而改變整個產業體系的技術水平和產業結構,實現產業結構優化升級的目標。

---

① 道格拉斯·諾斯.西方世界的興起[M].厲以平,蔡磊,譯.北京:華夏出版社,2009:4.

4.7 中國現代產業體系的評價指標體系

4.7.1 現代產業體系評價指標體系的構建原則

現代產業體系評價指標體系的構建是一個複雜的系統工程，中國現代產業體系評價指標體系的構建，應該堅持整體性、重點性、客觀性、動態性和實用性五大原則：

1. 整體性原則

現代產業體系是一個由各類不同的產業、不同規模的企業、各級政府、學校、科研機構、銀行等組成的系統性有機整體，體系內的各類指標分別從不同的角度和不同的層次反應了現代產業體系的局部情況，而且各類指標之間是相互聯繫、共同反應現代產業體系整體狀況的。因此，現代產業體系指標的選取必須具有整體性，要服務於反應現代產業體系整體發展狀況的目標。

2. 重點性原則

現代產業體系的建設是一個複雜的系統工程，涉及產業結構、產業組織、產業技術創新能力、產業安全、產業互動發展能力、產業競爭力、產業鏈延伸等方方面面。因此，該指標體系不可能選擇所有相關的指標，而應該選擇一些能夠綜合反應現代產業體系整體發展水平和能力的指標，如產業結構指標、產業技術創新能力指標、產業關聯互動水平指標、產業競爭力指標等。

3. 客觀性原則

指標體系構建的目的在於客觀、全面地反應事物發展的現狀和水平，發現事物進一步發展存在的問題，以利於提出有針對性的對策建議。中國現代產業體系評價指標體系的建立，應該堅持客觀性的原則，選取能夠客觀反應中國產業結構、產業技術水平、產業競爭力等方面的切實可行的指標體系。

4. 動態性原則

現代產業體系的一個很重要的特徵就是動態性，現代產業體系不是一個孤立、靜止和僵化的產業集合，而是隨著科技的進步、國民生活水平的提高、國家綜合國力的增強和主導產業的更替而不斷向前演進的。發達國家現代產業體系的核心也是由棉紡織業向機械製造業，向汽車等裝備製造業，向信息產業等高科技產業不斷演進的。因此，中國現代產業體系評價指標體系的選取也應該堅持動態性的原則，要能夠反應不同階段現代產業體系的技術水平、結構內涵，體現絕對運動與相對靜止的統一。

5. 實用性原則

構建現代產業體系評價指標體系的重要目的,就是把一些複雜的、難以準確估計和計算的、模糊的目標、標準轉化成可以比較、計算、度量的指標和數據,以彌補純粹定性分析帶來的可比性、準確性不足的問題,從而為國家制定現代產業體系總體發展規劃和方針政策提供準確的依據。因此,現代產業體系指標的選擇應該堅持簡單、實用、易於處理的原則,使各類測算出來的指標能夠準確、有效的反應現代產業體系的真實情況。

4.7.2 中國現代產業體系評價指標體系的選擇

根據中國現代產業體系的內容和目標,中國現代產業體系評價指標體系下面共分為兩級子系統,其中一級子系統由六個子系統(即一級指標)組成,分別是產業組織評價指標體系、產業佈局評價指標體系、產業結構評價指標體系、產業技術創新能力評價指標體系、產業競爭力評價指標體系、產業安全評價指標體系,六個子系統下面分別形成各自下一級指標體系,如表4-2所示。

1. 產業組織評價指標體系

產業組織評價指標體系主要由產業組織結構評價指標構成,用於反應行業中關鍵企業的市場銷售情況,即關鍵企業的產品在市場中的佔有率,目的在於考察產業發展是否達到規模經濟效應和關鍵企業對整個行業的支撐引領發展能力。

2. 產業佈局評價指標體系

產業佈局評價指標體系包括區位商和產業結構相似系數,主要用於反應產業在某區域內的集聚發展情況和不同區域之間產業的優勢互補、分工協作發展情況,目的在於考察產業在各區域的合理佈局情況以及由此帶來的資源配置效率提高的能力。

3. 產業結構評價指標體系

產業結構評價指標體系主要是用來衡量產業總體發展運行情況、產業之間的互動發展能力、產業資源利用和健康狀況等,而「產業結構的健康狀況,至少應該包含產業結構的合理化、多元化和高級化三個方面,而且三者之間存在一定的邏輯關係,產業結構和合理化是產業結構的多元化和高級化的基礎。」[①] 可見,產業結構指標體系應該包含產業結構的合理化和高度化。「產業

---

① 孫永平,葉初升.自然資源豐裕與產業結構扭曲:影響機制與多維測度[M].南京社會科學,2012(6):1.

結構的合理化主要是指產業與產業之間協調能力的加強和關聯水平的提高，衡量產業結構是否合理的關鍵在於判斷產業之間是否具有內在的相互作用而產生的一種不同於各產業能力之和的整體能力。」① 產業結構合理化指標用來衡量一國產業體系內各產業是否協調發展，社會的生產、交換和分配是否順暢運行，社會擴大再生產是否順利進行，人財物等物質資源是否得到高效的使用等。「產業結構高度化是這樣一個過程：原有要素和資源從勞動生產率較低的產業部門向勞動生產率較高的產業部門轉移，新增的要素和資源也被配置到勞動生產率較高的產業部門，導致勞動生產率較高的產業部門的份額不斷上升，使得不同產業部門的勞動生產率共同提高。因此，產業結構高度化實際上包含了兩個內涵：一是比例關係的演進；二是勞動生產率的提高。產業結構高度的測度表面上是不同產業的份額和比例關係的度量，本質上是勞動生產率的衡量。」②

4. 產業技術創新能力評價指標體系

產業技術創新能力評價指標體系主要是用來衡量產業或企業科技投入的水平、科技開發能力和科技產出成果等。其包括科技投入和科技產出兩個二級指標，科技投入包括研發支出占 GDP 的比重、有 R&D 活動企業數、人均研發支出、企業辦 R&D 機構、R&D 人員全時當量；科技產出包括發表科技論文數、專利申請受理數、專利申請授權數、科技轉化率。

5. 產業競爭力評價指標體系

產業競爭力評價指標體系包括新產品產值率、產品國際市場佔有率、產業貿易競爭力指數，主要用於反應現代產業體系內各產業在國際和國內市場中的佔有情況以及其佔有市場的能力。

6. 產業安全評價指標體系

產業安全評價指標體系主要用來衡量現代產業體系中產業抵禦國際資本對國內產業體系的「解構」、保障產業體系「體系化」發展和提高對國內產業的控制能力等。產業安全評價指標體系的內容主要包括產業國內環境評價指標、產業對外依存度評價指標、產業控制力評價指標。產業國內環境是產業賴以生存的基礎，產業對外依存度反應產業受跨國因素負面影響的情況，產業控制力是反應外資對產業安全的影響程度。③

---

① 蘇東水. 產業經濟學 [M]. 北京：高等教育出版社，2000：290.
② 劉偉，等. 中國產業結構高度與工業化進程和地區差異的考察 [J]. 經濟學動態，2008 (11)：5.
③ 李孟剛. 產業安全理論研究 [M]. 北京：經濟科學出版社，2012：327.

表 4-2　　　　　　　　中國現代產業體系評價指標體系

一級指標	二級指標	三級指標	單位
產業組織	產業組織結構	產業集中度	—
產業佈局	地區產業結構	區位商	—
		產業結構相似係數	—
產業結構	產業結構合理化	產業的比較勞動生產率	—
		產業的影響力係數	—
		產業的感應度係數	—
		單位 GDP 能耗	噸標準煤/萬元
		產品銷售率	%
		流動資產週轉次數	次
	產業結構高度化	三次產業產值比例	—
		高新技術產業占工業總產值比重	%
		產業結構轉換速度	—
		全員勞動生產率	
產業技術創新能力	科技投入	研發支出占 GDP 的比重	%
		有 R&D 活動企業數	個
		人均研發支出	元
		企業辦 R&D 機構	個
		R&D 人員全時當量	萬人年
	科技產出	發表科技論文數	萬篇
		專利申請受理數	件
		專利申請授權數	件
		科技轉化率	%
產業競爭力	新產品開發能力	新產品產值率	%
	市場開拓能力	產品國際市場佔有率	%
	產業貿易競爭力	產業貿易競爭力指數	—

表4-2(續)

一級指標	二級指標	三級指標	單位
產業安全	產業國內環境	資本成本	—
		勞動力成本	—
		勞動力素質	—
		國內市場需求量	—
		產業政策	—
	產業對外依存度	關鍵技術設備對外依存度	%
		產品出口對外依存度	%
		產業資本對外依存度	%
	產業控制力①	外資市場控制率	%
		外資技術控制率	%
		外資股權控制率	%
		外資品牌控制率	%
		外資經營決策權控制率	%
		重要企業受外資控制情況	%
		受控企業外資國別集中度	%

相關指標的解釋和說明：

（1）產業集中度。產業集中度是指某產業內規模最大的前幾位企業的產值（銷售額、產量、銷售量等）在全產業內所占比重，產業集中度反應了特定產業中的產業集聚發展狀況，是衡量產業組織結構的重要指標。計算公式為：$HHI = \sum_{i=1}^{n}(X_i/X)^2 = \sum_{i=1}^{n}S_i^2$，式中，$X$ 為市場的總規模；X_i 為第 i 個企業的規模；$S_i = X_i/X$ 為第 i 個企業的市場佔有率；n 為該產業內的企業個數。當某一產業由獨家企業壟斷時，該指數等於1，當所有企業規模相同時，該指數等於 $1/n$，故而這一指標在 $1/n$ 到1之間變動，數值越大，表明產業集中度越高。

（2）區位商。區位商是指一個地區特定部門的產值（或從業人員數）在地區工業總產值（或從業人員數）中所占的比重與全國該部門產值（或從業人員數）在全國工業總產值（或從業人員數）中所占比重之間的比值。計算

---

① 李孟剛. 產業安全理論研究［M］. 北京：經濟科學出版社，2012：344.

公式為：$LQ=(e_{ij}/e_i)/(E_j/E)$，其中 LQ 指 i 地區 J 產業的區位商，e_{ij} 指 i 地區 J 產業的產值（產量），e_i 指 i 地區的總產位（總產量），E_j 指全國 J 產業的產位（產量），E 指全國的總產位（產量）。當 $LQ>1$ 時，表明 J 產業在 i 地區的專業化程度超過全國平均水平，J 產業在 i 地區屬於專業化部門，J 產業或其產品可以對外擴張或者輸出，LQ 越大，地區專業化水平越高；當 $LQ<1$ 時，表明 J 產業在 i 地區的專業化程度低於全國平均水平，該地區 J 產業或其產品需要從外部輸入。

（3）產業結構相似系數。產業結構相似系數用來表示不同地區之間產業結構的相似程度，區域產業結構相似系數越小，表明區域之間分工程度越深，地區經濟之間的互補性越強，資源有效利用率越高；反之，區域產業結構相似系數越大，表明區域之間分工程度越低，地區經濟之間互補性越弱，地區間經濟聯繫不緊密，區域產業互動和互補能力不強。計算公式為：$S_{ij}=\dfrac{\sum(x_{in}\cdot x_{jn})}{\sqrt{(\sum x_{in}^2)(\sum x_{jn}^2)}}$，其中 i 和 j 表示兩個區域，X_{in} 和 X_{jn} 分別表示部門 n 在區域 i 和區域 j 的產業結構中所占比重。$0\leq S_{ij}\leq 1$，當 $S_{ij}=1$ 時，說明兩個區域的產業結構完全相同；當 $S_{ij}=0$ 時，說明兩個區域的產業結構完全不同。

（4）比較勞動生產率。比較勞動生產率即一個部門的產值比重同在此部門就業的勞動力比重的比率，它反應該部門1%的勞動力所生產的產值在整個國民總產值中的比重。部門的比較勞動生產率在產業結構變動中是一個秩序因素，它決定了產業結構不斷向高級程度發展的有序性。比較勞動生產率高的部門代表著結構中將不斷擴展的部分，比較勞動生產率低的部門則意味著相對收縮，因而這將引起比較勞動生產率低的部門的勞動力不斷轉向比較勞動生產率高的部門的趨勢。① 計算公式為：某一產業的比較勞動生產率＝該產業的國民收入的相對比重/該產業的勞動力的相對比重。

（5）產業的感應度系數。產業的感應度系數是指各部門均增加一個單位最終產品時，某一部門由此所受到的需求感應程度。感應度系數又被稱為「前向關聯繫數」，感應度系數越大，該部門對其他部門的基礎性作用也越大。計算公式為：某產業的影響力系數＝該產業橫行逆陣系數的平均值/全部產業橫行系數的平均值。

（6）產業的影響力系數。產業的影響力系數是指國民經濟某一個產品部門增加一個單位最終產品時，對國民經濟各部門所產生的生產需求波及程度。

---

① 周振華. 產業結構優化論 [M]. 上海：上海人民出版社，1992：47-48.

影響力系數越大，該部門對其他部門的拉動作用也越大。計算公式為：某產業的影響力系數=該產業縱列逆陣系數的平均值/全部產業縱列系數的平均值。

（7）產業結構轉換速度。產業結構轉換速度是指產業結構由低加工度產業占優勢地位向高加工度產業占優勢地位轉變、產業結構由以低附加值產業為主向以高附加值產業為主轉變的能力和速度。

（8）全員勞動生產率。全員勞動生產率是指根據產品的價值量指標計算的平均每一個從業人員在單位時間內的產品生產量。計算公式為：全員勞動生產率=工業增加值/全部從業人員平均人數。

（9）產業貿易競爭力指數。產業貿易競爭力指數也稱淨出口指數或貿易專業化系數（TSC），或叫產業國際競爭力指數，該指數直接反應產業的國際競爭力大小，可以用一國某一產業的淨出口與某產業的進出口總額的比值來衡量。計算公式為：$C_i=(X_i-M_i)/(X_i+M_i)$，其中 C_i 表示某產業的競爭力指數；X_i 表示某產業的出口值；M_i 表示某產業的進口值。C_i 的值通常在-1和+1之間，C_i 的值越小，說明該產業的國際競爭力越弱，C_i 的值越大，說明該產業的國際競爭力越強。

5　中國現代產業體系的技術實現

5.1　概述

　　科學技術是第一生產力，科學技術是決定一個國家生產力水平高低和綜合國力強弱的根本要素，而技術創新是促進一國產業技術進步、提升產業競爭力、促進傳統產業升級和新興產業發展、優化產業結構等的基礎性力量和手段，技術創新的數量多少直接關係中國產業技術創新能力的強弱和轉變經濟發展方式的實施進度，技術創新速度的快慢直接關係中國產業結構優化升級的速度和中國實現建設現代化國家的速度。推進中國現代產業體系的發展，不僅需要大量高精尖的技術力量支撐中國產業體系不斷向產業結構更加高級化的方向發展和演進，而且需要一個在橫向上門類齊全、縱向上層次有序的產業技術體系支撐中國的產業不斷向成鏈化發展和體系化發展，因此，中國現代產業體系的發展首要的任務就是其技術實現，以技術實現不斷推進中國現代產業體系的體系化和現代化發展。

　　根據中國目前的產業發展現狀，筆者認為中國現代產業體系技術實現的內涵可以分為微觀、中觀和宏觀三個層面。從微觀層面上講，技術實現是企業家出於獲取最大化的利潤的目的，根據市場的現實需求和對未來市場的預測，組織企業的人才、資金、技術、設備等要素，實施企業技術改進或研發新技術，提高產品市場競爭力，以擴大現有市場份額或搶占新市場等一系列活動的綜合過程。從中觀層面講，技術實現是首先在某一個或幾個具有高創新率、高附加值和高工資的新興產業中產生新技術，並利用這些新興產業與其他產業之間的技術和經濟聯繫實現新技術在其他各產業之間傳播，從而帶動整個產業體系的技術改造和升級的過程。從宏觀層面講，技術實現是國家基於促進整個國家產業技術升級、轉變經濟發展方式、科教興國等目標的考慮出發，通過加大對技

術創新的資金、人才等投入，理順技術創新的體制機制等手段，來實現整個國家產業結構的優化升級、產業國際競爭力提高、國家綜合國力增強的過程。

由於中國在高端產業技術方面與發達國家尚有較大的差距，並且在低端產業技術方面（包括部分勞動力密集型產業技術和資源密集型技術）與其他發展中國家的優勢正在喪失。因此，在當前及未來的發展過程中，中國現代產業體系技術實現的重要內容將是不斷推進中國各類產業的技術創新，並且把技術創新作為中國的基本戰略長期保持不變。

「創新」理論源於美籍奧地利經濟學家約瑟夫·熊彼特，他在《經濟發展理論》中把創新定義為企業家對生產函數中諸要素（如土地、勞動、資本等）進行新的組合，即建立一種新的生產函數，把一種完全新的生產要素組合引入生產過程，使生產的技術體系發生變革，從而增加附加值。同時，創新是一種「創造性的破壞」，它使資源從舊的、過時的產業轉向新的更富有生產性的產業，從而促進了新舊技術之間的更替和新產業出現和老產業的淘汰，促進了產業結構的升級。熊彼特把創新概括為以下幾種形式：①生產新的產品；②引入新的生產方法、新的工藝過程；③開闢新的市場；④開闢並利用新的原材料或半製成品的供給來源；⑤採用新的生產組織方法。

中國學者傅家驥等認為，「技術創新是企業家抓住市場的潛在盈利機會，以獲取商業利益為目標，重新組織生產條件和要素，建立起效能更強、效率更高和費用更低的生產經營系統，從而推出新的產品、新的生產（工藝）方法、開闢新的市場、獲得新的原材料或半製成品供給來源或建立企業的新的組織，它是包括科技、組織、商業和金融等一系列活動的綜合過程」[1]。寧光杰認為，「技術創新是新產品、新過程、新方法、新材料或新系統首次在經濟活動中的採用。它不同於實驗室裡的科學研究（科學發明和發現過程），而是在商業條件下為創造和改進產品、生產過程和體制而進行的新發明成果與實際經濟的結合」[2]。劉蘇燕認為，「技術創新通常是指新技術（包括新產品、新工藝等）在生產等領域的成功應用，包括新構想的產生、研究、開發、商品化生產和占領新市場等一系列活動。或者說，技術創新是在經濟活動中引入新技術，從而實現生產要素的重新組合，並在市場上獲得成功的全過程，包括新發明、新技術的研究和形成過程，也包括新發明的應用和實施過程，還包括新技術的商品化、產業化的擴散過程」[3]。可見，技術創新不僅涉及多學科多領域，而且包

---

[1] 傅家驥，等. 技術創新學 [M]. 北京：清華大學出版社，1998：13.
[2] 寧光杰. 技術創新與資本主義經濟的動力 [J]. 教學與研究，2009（2）：28.
[3] 劉蘇燕. 技術創新模式及其選擇 [J]. 華中師範大學學報：人文社會科學版，2000（1）：30.

括了從市場調查、研究開發、產品試製、產品生產等創造技術創新價值的過程，而且包括物流、營銷等實現技術創新價值的過程。技術創新具有五大特徵：

1. 階段性

一般說來，技術創新戰略根據不同國家和某一個國家不同發展階段可分為三個階段：一是以技術的引進、模仿為主的階段，二是以技術的引進、消化吸收、再創新的階段，三是以自主創新為主的階段。隨著一國經濟發展水平的提高、綜合國力的增強和科研實力的提高，該國技術創新的戰略將逐漸發生變化，將出現以最初的引進國外的製成品並進行簡單的模仿為主，向引進國外的成套設備進行國內生產並出口同類產品以實現進口替代，向從引進國外關鍵技術設備進行成套設備的組裝並出口部分成套設備和加工產品，向自主開發關鍵技術設備和產品並出口成套設備和高端製成品轉變的趨勢，表現出不同的階段採取不同的技術創新戰略。

2. 系統性

按照系統論的觀點，任何一個事物都是由各種要素和環境組成的一個系統，整個社會系統由無數個小系統有機聯繫在一起。從技術創新的前期開發過程來看，技術創新就是由研發人員、前人發展的技術基礎、各種相關設備等組成的系統。從技術創新的實現過程來看，技術創新總是存在於某一個產業或幾個交叉產業中，技術創新的發展必然與該產業或相關產業中的各類要素發生聯繫，從而使與該技術創新相關的產業發生連鎖反應，促進整個產業和產業系統的發展。如在第一次工業革命中，「蒸汽機發明以後，不僅改變了紡織機械的動力，而且使交通運輸業發生了革命，鐵路發展了起來，運輸成本下降激發了採掘業的發展，冶金、能源（首先是煤炭）工業同時獲得了快速成長。這種一個產業的產品形成其他產業的生產條件和原材料的關聯性，使各產業真正形成了技術系統」。而且，「由於當代技術創新的系統性，往往使得不同行業產生出強烈的連鎖反應，某一專業技術取得重大技術進步，常常由此開始擴散、滲透，從而使原技術系統獲得改造，或形成全新的技術系統，導致新興產業的出現」①。

3. 高風險性

技術創新一般要經歷基礎研究、應用研究、開發研究、生產和銷售等環

---

① 齊建國，等. 技術創新——國家系統的改革與重組 [M]. 北京：社會科學文獻出版社，2007：15.

節，這一系列過程中的任何一個環節出現問題都有可能使技術創新受阻或失敗，而且技術創新的過程中也面臨著許多不確定性因素，尤其是技術開發和產品的商業化應用，技術的開發不僅要考慮技術的先進性和適用性，還要考慮工藝流程的先進性和成本節約性，產品的商業化應用直接關係前期技術開發和產品試製的成果能否被市場接受和前期投入能否收回。技術創新還需要大量的投入才能實現，有些項目的技術研發費用高達幾十億到上百億美元。同時，技術創新的低成功率又決定了技術創新的高風險性，據統計，在美國基礎性研究的成功率僅為5%，在應用研究中有50%能獲得技術上的成功，30%能獲得商業上的成功，只有12%能給企業帶來利潤[1]。儘管技術創新的高投入和低成功率換來的是產品在市場上壟斷優勢和超額壟斷利潤，對資金實力雄厚的大企業來說一次研發失敗對企業的正常生產經營並沒有多大影響，但對大多數中小企業來說將有可能面臨企業的資金困難甚至倒閉，這足以說明技術創新的高風險性。

4. 知識外溢性

以阿羅、盧卡斯和羅默等為代表的內生經濟增長理論學者對技術創新給了了高度評價。羅默（Romer，1986、1990）對內生增長作出了開創性的貢獻，他強調知識作為一個投入要素使生產活動具有邊際生產率遞增的效率。盧卡斯（Lucas，1988）主要強調人力資本和人力資本的外溢效應對於經濟增長的重要性。[2] 阿羅（Arrow）認為，一個國家從投資的累積、從而是國民生產總值的累積中所累積的生產經驗是勞動生產率提高、進而是經濟增長的源泉之一[3]。通過生產中邊干邊學、工作中的實際訓練和經驗累積，從而提高工人的勞動生產率，實現了技術創新等知識的外部擴散。技術創新的知識外溢性一般通過三種途徑發揮作用：一是工人在生產、培訓中通過「干中學」的方式不斷接觸和學習到更高、更新的知識和技能。二是依託產業集群（或產業集聚）的地理優勢，企業之間由於在地理位置上的接近和技術研發人員經常性非正式的往來，技術創新中的隱性知識或未編碼知識實現了迅速傳播。因為「非正式交流是傳播未編碼化知識的重要途徑。在高新技術產業區域中，許多最新的、超前的知識或者隱含經驗類知識和清晰知識之間的知識，都以未編碼化的知識存在。這些知識內容豐富、涉及面廣，深埋在社會之中，不依從正式渠道獲得。

---

[1] 吳添祖，等.技術經濟學概論[M].3版.北京：高等教育出版社，2010：24.
[2] 張強，盧荻.技術外溢、規模效應和內生經濟增長[J].南開經濟研究，2011（2）：86.
[3] 佟家棟，彭支偉.從「干中學」到「加工中學」——經濟全球化背景下的國際分工、技術外溢與自主創新[J].南開學報：哲學社會科學版，2007（6）：71.

通過非正式交流,這些知識得以快速有效的傳播。」① 三是技術創新通過產業之間的技術經濟聯繫擴散到其他產業以及整個產業體系,從而有可能發生一場科技革命,推進社會生產力的極大發展。如在瓦特發明蒸汽機後所引發的一系列技術創新,使得英國以紡織業為核心的整個產業體系逐漸都實現了機械化生產,從而引發了第一次工業革命的發生。以技術創新的知識溢出效應為基礎促進整個產業體系發展的例子還很多(詳見表5-1)。

表 5-1　　　　　　　　世界主要技術創新及其溢出效應

時期	長波或週期		主要基礎設施的關鍵特徵		
	康德拉捷耶夫經濟長波	科學技術/教育/培訓	交通/通信	能源系統	關鍵要素
1780—1840	工業革命:紡織品的工廠化生產	學徒制,干中學,學派,科學社團	運河,馬路	水力	棉花
1984—1890	鐵路和蒸汽動力時代	專業的技術人員和工程師,技術學院,大眾初等教育	鐵路(鐵制鐵軌),電報	蒸汽動力	煤,鐵
1890—1940	電氣和鋼鐵時代	工業 R&D 實驗室,化工和電氣的國家級實驗室,標準實驗室	鐵路(鋼制鐵軌),電話	電力	鋼鐵
1940—1990	汽車和合成材料等批量生產時代	大規模工業和政府 R&D 實驗室,大眾高等教育	高速公路,無線電和電視,航空	石油	石油,塑料
1990 至今	微電子和計算機網絡時代	數據網絡,R&D 的全球網絡,終身教育和學習	信息高速公路,數字網絡	天然氣石油	微電子

資料來源:Freeman C. The Economics of Industrial Innovation [M]. 3rd. The MIT Press, 1997. 轉引自:吳添祖. 技術經濟學概論 [M]. 3 版. 北京:高等教育出版社,2010:14.

5. 創新時滯長

技術創新的時滯是指從技術發明到技術創新的這一段時間,也就是從發明新技術原理到新技術第一次得到商業上的應用的時間,可以稱之為「遲後過程」或「遲後時間」,也有稱之為創新階段[②]。由於 R&D 一般包括三個部分的活動:基礎研究、應用研究和實驗開發,這三部分是創新成功的物質和科學基

---

① 王緝慈,等. 創新的空間:企業集群與區域發展 [M]. 北京:北京大學出版社,2001:331.
② 許慶瑞. 研究、發展與技術創新管理 [M]. 北京:高等教育出版社,2000:43.

礎，需要大量的資金和人力投入，一般企業和機構難以承受這樣巨額的研發費用，由此可能導致該項技術的項目立項和項目實施等被推遲或取消，這在一方面增加了該項新技術和產品的推出時間。另一方面，由於技術創新是一個綜合的系統，系統中各類要素和環境都有可能影響技術創新的進展速度和成功與否，而且不同領域中的技術創新速度客觀上存在差別，存在部分領域的技術創新已經突破，而另一個領域的技術創新還處於進展中的情況，尤其是現代高新技術大多由多種交叉學科組成，這對技術創新過程中各分支學科先後次序的安排和整合提出了新的要求。產生和影響技術創新時滯的有以下四個主要因素：與原材料有關的因素、技術上的可行性、經濟上是否優越於原有技術、與科學管理組織有關的因素。正是由於這些延緩技術創新的要素和環境的存在，使得世界上大多數技術創新都經歷了較長的時滯，少則幾年多則幾十年不等。（詳見表 5-2）

表 5-2　　　　　　世界歷史上重大技術創新時滯表　　　　　單位：年

技術與產品	發明年份	創新年份	滯後期
日光燈	1859	1938	79
羅盤指南針	1852	1908	56
採棉機	1889	1942	53
拉鏈	1891	1918	27
電視	1919	1941	22
抗皺纖維	1918	1932	14
噴氣式發動機	1929	1943	14
雷達	1922	1935	13
複印機	1937	1950	13
蒸汽機	1764	1775	11
尼龍	1928	1939	11
渦輪噴氣式發動機	1934	1944	10
保險剃刀	1985	1904	9
無線電報	1889	1897	8
無線電	1912	1920	8
三級真空管	1907	1914	7

表5-2(續)

技術與產品	發明年份	創新年份	滯後期
圓珠筆	1938	1944	6
鏈霉素	1939	1944	5
DDT	1939	1942	3
密紋唱片	1945	1948	3
殼模鑄造	1941	1944	3
氟氯烷冷卻劑	1930	1931	1

資料來源：許慶瑞. 研究、發展與技術創新管理［M］. 北京：高等教育出版社，2000：43.

5.2 中國現代產業體系發展進程中技術創新的主要成就與問題

5.2.1 中國現代產業體系發展進程中技術創新的主要成就

新中國成立後，中國十分注重技術創新在發展工業體系中的作用，採取了一系列措施，不斷增加產業體系中科技創新的投入力度，在各產業尤其是在工業領域中取得了舉世矚目的成就，一大批科技成果不斷湧現，極大地推進了中國現代產業體系的發展，使中國逐步從落後的農業國發展成為較為先進的工業國。具體而言，中國產業技術創新的成就主要體現在以下幾個方面：

1. 工業規模不斷擴大，製造業整體技術水平不斷提高

新中國成立後，在經歷「一五」、「二五」和「三線建設」等階段的發展後，中國逐步建立起比較完整的工業體系，為中國現代產業體系的發展打下了堅實的工業基礎。改革開放後，中國綜合國力得到極大的增強，現代產業體系的發展在較為雄厚的物質和資金支持下取得了進一步的發展。進入21世紀以來，中國工業、科技等的實力逐漸增強，工業規模逐年增大，工業化進程穩步推進，工業生產能力逐步增強。如圖5-1所示，中國工業總產值從1980年的1,996.5億元，增加到2013年的210,689.4億元，23年時間增加了105.5倍。

中國歷年工業總產值（億元）

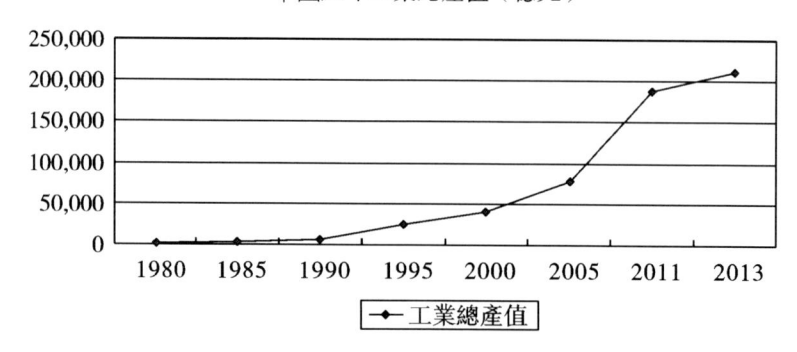

圖 5-1　中國歷年工業總產值發展情況圖

資料來源：根據《中國統計年鑒 2012》整理得來。

　　製造業整體技術水平逐漸提高。2010 年，中國高新技術產業產值為 74,709 億元，占製造業產值的比重達到 12.26%；出口交貨值為 37,002 億元，占製造業出口交貨值的比重達到 41.33%。製造業不僅成為中國生產能力和國民經濟的支柱和基礎，也是出口創匯的主力軍。隨著中國產業技術創新能力的增強，大量高新技術產業得以迅速產生和發展，並且促進了傳統產業的改造升級，高技術產業在製造業中所占比例得以提高，如表 5-3 所示。中國低技術產業增加值占中國製造業的比重從 1998 年的 33.59% 下降到 2003 年的 29.31%，中低技術產業增加值占中國製造業的比重基本保持不變，而中高技術產業增加值占製造業增加值的比重上升了 1 個百分點，高技術產業的比重從 1998 年的 11.48% 增加到 2003 年的 14.53%，說明中國製造業整體技術水平在提高。[1]

表 5-3　　　　　　　中國各技術層次產業發展情況表

年份	低技術產業	中低技術產業	中高技術產業	高技術產業
1998	33.59	26.65	28.29	11.48
2003	29.31	26.88	29.29	14.53

資料來源：中國社會科學院工業經濟研究所. 中國工業發展報告 2005 [M]. 北京：經濟管理出版社，2005. 轉引自：科學技術部專題研究組. 中國產業自主創新能力調研報告 [R]. 北京：科學出版社，2006：4.

---

[1] 科學技術部專題研究組. 中國產業自主創新能力調研報告 [R]. 北京：科學出版社，2006：4.

2. 國家技術創新投入逐年增加

(1) 科技經費投入不斷增加

根據國家相關統計數據，由於國家對技術創新的重視，中國從 2006 年到 2010 年的科技經費投入逐年增加，國家財政科技撥款從 2006 年的 1,688.5 億元增加到 2010 年的 4,114.4 億元，增長了 1.44 倍；研究開發（R&D）經費投入從 2006 年的 3,003.097 億元增加到 2010 年的 7,062.6 億元，增長率為 23.7%，研究開發（R&D）經費占國內生產總值的比重從 2002 年的 1.07% 上升到了 2010 年的 1.76%；基礎研究經費從 2006 年的 155.8 億元增加到 2010 年的 324.5 億元（如表 5-4 所示），研發經費的大量投入極大地促進了中國技術創新的發展。

表 5-4　　　　　中國 2006—2010 年研發經費支出情況表

科技經費投入情況	2006 年	2007 年	2008 年	2009 年	2010 年
國家財政科技撥款（億元）	1,688.5	2,113.5	2,581.8	3,224.9	4,114.4
占財政總支出的比重（%）	4.2	4.3	4.1	4.2	4.6
R&D 經費（億元）	3,003.1	3,710.2	4,616	5,802.1	7,062.6
占國內生產總值的比重（%）	1.39	1.4	1.47	1.7	1.76
基礎研究經費（億元）	155.8	174.5	220.8	270.3	324.5
占研發經費的比重（%）	5.2	4.7	4.8	4.7	4.6
應用研究（億元）	489	493	575.1	730.8	893.8
占研發經費的比重（%）	16.3	13.3	12.5	12.6	12.7
試驗發展（億元）	2,358.4	3,042.8	3,820	4,801	5,844.3
占研發經費的比重（%）	78.5	82	82.8	82.8	82.8

資料來源：根據 2011 年《中國統計年鑒》有關數據和 2011 年《中國科技統計數據》整理得來。

(2) 從事科技創新的人員數量逐年增加

科技創新離不開研究人員的支撐，一國研發人員的數量和質量直接關係該國技術創新能力的強弱和產業技術水平的高低。根據相關統計，從 2006 年到 2010 年，中國從事研究開發的人員數量從 25.7 萬人增加到了 2010 年的 34.2 萬人，增加了 33%；全國 R&D 人員全時當量從 2006 年的 150.2（萬人年）增加到了 2010 年的 255.4（萬人年），增加了 70%；每萬人就業中研發人員數從 2006 年的 20.04（人年）增加到了 2010 年的 33.56（人年），增加了 67%，如表 5-5 所示。可見，在中國實施國家中長期科學和技術發展規劃綱要（2006—2020）以來，中國的科技研發人員數量有了很大提高，對促進中國產業技術創新發揮了重要作用。

表 5-5　　　　　中國 2006—2010 年研發人員投入情況表

科技人員投入情況	2006 年	2007 年	2008 年	2009 年	2010 年
研發機構數（個）	3,803	3,775	3,727	3,707	3,696
R&D 人員（萬人）	25.7	29	30.4	32.3	34.2
R&D 人員全時當量(萬人年)	150.2	173.6	196.5	229.1	255.4
基礎研究	13.1	13.8	15.4	16.5	17.4
應用研究	30	28.6	28.9	31.5	33.6
試驗發展	107.1	131.2	152.2	181.1	204.5
每萬人就業中研發人員（人年）	20.04	23.05	26.01	30.22	33.56

資料來源：根據 2011 年中國統計年鑒有關數據和 2011 年中國科技統計數據整理得來。

3. 科技創新能力逐漸增強

中國自 2006 年實施國家中長期科學和技術發展規劃綱要以來，國家在技術創新方面給予了大量的人力和資金支持，使中國在科技創新的理論和實踐方面取得了很大的進步。從科技創新的理論成果來看，中國發表科技論文數量從 2006 年的 118,211 篇增加到 2010 年的 140,818 篇，增幅為 19%；從科技創新的應用成果來看，中國專利申請授受理數從 2006 年的 8,026 件增加到了 2010 年的 19,192 件，專利授權數從 2006 年的 3,499 件增加到了 2010 年的 8,698 件，增幅達到 149%，科技創新的成效非常顯著，具體如表 5-6 所示。

表 5-6　　　　　中國 2006—2010 年科技產出情況表

科技產出及成果情況	2006 年	2007 年	2008 年	2009 年	2010 年
發表科技論文（篇）	118,211	126,527	132,072	138,119	140,818
國外發表	17,597	19,596	21,498	25,882	26,862
出版科技著作（種）	3,791	4,134	4,691	4,788	3,922
專利申請受理數（件）	8,026	9,802	12,536	15,773	19,192
發明專利	6,200	7,782	9,864	12,361	14,979
專利申請授權數（件）	3,499	4,036	5,048	6,391	8,698
發明專利	2,191	2,467	3,102	4,077	5,249

資料來源：根據 2011 年中國統計年鑒有關數據整理得來。

根據 2011 年中國科技統計數據統計，2010 年，中國科學引文索引（SCI）數量為 12.2 萬篇，在全世界國家中排名第二；工程索引（EI）數量為 11.2 萬篇，在全世界國家中排名第一；科學技術會議錄索引（CPCIS）數量為 3.8 萬

篇，在全世界國家中排名第二，如表5-7所示。這些數量龐大的科技論文為促進中國科技創新發揮了基礎性作用。

表5-7　　　　　　　　2010年部分國家科技論文情況表

國別	科學引文索引（SCI）		工程索引（EI）		科學技術會議錄索引	
	萬篇	位次	萬篇	位次	萬篇	位次
中國	12.2	2	11.2	1	3.8	2
美國	39.0	1	9.5	2	8.4	1
英國	11.4	3	2.6	5	2.1	4
德國	10.5	4	2.9	4	2.2	3
日本	8.7	5	3.5	3	2.0	5
法國	7.3	6	2.4	6	1.4	7

資料來源：根據2011年中國科技統計數據整理得來。

4. 湧現了一批擁有自主研發機構的大型企業集團

根據2011年中國統計年鑒的相關數據，2010年，中國大中型企業中擁有R&D活動的企業數達到12,889個，比2006年增加了5,051個，增長了64.4%；有R&D活動企業所占比重從2006年的24.01%增加到了2010年的28.3%，研究開發內部支出從2006年的1,630.19億元增加到了2010年的4,015.40億元，增加了1.5倍；企業中的研發機構數從2006年的10,464個增加到了2010年的16,717個，增幅為60%；研發機構中的人員數也比2006年幾乎增長了1倍。可見，隨著中國技術創新投入的增加，中國逐漸湧現了一批擁有核心技術的企業集團，具體如表5-8所示。

表5-8　　　　　中國大中型工業企業科技活動基本情況表

指　　　標	2006年	2007年	2008年	2009年	2010年
有R&D活動企業數（個）	7,838	8,954	10 027	12,434	12,889
有R&D活動企業所占比重（%）	24.01	24.70	24.87	30.49	28.3
R&D人員全時當量（萬人年）	69.6	85.8	101.4	115.98	137.0
內部支出（億元）	1,630.19	2,112.45	2,681.3	3,210.23	4,015.40
占主營業務收入的比重（%）	0.77	0.81	0.84	0.96	0.93
機構數（個）	10,464	11,847	13,241	15,217	16,717
機構人員數（萬人）	75.77	88.30	107.46	127.97	148.54
機構經費支出（億元）	1,335.1	1,791.8	2,336.34	2,625.06	3,276.88

資料來源：根據2011年中國統計年鑒有關數據整理得來。

5. 出現了一批具有創新活力的科技型中小企業

中小企業在拉動就業、科技創新和促進經濟發展方面具有重要作用，中小企業已成為產業創新活動的生力軍。目前，中國高新技術企業主要以中小企業為主，據統計，中國65%的發明專利由中小企業獲得，80%的新產品由中小企業創造。科技型中小企業是孕育大企業的搖籃。多年來，國家高新區積極培育和扶持民族高新技術企業，催生了華為、中興、海爾、海信、大唐等一批具有自主品牌的知名企業。[①] 研究表明，在中小企業比較發達的江蘇、浙江、福建三省，63.9%的中小企業設置了研發機構，其中電子信息產業中設有研發機構的企業所占比重最大，為88.3%，其次為化學醫藥業和儀器儀表業，分別為72.9%和68.8%，即使比重最小的建材業也達到了50%[②]。

6. 取得了一系列科技創新成果

在國家和企業的共同努力下，中國技術創新取得了巨大的成效，表現在：核心電子器件、高端通用芯片和基礎軟件產品取得了較大突破，如2009年中國研製成功的首臺千萬億次超級計算機「天河一號」，使中國成為繼美國之後世界上第二個能夠研製千萬億次超級計算機的國家；極大規模集成電路製造裝備及成套工藝取得較大突破；新一代寬帶無線移動通信網取得較大進展，TD—LTE研發工作穩步推進；高檔數控機床與基礎製造裝備取得階段性成果，以數控橋式龍門五軸聯動車銑複合加工機床、超重型臥式鏜車床、3.6萬噸金屬垂直擠壓機等10大標誌性設備為代表的重型、超重型製造裝備的研發取得重大進展；大型油氣田即煤層氣開發取得重大突破，全數字萬道地震數據採集系統、3,000米深水半潛式鑽井平臺、海相碳酸岩儲層地震預測、鑽井與改造技術、高煤階煤層氣直井、水平井開發技術取得較大進展；大型先進壓水堆及高溫氣冷堆技術核電站技術取得重大突破[③]。

7. 國家創新體系的建設取得初步成效

一是高等學校與科研院所技術創新與服務能力建設穩步推進，高等院校科技投入持續增長，研究成果產出豐碩。二是大力推進區域創新體系建設，積極支持和推動長三角、珠三角、西部和東北等重點區域的科技工作，「西部科技

---

① 科學技術部專題研究組. 中國產業自主創新能力調研報告 [R]. 北京：科學出版社，2006：9.
② 李學勇. 中小企業技術創新與區域經濟發展 [M]. 北京：中國科學技術出版社，2004. 轉引自：科學技術部專題研究組. 中國產業自主創新能力調研報告 [R]. 北京：科學出版社，2006：9.
③ 中華人民共和國科學技術部. 中國科學技術發展報告2010 [R]. 北京：科學技術文獻出版社，2012：80-87.

專項工程」和「東北振興科技行動計劃」等成效顯著。三是科技仲介機構數量不斷增加，在促進科技成果轉化中發揮著重要作用，截至2009年年底，全國生產力促進中心已發展到1,788家，全國共有納入國家火炬計劃統計的科技企業孵化器771家，其中國家級孵化器279家。四是地方政府與國防科技工業部門加強合作，軍民兩用技術創新體系建設穩步推進，通過建設軍民融合的產業化基地，推進了國防科技工業與民用經濟的結合①。

5.2.2 中國現代產業體系發展進程中技術創新的主要問題

儘管新中國成立以來中國在技術創新方面取得了較大的成績，但與當前中國經濟快速發展的需要，資源、環境和成本等經濟轉型壓力，以及與國際上其他發達國家存在的巨大差距相比，中國的技術創新還存在很多問題，如在科技投入、科研體制、科技轉化等方面還存在許多需要完善的地方。

1. 科技資金投入不足

一是國家科技投入總量不足。根據2011年國際科學技術發展報告統計數據，2008年，中國研發經費支出總額為664.64億美元，在世界主要國家和地區中排名第4，而排名第一的美國為3,980.86億美元，是中國的6倍。與中國研發支出的較高數量相比，中國的研發經費支出占GDP的比例卻相對較低，2008年中國研發經費支出占GDP的比例只有1.54%，在世界主要國家和地區中排名第23，而同期美國、日本、德國、韓國分別為2.76%、3.44%、2.53%、3.21%，遠高於中國的水平。同年，中國人均研發經費支出為50美元，而美國、日本、德國、韓國分別為1,307.9美元、1,180.1美元、1,023.7美元、695.2美元，分別為是中國的26倍、24倍、20倍、14倍，如表5-9所示。二是高科技產業科研投入不足。根據中國高技術產業統計年鑒2011年相關數據，2010年，中國高技術產業研發經費占工業增加值的比重僅為6.01%，而美國、日本、德國、英國、法國分別為36.84%、28.90%、18.05%、26.64%和31.95%，分別是中國的6.14倍、4.8倍、3、4倍.44倍和5.32倍，其他的飛機和航天器製造業，醫藥製造業，辦公、會計和計算機製造業，廣播、電視及通信設備製造業，醫療、精密儀器和光學器具製造業等與發達國家均存在較大的差距，如表5-10所示。可見，中國高技術產業的研發投入還有待加強。三是企業科技投入不足。研發集中度是衡量創新投入的重要指標，用

---

① 中華人民共和國科學技術部. 中國科學技術發展報告2010 [R]. 北京：科學技術文獻出版社，2012：16-17.

以考察企業研發投入金額占銷售額的比重。2009年,中國中央企業科技活動經費占銷售比重為2.1%,科技活動經費中55.7%為研發經費,因此,中國中央企業當年的研發集中度為1.05%。然而,美國企業2008年的研發集中度到了3%,歐盟1,000強企業2009年的研發集中度為2.4%[1],都在中國的2倍以上。2010年,儘管中國大中型工業企業擁有研發機構的企業數達到12,889個,但有研發活動企業數占總數的比例僅占28.31%,不到總數的1/3[2],且研發實力與國外存在較大差距。

表5-9　　　2008年世界主要國家研發支出總額占GDP的比例

國別	瑞典	日本	韓國	美國	德國	法國	英國	中國
研發支出比重(%)	3.75	3.44	3.21	2.76	2.53	2.02	1.88	1.54
人均研發經費(美元)	1,942.4	1,180.1	695.2	1,307.9	1,023.7	928.1	813.1	50.0

資料來源:中華人民共和國科學技術部.2011國際科學技術發展報告[R].北京:科學技術文獻出版社,2011:298-303.

表5-10　　　部分國家高技術產業R&D經費占工業增加值比例　　　單位:%

	高技術產業	飛機和航天器製造業	醫藥製造業	辦公、會計和計算機製造業	廣播、電視及通信設備製造業	醫療、精密儀器和光學器具製造業
中　國	6.01	15.39	4.66	3.87	6.78	6.28
美　國	36.84	25.92	55.98	24.65	32.72	35.21
日　本	28.90	11.51	37.08	—	13.38	31.93
德　國	18.05	27.88	19.84	15.41	20.15	13.11
英　國	26.64	31.15	42.26	1.37	23.95	7.76
法　國	31.95	31.08	33.41	27.67	50.89	19.03
韓　國	21.30	26.09	6.29	14.24	25.09	10.27
瑞　典	35.41	35.81	26.57	38.52	54.74	21.28

數據來源:國外數據來自經濟合作與發展組織《結構分析數據庫2011》、《企業研發分析數據庫2011》。國內數據根據《中國高技術產業統計年鑒2011》相關數據整理得來。

2.科技人才投入不足,人才配置結構失衡

科技人才短缺,尤其是高層次科技人才短缺是抑制中國產業技術創新能力

---

[1] 李政.2011中央企業技術創新報告[R].北京:中國經濟出版社,2011:37.
[2] 資料來源:根據《中國科技統計年鑒2011》相關數據整理得來。

的重要原因。首先是高層次科技人才短缺。據統計，中國高層次科技創新人才僅有1萬名左右，高層次自主創業人才在全部創業人才中僅占20%。從國際影響力來看，國際權威機構評選300多位對科學發展做出重大貢獻的科學家中中國入選的只有3位。從國際性權威科學院外國會員人數的國別排序來看，中國處於第18位，不僅低於主要發達國家，而且落後於印度。另據《財富》雜誌公布的數據顯示，中國「適應全球化要求」的年輕工程師只有16萬人，不到美國的1/3；中國工程技術人才人均創造的產值僅有美國的1/16[①]。其次是科技人才配置結構失衡。從地域來看，主要分佈在中國東部沿海的大中城市，而中西部地區人才流失嚴重；從機構來看，分佈在高校和科研院所的科技人員過多，而企業和基層一線分佈太少，導致很多科研僅僅處於研究和實驗階段，真正投入生產和產業化的科研成果很少。據科技部統計，2008年，中國在大中型工業企業從事R&D工作的科學家和工程師占全部科學家和工程師的比例僅為49.6%。而發達國家企業擁有的人才量一般占到人才總量的70%，如美國從事科研開發的科學家和工程師有80.8%在企業，英國有61.4%在企業[②]。三是人才流失嚴重。據教育部的不完全統計，改革開放以來，中國出國留學人員累計超過30萬人，然而只10萬餘人學成回國，人才流失情況觸目驚心。科技人才從科研機構和國有企業流向外資企業，是流失的另一方面[③]。

3. 技術的引進、消化、吸收、再創新能力薄弱

由於中國沒有完善的技術引進制度、技術體系評價系統和技術引進管理協調機制，普遍存在重技術引進，輕技術消化、吸收和再創新的現象。2010年，中國大中型工業企業引進技術經費支出、消化吸收經費支出和技術改造經費支出分別為386.1億元、165.2億元和3,638.5億元，其中技術引進和消化吸收經費投入的比例為1：0.4[④]，在高技術產業中企業的技術引進經費支出與技術消化經費支出的比例也僅為1：0.2[⑤]，甚至低於工業整體平均水平，而韓國和日本的投入比例是1：5~8。這其中既有中國企業追逐短期利益，大量購買國外成套的、瀕臨淘汰的技術設備，而較少對引進的技術和設備進行消化、吸收和再創新的原因，也有在華外資高新技術企業大量引進國外成型技術，而幾乎

[①] 舒珺，等.基於中國科技創新現狀的科技人才優先發展戰略探析［J］.科技管理研究，2012（1）：110.
[②] 舒珺，等.基於中國科技創新現狀的科技人才優先發展戰略探析［J］.科技管理研究，2012（1）：110.
[③] 趙紅光.中國科技人才隊伍面臨的危機及對策［J］.中國科技論壇，2001（3）：63.
[④] 資料來源：根據《中國科技統計年鑒2011》相關數據整理得來。
[⑤] 資料來源：根據《中國高技術產業統計年鑒2011》相關數據整理得來。

不投入技術研發等原因。由於在技術引進過程中忽視了技術的消化、吸收和再創新或消化、吸收和再創新能力薄弱，技術的引進與消化、吸收嚴重脫節，導致中國部分產業的技術引進陷入了「引進、落後、再引進、再落後」的惡性循環，產業技術引進效率較低，產業技術空心化危機步步逼近，產業技術水平難以實現質的提升。

4. 科技轉化率低，產業總體技術水平不高

儘管近年來中國產業技術創新取得了較大成績，湧現了大量科技論文和科技成果，但由於中國科技成果轉化率不高，產業總體技術水平仍有待提高。一是科技成果轉化率不高。以農產品加工業為例，目前，發達國家科技貢獻率在70%以上，而中國農產品加工業整體科技貢獻率僅為30%~40%。其中飼料產業的科技貢獻率為45%，糧油儲運與加工的科技貢獻率為30%，畜產品加工業科技貢獻率不到30%。發達國家農產品加工業科技成果轉化率高達60%，而中國僅30%。發達國家的農業科技成果轉化率在65%~85%之間，而中國僅為30%~40%[①]。二是產業整體技術水平不高。據科技部調研情況分析，中國多數產業處於國際產業鏈的末端，技術水平、勞動生產率和工業增加值率都還比較低，產品附加值也很低。比如在鋼鐵產業，連軋、連鑄技術能夠在一定程度上反應行業的技術水平，但在中國申請的連軋專利中外國占48%，連鑄專利中外國占43%。在軟件行業，系統軟件和支撐軟件代表著軟件產業的技術能力和水平，但在中國軟件產品市場構成中，系統軟件和支撐軟件所占比例只有25.8%，應用軟件（通用、行業、嵌入式軟件等）則占到了74.2%。在船舶工業，一些關鍵技術至今仍處於空白落後狀態，高技術高附加值船舶產品設計領域與國外尚有較大差距。與日韓相比，中國造船業大約落後10年，而傳播配套業總體水平則大約落後20年，許多配套產品的性能、技術與國際產品相比落後了1~2代。[②]

5. 產業關鍵技術對外依存度大

在工業化過程中，中國為了縮小與發達國家之間的技術差距，採取了「以市場換技術」的戰略，使中國的產業技術水平得以較大程度的提高。但是，在關係企業核心競爭力和產業競爭優勢的關鍵技術方面，中國與發達國家之間的差距還很大。一方面，在中國的產業技術和設備中擁有自主知識產權的技術和設備較少。中國發明專利授權總量中國外授權量所占比重達到2/3，其

---

① 魯德銀. 中國農產品加工技術與發達國家的差距與政策 [J]. 科學管理研究，2005 (6)：93.
② 科學技術部專題研究組. 中國產業自主創新能力調研報告 [R]. 北京：科學出版社，2006：14.

中絕大部分集中在高科技領域。自主知識產權的匱乏，導致了中國許多產業領域的關鍵技術和設備嚴重依賴國外，成為中國產業轉型升級和進入國際市場的瓶頸。另一方面，中國工業領域所需的大量技術裝備，特別是高端技術和裝備主要依賴從國外進口。市場急需的高科技含量、高附加值的技術裝備和產品嚴重短缺，一些國民經濟和高端裝備製造領域所需的重要技術裝備均依賴從國外進口。據中國機械工程學會統計，目前中國全社會固定資產中設備投資的2/3依賴進口，裝備製造業產品每年的外貿逆差高達數百億美元；集成電路芯片製造裝備的85%，石油化工設備的80%，轎車製造業、數控機床和其他數字化機械（如紡織機械、多色膠印設備）的70%以上依賴進口。[1]

6. 技術創新的體制機制不健全

中國產業技術創新除了存在研發投入不足和基礎研發能力薄弱以外，還存在體制機制不健全的問題，表現為：一是國家有關技術創新的科技系統、產業系統、金融系統、外貿系統、法制系統等管理和服務部門之間還存在條塊分割、各自為政和缺乏協調統一等問題，支持技術創新的政績考核體系、產業安全體系等沒有建立或者支持力度還不夠，使得國家技術創新戰略的實施效果大打折扣，浪費了國家大量的人力、物力和財力資源。二是產學研合作機制不健全[2]。學校、科研機構和企業在價值取向、合作目標等方面存在較大差異，「高等院校與科研機構參與項目更看重的是項目完成後所發表的論文數量、質量及項目對職稱評審所發揮的作用，而企業則把焦點集中在項目的創新能否帶來良好的市場利益或是否有著可觀的市場前景等方面」[3]，這種目標的差異導致學校、科研機構和企業在合作過程中難以將項目進行到底，有的項目甚至是在合作開始階段就因為利益糾紛的而破產。即使合作成功，大部分科研成果也由於研發過程中企業參與度不夠、成本太高或工藝不夠先進而難以進行產業化。三是科技開發經費中競爭性科研經費和非競爭性科研經費比例不當。表現為競爭性科研經費比例太高和非競爭性科研經費比例相對降低，在目前國內科研體制和科技市場不健全的情況下，以及注重短期科研成果的激勵體制下，很容易造成一種過於注重短期性的、模仿性的科研現象，以及大量學術造假、簡單模仿等科研造假行為不斷產生，而具有更高科研價值的、長遠性的、基礎性

---

[1] 科學技術部專題研究組. 中國產業自主創新能力調研報告 [R]. 北京：科學出版社, 2006：15.
[2] 詹懿. 再工業化背景下的西部傳統產業升級研究 [J]. 現代經濟探討, 2012（2）：52-53.
[3] 袁勝軍, 黃立平, 劉仲英. 產學研合作中存在的問題及對策分析 [J]. 科學管理研究, 2006（6）：50.

的、關鍵共性技術的研究領域和研究成果很難產生，中國的新材料、高端裝備製造等戰略性新興產業和部分基礎性產業難以獲得實質性的發展。如根據中國科學報報導，發達國家複合材料在部分軍機上的用量早已超過50%，而中國軍用戰鬥機上的最大用量尚不足10%；在民用方面，美國大型客機波音787上的複合材料用量也超過了50%，而中國首架擁有自主知識產權的支線客機ARJ21使用的複合材料僅占飛機結構重量的2%①，很大程度上的原因就是中國基礎研究領域還很薄弱。

7. 技術創新文化不發達

一是有利於技術創新的文化氛圍還沒有形成，崇尚科學、勇於探索、平等競爭、鼓勵創新、寬容失敗等寬鬆的創新文化氛圍還沒有形成。二是官本位、權本位等阻礙技術創新的思想大量存在，導致技術創新資源的錯配和浪費。在「中國的創新領域，還存在較為嚴重的權本位、官本位現象，許多科研工作者，將專業研究作為自己升官或走仕途的手段，部分科研單位研究氛圍差，學術浮躁，真心想搞科研、研究水平較高的科技人員有相當一部分去了國外或外資企業，多數科技人員則只熱衷於搞一些短平快的項目，同時，科研人員改行搞行政的現象也很普遍。一些科研單位管理崗位多於科研崗位，行政人員多於科研人員。一些科研項目的招標，過於看重申請人是否有一官半職或學術頭銜，導致有職有權的學術官僚或權威課題做不完，而真正具有創新價值的研究得不到立項的現象相當普遍。」② 在官本位、權本位文化居主導地位的情況下，中國很難形成合理的創新的宏觀、微觀制度，科技政策也很難穩定，科研資源分配極易出現不合理現象。③ 在官本位、權本位思想居主導地位的情況下，一些科技官員或權威通過各種方式爭奪國家科研計劃或項目，而相當一部分潛心搞研究、搞創新的人員卻無法獲得經費支持，導致科研工作整體質量和效率無法提高，許多寶貴的科研經費就是在這種角逐中被錯誤配置，大量科技人員的時間和精力也因此被浪費掉。④ 並且部分基層創新單位還大量存在不重視創新研究本身、只重視立項和結項環節的現象，這些現象的存在不僅嚴重挫傷了科研人員的工作積極性，而且導致很多科研技術成果不具備應用價值。

---

① 中國科學報. 複合材料產業化的技術之惑 [EB/OL]. http://news.sciencenet.cn/htmlnews/2012/10/270960.shtm.
② 蔡兵. 自主創新能力不足與自主創新的文化、制度障礙 [J]. 學術研究, 2006 (2): 50-51.
③ 吳敬璉. 中國經濟增長模式抉擇 [M]. 上海：上海遠東出版社, 2006: 162.
④ 蔡兵. 自主創新能力不足與自主創新的文化、制度障礙 [J]. 學術研究, 2006 (2): 51.

5.3 中國現代產業體系發展進程中技術創新的模式選擇

5.3.1 技術創新模式選擇的影響因素分析

世界產業發展歷史證明，一國產業技術創新模式的選擇與該國國內技術創新的要素條件和環境密切相關，不同的技術創新要素條件和環境要求採取不同的技術創新模式，而且產業技術創新的模式選擇具有階段性特徵。隨著國家經濟發展水平的提高，國內產業技術創新的要素條件和環境也在發生變化，這種要素條件和環境的客觀變化要求國內產業技術創新的模式相應的發生改變，以適應國內產業技術發展的需要和外部競爭的需要。如美國國內擁有雄厚的科研資金、豐富的科研技術人才、一流的科研技術設備、自由平等和寬鬆的創新文化、數量和質量較高的風險投資基金、較為完善的技術創新體制機制、綜合實力很強的企業集團、在世界上處於技術領先的位置等，使得美國具有很強的產品創新（原始創新）能力和意願，適合選擇自主創新的技術創新模式。日本國內以企業為主體的科技投入格局、豐富的科研技術人才、一流的科研技術設備、企業內等級森嚴和保守創新文化、數量和質量較高的風險投資基金、以大企業為核心的技術創新體制機制、綜合實力很強的企業集團等，使得日本在基礎研究和自主創新方面難以與美國匹敵，而在過程創新、漸進性創新和模仿創新方面取得了巨大成功。可見，一國技術創新模式的選擇取決於各類不同的因素，具體可以分為以下三種：

1. 經濟因素

經濟因素包括供給和需求兩個方面，供給因素主要是指隨著國民經濟的發展，國家財政收入增加，產業總量的增大和產業鏈的延伸，產業的規模化發展和產業之間專業化分工協作程度的加深，企業綜合實力增強，企業用於技術創新的資金增加，人員素質提高，科研技術設備水平提高，技術創新投入逐漸增加，表現為政府在技術創新方面的教育經費和研究經費投入增加、各類配套政策更加完善、國家創新體系逐步成型、科技人才數量增加和質量提高，企業研發投入總量增加、投入增長速度加快、研發投入占銷售收入的比重逐年提高，各類發明專利、新技術、新產品和新工業不斷出現。需求因素主要是指隨著國家整體經濟水平的提高，在產業結構的優化升級和轉變經濟發展方式的目標指引下，促進傳統產業的改造升級和發展戰略性新興產業等高端產業和產業鏈高端環節，對技術創新提出了更多、更高的需求，表現為企業技術革新的動力和

壓力增大、獲取新技術的能力和需求增加。

2. 技術因素

技術因素主要包括三個方面：已有知識存量、新的科技投入和技術創新環境。已有知識存量包括國內受過中高等教育的成年人數量、擁有各類技術和知識的工程師和科學家的數量、擁有各領域專利數量等，已有知識存量是提升一國科技創新能力的基礎，工業革命期間德國之所以能夠在短時間內實現技術騰飛，與其國內存在大量的熟練技術工人和科學家密切相關。新的科技投入包括一國在人才、資金、技術設備等方面的投入，以及在基礎研究、應用研究等方面的投入，隨著世界科技的迅猛發展，技術更新的速度越來越快，一國產業競爭力和自主創新能力的強弱與科技投入高度相關，如在美國、日本等高新技術產業發展迅猛的國家，國內每年的人均研發投入都居於世界前列。技術創新環境包括國內技術創新的文化氛圍、是否存在有利於技術創新的制度安排，如美國國內寬鬆自由的創新環境使美國在原始創新方面獨占鰲頭，而日本國內較為嚴格的等級制使其在原始創新方面明顯弱於美國。因此，不同的技術因素將決定不同的技術創新模式。

在美國、日本的技術創新發展的歷程中，我們發現，從使用技術到改進技術再到創造技術的各個階段都有明顯的經濟和技術標誌。經濟標誌、技術標誌與工業化階段和技術發展階段之間存在著緊密的聯繫，如表 5-11 所示。

表 5-11　　　　　　　　技術創新發展階段的劃分標誌[①]

工業化階段	工業化前階段	工業化第一階段	工業化第二階段	工業化後階段
產業結構	第一產業在國民經濟中占主導地位，第二產業欠發達，現代工業尚處於萌發階段，第三產業基本上是消費型的。	第一產業占相大比重。第二產業比重明顯上升。第三產業開始加速發展，但仍具很大的消費性。	第二產業已占主導地位，比重大大超過第一產業，但質量尚未達到成熟程度。第三產業迅速發展，但仍低於第二產業比重。高技術產業崛起。	第一產業已顯微弱。第二產業開始下降。第三產業比重明顯上升，且超過第二產業。高技術產業成為支柱產業。
GNP	一般增長速度	有較高增長速度	穩定增長速度	穩定增長

[①] 肖洪鈞，張薇. 加入 WTO 後中國企業技術創新模式的選擇 [J]. 科學學與科學技術管理，2002 (5)：9.

表5-11(續)

工業化階段	工業化前階段	工業化第一階段	工業化第二階段	工業化後階段
經濟標誌 人均GNP	<300美元	300~2,000 美元	2,000~4,750 美元	>4,750美元
技術標誌 R&D/GNP	<1%	1%~2%	2%	2%
創新技術階段	使用技術為主	改進技術為主	創造技術為主	創造技術為主

資料來源：遠德玉，等. 中日企業技術創新比較［M］. 瀋陽：東北大學出版社，1994：310；高建. 中國企業技術創新分析［M］. 北京：清華大學出版社，1997：36. 轉引自：肖洪鈞，張薇. 加入WTO後中國企業技術創新模式的選擇［J］. 科學學與科學技術管理，2002（5）：9.

3. 文化因素

文化因素主要是指在技術創新過程中，一國的民族文化滲透到企業組織和各類科研機構和組織中所發揮的促進或抑制技術創新的作用，不同的民族文化對不同的技術創新模式所發揮的作用也不同。例如美國國內相對自由、民主、平等、寬容失敗、鼓勵競爭等民族文化和企業文化，對促進美國高新技術產業的發展和大量原始技術創新發揮了重要的作用。而日本國內尤其是企業內的集體主義、嚴格的等級制度、尊重權威、厭惡風險、愛面子、集團內部的相對封閉等因素，導致日本在原始創新方面效果不佳。可見，民族文化背景對選擇技術創新模式具有重要的影響力。

5.3.2 中國現代產業體系發展進程中技術創新模式的選擇

一國技術創新模式的選擇涉及很多內外部因素和環境，中國現代產業體系的發展既面臨缺乏高端產業的引領和關鍵技術、核心技術的支撐，又面臨資金實力、科研基礎、技術設備等與發達國家存在的較大差距等問題。一方面，在國內還存在大量資源密集型、勞動力密集型和資金密集型產業，而且這些產業中的技術水平、信息化水平還很低，資源利用效率不高、產品附加值低，關鍵技術對外依存度很大；另一方面，國內部分資金密集型和技術密集型產業由於缺乏關鍵技術和核心技術的支撐，產業競爭力不強，行業內大部分企業被迫處於產業鏈的低端環節，不得不淪為跨國公司的代工廠、加工基地和組裝廠。在這樣的背景下，中國現代產業體系發展進程中技術創新模式的選擇，既要解決高端裝備製造、新能源、新材料等高端產業的關鍵核心技術問題，又要為國內大量存在的資源密集型、勞動力密集型和部分資金密集型產業提供「二次工

業化」的技術支持，這就需要採用多元化的、複合型的技術創新模式。根據目前中國國內產業發展狀況和國外發達國家相關產業技術發展動態，筆者認為中國現代產業體系發展進程中的技術創新應該採取以下模式：即政府引導、以企業為主體、產學研相結合的，以自主創新為主，模仿創新和合作創新為輔的技術創新模式。

1. 模式的含義

政府引導、以企業為主體、產學研相結合的，以自主創新為主，模仿創新和合作創新為輔的中國現代產業體系複合型技術創新模式包含以下幾個方面的含義：

(1) 發揮政府的引導作用

政府作為技術創新的主體之一，在構建國家創新體系、促進基礎研究、培養研究人才等方面發揮著基礎性和決定性作用。儘管政府在促進技術創新過程中具有不可替代的作用，但是政府不能越俎代庖取代企業在技術引進、消化、吸收和再創新方面的主體作用。政府更多的是應該在承擔國家技術創新戰略規劃、國家創新體系的構建、國家基礎創新基金的投入和人才的培養、制定促進企業技術創新的政策和措施等方面發揮主導作用，引導企業技術創新的投入和發展方向與國家整體技術創新發展方向相一致，最大限度地發揮政府在國家技術創新過程中的基礎性作用和企業在具體技術的選擇、投資、人才培養、合作模式等方面的主體作用。

(2) 構建以企業為主體的技術創新體系

企業是國民經濟的細胞，也是技術創新的研發主體、應用主體和受益主體，是實現技術從研發、試製、定型、生產、銷售的重要載體。構建以企業為主體的技術創新體系目標在於理順產學研各方的利益關係，減少因三方各自為政導致的在目標和利益方面的衝突，降低三方合作過程中的交易成本，提高技術創新體系的運行效率，盡快實現技術的產業化。因此，應該發揮企業在項目立項、資金投入、成果應用等方面的主體作用。

(3) 複合型技術創新模式

美國和日本等發達國家產業發展的歷史證明，處於不同的歷史發展階段的同一個國家和處於同一歷史發展階段中的不同國家，由於國內的科技理論水平、基礎應用研究、科技人才累積、國家經濟實力等不同，往往會採取由不同的技術創新模式組成的複合模式，關鍵是要能夠充分發揮國內的科技、人才、資金等資源的優勢，在最短的時間內獲得先進技術成果，並以此獲得產業競爭優勢。中國特殊的國情決定了中國在發展現代產業體系過程中不能採取單一的

技術創新模式，而必須採取多主體參與、多手段結合、多目標方向、多層次結構等組成的複合型技術創新模式。

2. 模式的構建依據

（1）技術創新的公共性決定了必須發揮政府的引導作用

技術創新由於具有知識的外溢性而被作為一種公共品或準公共品，它不僅促進了企業技術水平的提升、產品結構的升級和產品競爭力的增強，而且通過其知識的擴散效應，促進了一批新興產業的產生和傳統產業的改造升級，帶動了產業技術水平的升級、產業競爭力的提升和產業結構的優化升級，這些外部性決定了技術創新的成本不應由企業單獨承擔，而且隨著技術開發難度和成本的增加，政府越來越應該在部分發展階段和部分領域發揮技術創新的基礎性作用。

（2）自主創新是破除中國產業低端鎖定的關鍵

目前，中國現代產業體系的發展正處於關鍵時期，一方面通過引進國外先進技術、外商投資、合資合作、外部收購等形式，使中國產業技術水平得以很大提高；另一方面中國現代產業體系的發展越來越缺乏高端製造業等實體產業的支撐引領，以往的靠引進國外成套技術的模式已經不能滿足中國高端產業發展的需要，而且產業技術越是發展到高級階段，產業技術的競爭越激烈，技術獲取的難度越大。在發達國家，跨國公司通過惡意兼並收購、知識產權保護、技術封鎖等手段，企圖摧毀中國研發能力較強的龍頭企業，依託知識產權大肆搜刮中國產業企業利潤，企圖使中國企業無力支持核心技術研發，把中國企業的自主創新扼殺在襁褓之中，利用威逼利誘等形式迫使本國高新技術企業和其他國家企業對華實施技術封鎖，企圖把中國的產業永遠鎖定在產業鏈的低端，以維持繼老殖民主義體系以來的「新殖民主義體系」。因此，在這種嚴峻的國內外發展形勢下，中國要構建完整的現代產業體系，必須大力發展高端裝備製造業、新材料等高端產業，必須開發出具有自主知識產權的核心技術和關鍵技術，必須在部分領域實施自主創新的發展模式。

（3）模仿創新符合中國目前產業發展實際

目前，中國經濟總體發展水平不高，與發達國家還存在很大的差距，尤其是國內企業在資金實力和科研實力方面與發達國家跨國公司還存在較大差距，國家整體科研基礎和實力與發達國家存在較大差距，產業技術水平也與發達國家存在很大差距，通過引進、消化、吸收、再創新的方式縮小與發達國家之間技術差距的空間還很大。在這樣的條件下，如果片面的實施自主創新（原始創新），中國不僅在資金方面難以承受，而且在研究人員和設施方面也難以保

證,還不能充分發揮中國的「後發優勢」。因為自主創新具有以下特徵:第一,自主創新企業不僅要投入巨資進行技術的研發,還必須擁有實力雄厚的研發隊伍。第二,自主創新具有高風險性和創新週期長的特點,研發的成功率偏低。據統計,在美國基礎性研究的成功率僅為5%,在應用研究中有50%能獲得技術上的成功,30%能獲得商業上的成功,只有12%能給企業帶來利潤。第三,市場開發難度大、時滯性強,市場開發投入收益較易被跟隨者無償佔有。①

3. 模式的構建途徑

(1) 加強政府的規劃引導作用

美國、日本等發達國家在實現產業技術升級的過程中,政府均發揮著不可替代的作用,有的甚至實施了強烈的政府干預措施。中國目前正處於產業發展的加速時期,應該借鑒日本等發達國家的經驗,合理發揮政府在技術創新過程中的規劃引導作用,集合各種力量共同致力於中國的技術創新。一是重視國家技術創新戰略規劃的制訂,為企業的技術創新以及高校和科研院所的人才培養指明方向;二是發揮政府的技術創新資金投入方面的槓桿作用,引導企業和社會技術創新資金的投向;三是制定鼓勵企業和科研機構進行技術研發的優惠政策和措施,提高企業和科研機構技術創新的積極性。

(2) 構建以企業為主體的技術創新體系

構建以企業為主體的技術創新體系需要從多方面著手,從外部機制看,必須深化管理體制改革,實現政企分開和政資分開,依靠政策傾斜、法律保護和市場培育等手段,真正使企業成為技術創新投資主體、利益主體、風險主體、研究開發主體和決策主體。從內部機制看,加快推進企業產權及現代企業管理制度改革,清除研究開發投入的體制障礙,增強企業技術創新的內在動力。為促進企業自主創新體系的建設與發展,政府要支持企業建立和完善研發中心,鼓勵企業建立技術中心,設立專項基金對中心人員培訓。②

(3) 積極探索多種技術創新模式及組合

一國在由落後國家發展成為現代化國家的過程中,都不是採用單一的、一以貫之的技術創新模式,而是在綜合衡量國家的經濟發展水平、技術創新實力、外部技術競爭環境等內外部因素的條件下,階段性的採用一種或幾種技術創新模式。針對中國目前產業技術水平參差不齊的狀態、與國外技術差距較大

---

① 馮德連. 研發國際化趨勢下中國技術創新模式的選擇 [J]. 財貿經濟, 2007 (4): 43.
② 肖海晶. 國外技術創新模式及對中國的啟示 [J]. 學習與探索, 2006 (6): 210.

和外部技術封鎖的格局，應該採取多個層次、多重手段和多種戰略的技術創新模式。一是在新能源、新材料、納米技術、新一代信息技術、高端裝備製造業等新興產業領域和軍工產業領域，其核心和關鍵環節要立足於自主創新，在非關鍵環節可以適量採用引進、消化、吸收和再創新的形式，以提高中國產業或企業在新興產業市場的競爭力和搶占新興產業「制高點」的能力，為中國在第四次科技革命中贏得先機和確保中國國防工業的獨立發展能力；二是在傳統產業的關鍵技術環節應採用自主創新的模式，以削弱發達國家跨國公司對中國傳統產業的技術壓制和利潤剝削，提高中國傳統產業向產業鏈高端升級的能力；三是在傳統產業中的非關鍵和核心技術領域，可以並且應該採用設備引進、專利引進或引進、消化、吸收和再創新的模式，一方面可以節約技術改造資金，另一方面可以迅速實現傳統產業技術的改造升級，縮小與發達國家的差距，提高傳統產業產品在國際市場上的競爭力。

5.4 中國現代產業體系發展進程中技術實現的重點

5.4.1 高端裝備製造技術

高端裝備製造業是現代產業體系中的核心產業，其發展水平高低直接關係一國工業企業的核心競爭力以及國家的經濟和國防安全，該產業具有產業技術含量高、產業關聯效應強、產品附加值高、成長空間大等突出特點，是裝備製造業的高端環節，是產業鏈的核心環節，其發展水平是衡量一國工業現代化程度和綜合國力的重要標誌。雖然中國裝備製造產業規模位居世界第一，超過美國和日本兩大製造國，然而中國裝備製造業的發展領域還停留在產業鏈的低端，前端研發設計與後端的銷售環節都受制於人，自主創新能力薄弱、缺乏核心技術，高端裝備製造業的發展急需解決技術難題。根據中國「十二五」期間轉變經濟發展方式和實現工業轉型升級的目標，中國將在高端裝備製造業領域著重發展以下技術[①]：

（1）航空裝備技術。以初步形成具有國際水平的航空研發和生產體系，形成國產飛機整機集成和關鍵部件研製生產能力，航空產業融入世界航空產業鏈為目標。加快實施大型飛機科技重大專項，開展大型商用渦扇發動機研製。

[①] 資料來源：國務院關於印發「十二五」國家戰略性新興產業發展規劃的通知 [EB/OL]. http://www.gov.cn/zwgk/2012-07/20/content_2187770.htm.

加強飛機和直升機總體設計和試驗，加強航空新材料及其零部件製造、航空設備及系統、新型渦軸發動機、適航、空管系統等關鍵技術研發。

(2) 衛星及應用技術。以初步建成對地觀測、通信廣播、導航定位等衛星系統和地面系統構成的空間基礎設施，建立健全應用服務體系，形成衛星製造、發射服務、地面設備製造及衛星營運服務的完整產業鏈為目標。突破衛星長壽命高可靠、先進衛星平臺、新型衛星有效載荷、衛星遙感定量化應用、高精度衛星導航、寬帶衛星通信、重型運載火箭、空間信息綜合應用等關鍵技術，發展綜合業務衛星系統；促進平流層飛艇、空間天氣預報等關鍵技術攻關。

(3) 軌道交通裝備技術。以掌握先進軌道交通核心技術，全面實現軌道交通裝備產品自主設計製造，建成產品全壽命週期服務體系為目標。實施先進軌道交通裝備及關鍵部件創新發展工程；完成交流傳動快速機車、大軸重長編組重載貨運列車技術研究；推進綜合檢測列車、高寒動車組、城際列車、智能列車的研製工作，實現動車組及交流傳動機車產品譜系化，逐步完善中低速磁懸浮自主創新技術，基本掌握高速磁懸浮導向和牽引控制、大型養護設備製造等關鍵技術；開發現代有軌電車；開發新型列控系統、安全綜合檢測等關鍵技術。

(4) 海洋工程與裝備技術。以實現深水海洋工程裝備的自主設計建造和關鍵設備配套能力，基本形成自主的深水資源開發裝備體系為目標。實施海洋工程裝備產業創新發展工程，基本掌握主要海洋油氣開發裝備自主設計建造技術，提高關鍵設備和系統配套能力。突破海洋風能利用工程建設裝備、海洋觀測監測儀器設備及系統、水面支持系統、水下作業與保障裝備的關鍵技術。積極開展深海工作站、海上大型浮式結構物等海洋可再生能源利用、海底金屬礦產資源開發裝備等前瞻性技術的研發。

(5) 智能製造裝備技術。以建立健全具備系統感知和集成協調能力的智能製造裝備產業體系為目標，加快實施高檔數控機床與基礎製造裝備科技重大專項。加強新型傳感、高精度運動控制、優化控制、系統集成等關鍵技術研究及公共服務平臺建設；提高新型傳感器、智能化儀表、精密測試儀器、自動控制系統、高性能液壓件、工業機器人等典型智能裝置的自主創新能力。

5.4.2 新材料技術

新材料技術是現代工業和高技術發展中的關鍵技術，新材料產業是中國現代工業體系中的基礎產業，新材料技術的發展水平是體現中國工業技術水平的

重要標誌之一。由於新材料技術對其他領域的發展起著引導、支撐和相互依存的關鍵性作用，具有優異性能或特定功能的高性能新材料已成為發展信息、航天、能源、生物等高技術的重要基礎材料，直接關係到中國裝備製造業的發展潛力。中國在「十二五」期間要實現工業轉型升級的目標，很大程度上也要依靠中國材料技術水平的升級。因此，「十二五」期間中國新材料產業應該以中國高端裝備製造和國家重大工程建設對新材料的需求，掌握新材料領域尖端技術和應用器件的規模化生產技術，構築完整產業鏈、提高高端功能材料及產品的市場競爭力，打破國外壟斷，進一步提高國產高端新材料的自給率為目標，重點發展以下技術[①]：

（1）新型功能材料技術。大力發展稀土永磁、發光、催化、儲氫等高性能稀土功能材料和稀土資源高效綜合利用技術。積極發展高純稀有金屬及靶材、原子能級鋯材、高端鎢鉬材料及製品等，加快推進高純硅材料、新型半導體材料、磁敏材料、高性能膜材料等產業化。著力擴大丁基橡膠、丁腈橡膠、異戊橡膠、氟硅橡膠、乙丙橡膠等特種橡膠及高端熱塑性彈性體生產規模，加快開發高端品種和專用助劑。大力發展低輻射鍍膜玻璃、光伏超白玻璃、平板顯示玻璃、新型陶瓷功能材料、壓電材料等無機非金屬功能材料。積極發展高純石墨、人工晶體、超硬材料及製品。

（2）先進結構材料技術。以輕質、高強、大規格為重點，大力發展高強輕型合金，積極開發高性能鋁合金，加快鎂合金制備及深加工，發展高性能鈦合金、大型鈦板、帶材和焊管等。以保障高端裝備製造和重大工程建設為重點，加快發展高品質特殊鋼和高溫合金材料。加強工程塑料改性及加工應用技術開發，大力發展聚碳酸酯、聚酰胺、聚甲醛和特種環氧樹脂等。

（3）高性能複合材料技術。以樹脂基複合材料和碳碳複合材料為重點，積極開發新型超大規格、特殊結構材料的一體化制備工藝，推進高性能複合材料低成本化、高端品種產業化和應用技術裝備自主化。加快發展高性能纖維並提高規模化制備水平，重點圍繞聚丙烯腈基碳纖維及其配套原絲開展技術提升，著力實現千噸級裝備穩定運轉，積極開展高強、高模等系列碳纖維以及芳綸開發和產業化。著力提高專用助劑和樹脂性能，大力開發高比模量、高穩定性和熱塑性複合材料品種。積極開發新型陶瓷基、金屬基複合材料。加快推廣高性能複合材料在航空航天、風電設備、汽車製造、軌道交通等領域的應用。

---

① 資料來源：國務院關於印發「十二五」國家戰略性新興產業發展規劃的通知 [EB/OL]. http://www.gov.cn/zwgk/2012-07/20/content_2187770.htm.

5.4.3 新能源技術

中國作為世界上的人口第一大國，人們的生存和發展決定了對生產性和生活性能源需求量較大。並且隨著中國工業化（尤其是重工業化）進程的推進和中國作為「世界工廠」的客觀現實，在中國重工業化發展階段沒有成功走完，即製造業整體技術水平沒有實現質的提高之前，中國國內對能源的需求還將走過一段高速增長時期。在傳統的石油、煤炭、水電等不可再生能源有限的情況下，以及在石油等能源對外依存度較高的背景下，開發可再生的、可替代的新能源將成為中國今後促進經濟增長和轉變經濟發展方式的重要選擇。因此，中國應該在以下幾個產業發展新能源技術：①

（1）核電技術產業。以掌握先進核電技術，提高成套裝備製造能力，實現核電發展自主化為目標。加強核電安全、核燃料後處理和廢物處置等技術研究，在確保安全的前提下，開展第二代核電安全運行技術及延壽技術開發，加快第三代核電技術的消化吸收和再創新，統籌開展第三代核電站建設。實施大型先進壓水堆及高溫氣冷堆核電站科技重大專項，建設示範工程。研發快中子堆等第四代核反應堆和小型堆技術，適時啟動示範工程。發展核電裝備製造和核燃料產業鏈。

（2）風能產業。以增強大型風電機組整機和控制系統設計能力，提高發電機、齒輪箱、葉片以及軸承、變流器等關鍵零部件開發能力等為目標。建立風電技術研發機構，突破風電整機設計以及軸承、變流器和控制系統製造技術與裝備瓶頸。開發與中國氣候和地理特點相適應的風電技術和裝備，3~5兆瓦大型整機、新型風電機組及其關鍵零部件實現產業化，滿足陸地、海上風電場建設需要。

（3）太陽能產業。以提高太陽能電池轉化效率、器件使用壽命和降低光伏發電系統成本，推進建築一體化光伏發電應用，建立具有國際先進水平的太陽能發電產業體系等為目標。重點開發太陽能利用裝備生產新工藝和新設備、提高太陽能光伏電池轉換效率、降低電池組件成本關鍵技術；發展以太陽能光伏發電為主的分佈式能源系統；開發太陽能光伏發電新材料、新一代太陽能電池、太陽能熱發電和儲熱技術，太陽能熱多元化利用技術、制冷和工業應用技術，風光儲互補技術等；開發儲能技術和裝備。

---

① 資料來源：國務院關於印發「十二五」國家戰略性新興產業發展規劃的通知 [EB/OL]. http://www.gov.cn/zwgk/2012-07/20/content_2187770.htm.

（4）生物質能產業。以擴大生物質能範圍，提高生物質能利用效率等為目標。推進大型自動化秸稈收集機械、以有機廢棄物為原料的小型可移動沼氣提純罐裝設備研發與推廣；支持高效生物質成型燃料加工設備和生物質氣化設備研發及產業化；完成兆瓦級低熱值燃氣內燃發電機組和兆瓦級沼氣發電機組的產業化；建成 10 萬噸級甜高粱乙醇示範工程；加強生物能源植物原料的育種與產業化；實現低成本纖維素酶、微藻生物柴油技術突破。

5.4.4 新一代信息技術

新一代信息技術產業是中國戰略性新興產業重點發展的七大產業之一，也是中國現代產業體系中的先導產業之一，它具有創新活躍、滲透性強、帶動作用大等特點。中國正處於信息化與工業化融合推進的關鍵時期，新一代信息技術產業的發展將為中國信息化和工業化的融合提供「工具性」支撐力量。而且在信息化時代，隨著雲計算、物聯網、移動互聯網、新一代移動通信等新興業態的發展，極大地方便了人們的生產生活，提高了產業間分工協作效率。不僅如此，新一代信息技術產業的發展還將成為中國國防現代化發展的基礎力量。因此，中國應該從以下幾個方面大力發展新一代信息技術：①

（1）下一代信息網絡技術。以系統掌握新一代移動通信、數字電視、下一代互聯網、網絡與信息安全及智能終端等領域的核心關鍵技術，形成衛星移動通信服務系統，產業發展能力達到國際領先水平為目標。實施物聯網與雲計算創新發展工程；加快 IPv4/IPv6 網絡互通設備，以及支持 IPv6 的高速、高性能網絡和終端設備、支撐系統、網絡安全設備、測試設備及相關芯片的研發和產業化，加強 TD-SCDMA、TD-LTE 及第四代移動通信（4G）設備和終端研發，加快高性能計算機、高端服務器、智能終端、網絡存儲、信息安全等信息化關鍵設備的研發和產業化。推進數字電視下一代傳輸演進技術、接收終端、核心芯片、光通信、高性能寬帶網等研發和產業化，推進三網融合智能終端的產業化和應用，建立廣播影視數字版權技術體系。

（2）電子核心基礎技術。以掌握新一代半導體材料及器件的製造技術，集成電路設計、製造、封裝測試技術達到國際先進水平，實現關鍵專用設備、儀器和材料研發和產業化發展等為目標。加快實施核心電子器件、高端通用芯片及基礎軟件產品科技重大專項和極大規模集成電路製造裝備及成套工藝科技

---

① 資料來源：國務院關於印發「十二五」國家戰略性新興產業發展規劃的通知［EB/OL］. http://www.gov.cn/zwgk/2012-07/20/content_2187770.htm.

重大專項，重點開發移動互聯、數模混合、信息安全、數字電視、射頻識別（RFID）、傳感器等芯片，推動 32/28 納米先進工藝產業化，支持射頻工藝、模擬工藝等特色工藝開發，大力發展先進封裝和測試技術，加強 8~12 英吋生產線關鍵設備、儀器、材料的研發。支持半導體與光電子器件新材料制備技術，高世代 TFT-LCD 生產線工藝、製造裝備及關鍵配套材料制備技術，高清晰超薄 PDP 及 OLED 等新型顯示技術，以及新型電力電子器件關鍵技術的開發。

（3）高端軟件和新興信息服務技術。以攻克系統軟件核心關鍵技術，重要應用軟件的技術水平和集成應用能力顯著提升，自主知識產權的系統、工具、安全軟件對產業的帶動力和輻射力顯著增強。掌握網絡信息服務關鍵應用和基礎平臺技術，基本形成高端軟件和信息技術服務標準體系，基本形成具有較強創新能力的軟件和信息技術服務產業體系等目標。重點開展移動智能終端軟件、網絡化計算平臺與支撐軟件、智能海量數據處理相關軟件研發和產業化。組織實施搜索引擎、虛擬現實、雲計算平臺、數字版權等系統研發。推進信息安全關鍵產品研發和產業化。加強計算機輔助設計與製造、智能化管理等工業軟件研發。鼓勵電子政務、金融、電信、保險、交通、廣播電視等領域重大信息系統的自主研發。加強在信息系統諮詢設計、集成實施、系統運維、測試評估等領域支撐技術研發。組織實施數字內容共性關鍵技術攻關和產業化。加強生物特徵識別與身分認證技術的研發與應用。

5.4.5　農產品深加工技術

農業是國民經濟的基礎產業，也是各產業中的「短板」產業。在中國這樣一個農業在國民經濟中占重要地位的國家，只有農業實現了現代化，整個現代產業體系才算實現了現代化。而「農產品加工業是國民經濟的支柱產業，其前端是連接城鄉居民的最終消費，其發展狀況決定著城鄉居民日益增長的多層次、多樣化的新需求的滿足程度，其後端是農業產業鏈的延伸和發展，對提高農產品附加值、壯大縣域經濟、調整農業產業結構、促進就業、擴大內需、增加農民收入、穩定農產品價格等具有重要意義」[①]。因此，發展適合中國國情的農產品精深加工技術對提高中國農業現代化水平具有重要作用。農產品加工需要與育種、種植、加工、供銷等部門互相配合，才能健康發展。因此，中

---

① 詹懿. 轉變經濟發展方式背景下的西部特色農產品加工業發展研究［J］. 經濟問題探索，2012（7）：117.

國農產品深加工技術將重點發展以下六個方面的技術或技術體系[①]：

（1）原料主產地加工技術。重點開展糧油、果蔬、肉製品等主要農產地的深加工關鍵技術與設備的研究，如糧食烘干技術與成套設備；在飼料加工方面的新型表面活性劑、助劑和添加劑等技術；畜禽產品優質加工技術、水產品精深加工與綜合利用技術；乳品加工與質量監測的高新技術，如生化技術中利用乳酸菌、雙歧杆菌等發酵技術；在中藥材、肉食製品、糧油加工上廣泛使用微電子技術。

（2）專用原料加工技術。優先開發大宗農產品的精深加工工藝、技術和裝備，以提高專用農產品的加工率和產品附加值。如專用優質強筋小麥和弱筋小麥深加工技術、專用飼用玉米和加工玉米深加工技術，陸地長絨棉和中短絨棉深加工技術、高油大豆深加工技術、「雙低」油菜深加工技術、「雙高」甘蔗深加工技術、無公害橙汁深加工技術、優質專用蘋果深加工技術、大米加工過程中的免淘米技術、大米拋光技術，等等。

（3）產後初加工技術。產後初加工技術主要是為了提高農產品的產後初加工率，降低農產品的產後損失率。其包括農產品分級篩選技術、產後保鮮技術（氣流對撞干燥技術、冷殺菌技術）、產後的常溫貯藏、預冷貯藏和低溫貯藏技術等。

（4）農產品加工過程中的高新技術。農產品加工過程中的高新技術的利用主要是為了提高農產品資源利用率、提高產品附加值，這是提高中國農產品加工業技術水平的重要手段。如超臨界流體蒸餾技術、澱粉修飾技術、超臨界流體萃取技術、超細微粉碎技術、質構重組技術、真空冷凍干燥技術、計算機圖像處理技術、微波殺菌和干燥技術、遠紅外加熱技術、無菌包裝技術、超高壓加工技術、超高壓殺菌技術、生化檢測技術、輻射和化學保鮮技術、螺旋擠壓技術、微生物快速檢測技術、非金屬異物檢測技術、微膠囊技術等。

（5）農副產品綜合利用技術。農副產品綜合利用技術主要用於提高農產品綜合利用效率。如植物性蛋白提取加工技術、單細胞蛋白生產技術、棉籽和菜籽餅中提取植物性蛋白、大豆蛋白的提取與加工和果蔬綜合利用技術等。

（6）無污染循環技術。農產品加工無污染循環技術主要包括清潔生產技術、副產品利用技術和循環技術，主要用於降低農產品加工對環境的污染。如研究開發菜籽、棉籽、豆餅等餅粕的脫毒及氨基酸、蛋白質分離提取技術；研

[①] 魯德銀. 中國農產品加工技術與發達國家的差距與政策［J］. 科學管理研究，2005（6）：95-96.

究蘋果和柑橘渣、皮提取香精、色素技術；利用澱粉生物發酵技術開發化工原料、生產可降解塑料；農作物秸秆綜合加工利用技術；利用纖維素酶對農業副產物和廢棄物進行處理加工，等等。

5.4.6　現代育種技術

育種（Breeding）是人類對野生生物或現有品種進行改造，創造自然界所未有的新品種的過程，其實質是人為干預下的物種進化[1]。現代育種技術是指通過運用各種現代生物理論對原有品種進行改進的工具、手段和方法等的總稱。中國作為世界上人口最多和典型的人多地少的國家，能否保證足夠的糧食食品供給數量和質量，直接關係到中國農業產業安全、人民生活水平的提高、國家經濟安全和政治穩定。因此，選擇和培育適合中國居民體質和地理特徵的中國自己的動植物品種和技術，對保證中國今後工業化、城鎮化和農業現代化發展具有重要意義。今後一段時間，中國應該重點發展以下方向的現代育種技術：

（1）植物物種資源及其現代育種技術。以系統生物學和功能基因組學為系統理論和技術基礎，在逐步完善高通量分子標記技術、無選擇標記轉基因技術、轉基因高效和穩定表達技術、轉基因時空表達技術以及多基因轉化技術的基礎上，通過應用分子設計育種技術，創制出具有理想株型、高光能利用率、品質優良、持久和多抗性的作物新品種，實現大幅度穩定提高單產的目標。通過充分發掘基因資源，利用轉基因等分子育種技術培育耐鹽鹼、瘠薄和高養分利用率的專用新品種，充分利用中國鹽鹼地資源、肥料報酬遞減和環境惡化問題，提高中低產田糧食產量。通過分子設計技術研發和創制耐儲糧食品種、健康功能性作物、醫藥用途植物、特殊環境功能性作物、環境友好型植物和功能園藝植物[2]，發揮其在促進健康、減少污染、防治疾病等方面的積極作用。

（2）植物物種資源及其現代育種技術。運用系統生物學、功能基因組學、生物信息學、遺傳學和養殖生態學等理論和知識，在重要畜禽水產動物分子設計育種的技術基礎研究方面，以自主知識產權功能基因的大規模發掘與克隆為基礎，通過發展分子設計育種的性控育種技術、多性狀育種分子設計技術、智能動物分子設計育種技術和多功用的分子設計育種技術，並與傳統育種技術相結合，培育出蛋白質含量高、產肉率高、產奶量高、飼料轉化率高或抗病力強

---

[1] 陳建武，龍華.現代育種理論和育種技術的新思路[J].現代農業科學，2008（3）：3.
[2] 中國科學院農業領域戰略研究組.中國至2050年農業科技發展路線圖[M].北京：科學出版社，2009：46-60.

的豬、牛、羊、雞以及淡水和海水魚、蝦、貝等主要養殖動物新品種。在培育抗病新品種方面，通過發展特定病原特效疫苗制備技術、特效藥物研製與防控技術、無病原滋生的免疫控制技術、養殖環境生態調控技術和高效的生態管理技術等，實現高效的、無病害的集約化養殖，提供健康安全的畜禽水產品。[①]

5.5 中國現代產業體系發展進程中技術創新的對策措施

5.5.1 加大技術創新投入力度

按照《中華人民共和國科學技術進步法》的要求，保證科技經費的增長幅度明顯高於財政經常性收入的增長幅度，逐步提高財政性科技投入占國內生產總值的比重，發揮政府在基礎研究、前沿技術研究、社會公益研究、重大共性關鍵技術研究等公共科技活動領域的主導作用。整合現有的科技發展資金，改進資金使用方式，提高資金使用效率；設立高新技術產業專項補助資金，重點支持一批技術先進、能形成自主知識產權、產業化前景良好的高新技術企業；對經認定的國家級和省市級技術研究開發機構與國家工程中心、國家重點實驗室等給予資助；安排專項經費，鼓勵企業研製具有自主知識產權的國際標準、國家標準和行業標準；資助科技型企業申請國內外發明專利；在國家稅法規定範圍內，通過稅收優惠支持企業加大研究開發投入[②]。同時，要通過加快實施消費型增值稅、鼓勵企業建立技術研究開發專項資金制度、允許企業加速研究開發儀器設備的折舊等優惠政策鼓勵和引導企業增加技術創新經費投入，降低企業研發成本、提高企業研發投入積極性。

5.5.2 加快技術創新人才隊伍建設

由於中國在科研資金投入、研究儀器設備、研究人員工資福利水平等與國外存在一定差距，導致大量技術創新人才流失到海外。因此，為增強中國產業技術創新能力，提高中國產業技術水平，還必須從培養、引進與留住人才三個方面促進人才隊伍建設。一是利用企業內部關鍵技術崗位上「干中學」的方

---

① 中國科學院農業領域戰略研究組.中國至2050年農業科技發展路線圖 [M].北京：科學出版社，2009：75-78.

② 劉國新，李興文.國外技術創新過程中的政府作用分析——對中國實施自主創新戰略的啟示 [J].當代經濟管理，2006（12）：116.

式和企業與科研院所聯合培養等方式培養一批技術領軍人才和創新人才。二是通過聘請技術專家顧問、設立博士後流動站或工作站等方式引進一批技術專家和骨幹。三是實施以人為本的人才戰略，在工作崗位、子女入學、住房等方面給予優惠，營造以工作留人、事業留人的良好環境。①

5.5.3 積極探索多種有效的技術創新模式

產學研合作模式是在世界科技迅猛發展的背景下，提高科技成果研發速度及其研發成果產業化速度的有效途徑。基於目前中國產學研合作過程中存在合作主體利益不一致、合作模式單一等問題，應充分發揮中國高校和國有研究機構的研發優勢，積極探索多種產學研合作模式。第一，建立健全以企業為主體的產學研合作模式。企業作為獨立的經營主體，基於激烈的市場競爭壓力和獲得超額利潤的動力以及企業長遠發展的戰略考慮，能夠而且應當成為技術創新的主體。以企業原有產品和技術的改進以及新產品新技術的開發應用為目標，發揮企業在資金投入、人員組織、項目申請、成果試製等方面的主體作用，理順各參與主體之間的利益關係，實現產學研合作機制的順暢運行，提高合作體系的運行效率。第二，積極探索各種有效的科技成果產業化模式。一是繼續探索更加有效的以企業為主體的產學研合作模式。二是積極探索以科研院所為主體的科技成果產業化模式。即以科研院所的實驗設備和研究人才為基礎，尤其是要發揮中國大量科技實力強的高校和國有研究機構的主體作用，依託其研究成果成立下屬科技企業，通過引進戰略合作者、創業板上市等途徑實現科研成果的產業化，實現由單一的「產—學—研」合作模式向「產—學—研」和「學—研—產」等多種合作模式轉變，不斷提高中國的產業技術創新能力。②第三，通過兼並收購的方式獲取國外先進技術設備，實現產業技術水平的升級。如中國機床行業就通過企業兼並收購的形式使部分機床企業獲得了國外企業的先進技術，實現了中國機床技術設備水平的較大提升，如表5-12所示。

表5-12　中國機床行業收購國際先進機床企業基本情況統計

被收購方	收購方	控股比例(%)	被收購方情況
德國茲默曼有限公司	大連機床集團	70	創建於1938年，主要生產龍門式數控銑床、數控床身式銑床和銑削中心

---

① 詹懿. 再工業化背景下的西部傳統產業升級研究 [M]. 現代經濟探討，2012 (2)：54.
② 詹懿. 再工業化背景下的西部傳統產業升級研究 [M]. 現代經濟探討，2012 (2)：54.

表5-12(續)

被收購方	收購方	控股比例(%)	被收購方情況
美國英格索爾生產系統公司	大連機床集團	—	已有115年歷史，主要生產專用機床及集成製造系統、高速加工中心、柔性生產線及柔性生產系統等
美國英格索爾曲軸加工系統公司	大連機床集團	—	世界六大曲軸設備製造公司之一
希斯公司	沈陽機床集團公司	100	已有140多年歷史，主要生產落地鏜銑加工中心、立式車銑加工中心和大型龍門車銑中心
聯合美國工業公司	秦川機床股份公司	60	集拉削工藝、拉刀、拉到莫和拉床技術於一身，包含三家子公司
德國沃倫貝格公司	上海精明機床公司	53.6	德國著名重型數控車床和數控專用機床生產企業
日本池貝公司	上海精明機床公司	65	創建於1889年，主要生產立（臥）式數控車床和立（臥）式加工中心

資料來源：申銀萬國證券研究所整理。轉引自：趙豐義. 中國裝備製造業技術創新路徑優化研究 [M]. 北京：中國社會科學出版社，2010：124.

5.5.4 理順技術創新的體制機制障礙

「創新需要對生產要素進行新組合，而能否促使人們去努力實現新組合，主要取決於社會能否提供相應的文化氛圍和制度保障。創新的文化並不能自動發揮作用，它需要通過合理的制度體系，將對創新的需求信息、機會、資源傳導或分配給廣大專家和民眾，並保證創新之間的公平競爭，消除創新之間由於競爭壓力導致的壓制，或將壓制限制在一個很小的範圍。」[1] 中國在發展現代產業體系的過程中，要實現產業技術水平的順利提升，必須理順制約中國技術創新的體制機制。一是要設計好中國技術創新的「頂層設計」，做好中國技術創新的戰略規劃和分步實施目標，對相關主管和服務部門之間的管理和協調工作作出明確的界定。二是通過探索多種技術創新實現模式理順產、學、研之間的利益關係。三是改革國有企業業績（尤其是技術型國有企業）考核指標體系，增加自主創新方面的考核指標，提高科技貢獻在企業員工績效工資中的比

---

[1] 蔡兵. 自主創新能力不足與自主創新的文化、制度障礙 [J]. 學術研究，2006（2）：48-49.

重，以促進企業和員工更加注重自主創新和長遠發展。四是改革地方政府政績考核指標體系，增加區域產業技術創新水平、民族企業市場競爭力等指標，使地方政府更加注重產業技術創新在地方經濟發展中的作用。五是理順科研院所和高校等機構的科研機制，既要發揮非競爭性科研經費在促進基礎研究方面的「保障性」作用，又要發揮競爭性科研經費在提高科研經費使用效率和科技成果轉化效率等方面的「激勵性」作用。在基礎性研究領域適當提高科研資金使用在非競爭性科研經費中的比重，降低科技人員尤其是基礎性科技研究人員績效評估中短期性科技研究成果所占的權重，減少「急於求成」和過於追求短期科研成果等的「短期化」行為，引導科技人才把時間和精力真正投入到具有長遠效益的基礎研究中，以促進部分具有投入高、風險高、研究週期長等特點的基礎性研究的發展，為中國新材料、高端裝備製造等戰略性新興產業和基礎產業中的關鍵共性技術提供科技支撐。同時，充分發揮競爭性科研經費和其他的科研獎勵手段的激勵作用，加快科研成果或技術的產業化速度，提高科研經費利用效率和科研成果轉化效率。

5.5.5　營造有利於技術創新的文化氛圍

技術創新效率的高低和成果的多少與是否具有寬鬆的創新文化息息相關，因為「技術的創新首先是技術範式的創新，是觀念和價值體系的創新。無論是新技術的自主研發還是技術的引進移植，都需要合理的技術選擇和理性的技術評估，都需要考慮新技術與環境的文化相容」[1]。美國硅谷的成功很大程度上就在於其「敢於創業和冒險、寬容失敗、崇尚創新、忠於職業、能者至上、在競爭中開展合作、尊重創新的市場價值和人才自由流動」的寬鬆的創新文化氛圍。因此，要實現中國技術創新能力的提升，必須逐步克服以往的科研結構內部等級森嚴的創新秩序，營造一個鼓勵創新、敢於冒險、自由平等、腳踏實地、開放包容、尊重知識、尊重人才、寬容失敗的技術創新文化氛圍。

5.5.6　培育大企業大集團

近百年世界產業發展的歷史表明，真正起作用的技術幾乎都來自企業，而隨著「試錯性」技術創新的減少和「實驗性」技術創新的增加，技術創新越來越多地來自於那些資金實力和研發實力雄厚的大企業集團。比如，通訊領域里朗訊科技的貝爾實驗室，汽車領域中的福特公司，飛機領域的波音和空中客

---

[1] 林慧岳，等.技術創新的文化考量[J].自然辯證法研究，2007（2）：59.

車、化工領域中的杜邦和拜耳，機床領域中的西門子，計算機領域的 IBM、英特爾、微軟等①。因此，發展具有自主知識產權、核心技術、自主品牌和銷售渠道的大型企業或跨國公司，對促進區域產業升級和產業競爭力的提升具有重要的支撐和引領帶頭作用。它不但可以通過發揮自身的技術領先優勢，不斷研製和開發行業內領先的技術和產品，而且可以發揮企業的技術溢出效應和行業競爭效應提升周邊配套企業的技術創新能力，還可以實現對該產業鏈或產業鏈片段的整合和治理，提升區域產業在價值鏈中的位置，達到提高產品附加值和產業市場競爭力的目的。一是深化體制機制改革，完善以公有制為主體、多種所有制經濟共同發展的基本經濟制度。加快國有經濟佈局和結構的戰略性調整，健全國有資本有進有退的合理流動機制，鼓勵和支持民營企業參與競爭性領域國有企業改革、改制和改組，促進非公有制經濟和中小企業發展。② 二是依託優勢企業的資金、技術、管理、科研、人才、市場等優勢資源，推進跨國、跨地區、跨行業企業兼並重組和同行業企業間的兼並重組，發揮優勢企業的整合提升作用，推動企業轉換經營機制，完善公司治理結構，建立現代企業制度，加強和改善內部管理，推進技術進步和自主創新，形成一批企業規模適當、研發能力強、管理營運效率高、人才結構合理、具有自主知識產權和知名品牌的骨幹企業。③

5.5.7 培育和壯大產業集群

產業集群作為產業集聚的重要形式，通過發揮產業集群的競爭協作效應和知識擴散效應，可以促進產業技術創新的產生、應用和擴散，對提高中國現代產業體系的技術水平具有重要作用。目前，產業集群的發展方興未艾，隨著世界各地產業集群的發展，整個世界經濟逐漸形成了由各類產業集群組成的「經濟馬賽克」。中國由於各地區區域內產業佈局相對分散、產業配套協作能力不強，地區間產業同構現象較為嚴重、低層次惡性競爭現象時有發生，導致行業內企業之間要麼存在過度競爭，導致企業利潤率下降，技術創新資金實力不足，要麼存在行業性和地區性壟斷，導致企業技術創新競爭壓力不足。因此，通過發展產業集群，增加區域間和行業內企業之間的競爭壓力，促進各行

---

① 劉國新，李興文. 國外技術創新過程中的政府作用分析——對中國實施自主創新戰略的啟示 [J]. 當代經濟管理，2006 (12)：117.
② 國務院關於促進企業兼並重組的意見 [EB/OL]. http://www.gov.cn/zwgk/2010-09/06/content_1696450.htm.
③ 詹懿. 再工業化背景下的西部傳統產業升級研究 [M]. 現代經濟探討，2012 (2)：54.

業和區域間企業的技術創新。①

（1）編製好各地區產業集群的發展規劃。各地區應按照「錯位競爭、優勢互補、共同發展」的原則，結合《產業機構調整指導目錄》、國家相關產業政策和《全國主體功能區規劃》，根據各區域的產業基礎、資源稟賦、地理區位、歷史文化傳統，遵循產業集群形成、演進、升級的內在規律，準確把握產業集群不同發展階段的特徵，培育符合產業特徵和區域特色的產業集群或產業帶。在產業集群總體規劃的框架下，根據省市內部的產業基礎、產業具體定位以及交通運輸等因素規劃和佈局相應的產業園區或工業集中區，以園區為平臺促進產業鏈部分環節或某一環節相關企業的集中發展，以此促進資源的集約利用和園區功能的集成，形成大區域產業集群下的小區域分工協作的網狀結構。

（2）完善產業集群配套支撐體系。產業集群的發展離不開配套體系的支撐，各地區應該從園區基礎設施建設、專業化市場、現代物流業等方面著手，破除產業集群發展的瓶頸。一是搞好園區基礎設施建設。工業園區應逐步加強園區基礎設施的建設，如「數字化園區」，在硬件和軟件上為技術創新提供更加方便快捷的服務。尤其是在信息化時代背景下，部分園區紛紛推出「九通一平」或「新九通一平」等園區基礎設施標準，以適應信息化發展的需要。二是發展專業市場。專業市場作為原材料、設備、產品等要素的集散地，能夠為企業提供及時準確的技術、市場需求等信息，對促進產業集群的發展壯大和升級等具有重要作用。專業市場的興旺可以帶動產業集群發展，產業集群發展又可以支撐專業市場的進一步發展，浙江紹興的中國輕紡城與紹興輕紡產業集群的互動發展就充分證明了這一點。三是發展現代物流業。現代物流業是以運輸、倉儲、裝卸、加工、整理、配送、信息等方面有機結合形成的，集系統化、信息化、倉儲現代化為一體的綜合性產業。在綜合考慮產業集群和交通運輸樞紐等因素的基礎上科學規劃、佈局相應的現代物流園區。

（3）積極培育集群領軍企業。國內外產業集群的發展實踐證明，核心競爭力強的領軍企業越來越成為引領產業集群發展和提高產業集群在國際價值鏈分工中的「發動機」。日本豐田汽車城就是在以豐田汽車公司為核心的領軍企業，以周邊的一級、二級、三級甚至四級配套廠商為外圍的配套協作體系下，通過豐田公司的技術指導或扶持，以及周邊配套企業之間的有序競爭，實現整個產業的技術升級和市場競爭力的提升。西班牙鞋業集群（原來是中小企業

---

① 詹懿．再工業化背景下的西部傳統產業升級研究［M］．現代經濟探討，2012（2）：54-55．略有改動。

集群）在面臨「上壓下擠」① 的國內外競爭環境下，在巴倫西亞的杰·哈本（J. Haber）公司等地方領導型企業的引導下，集群發展逐步由「成本競爭戰略」轉向了「差異化戰略」，極大地促進了地方產業集群的發展和整個產業的升級。浙江溫州柳市鎮的低壓電器產業集群在以「正泰」和「德力西」等領軍企業的帶領下，成功地走出了以低價競爭等為特徵的無序發展狀態。因此，中國產業集群的發展必須通過培育一批國內民族領軍企業，發揮領軍企業在集群內產業鏈各環節分工的「組織者」、新技術的「探索者」和「傳播者」、成功企業的「示範者」、高水平競爭的「驅動者」、行業技術的「規範者」等作用，引領中國產業集群向更高更好的方向發展。

---

① 「上壓下擠」是對西班牙鞋業產業集群當時面臨的國內外環境的概括。「上壓」是指西班牙鞋業集群在國際鞋業產業價值鏈中的高端環節要面對法國、德國和義大利等傳統鞋業大國的強力競爭，「下擠」是指在產業價值鏈中的低端環節要面臨葡萄牙、泰國、中國等具有勞動力成本優勢國家的強大壓力。

6 中國現代產業體系的區域實現

6.1 概述

　　現代產業體系作為體現各產業之間的有機聯繫和整體系統性的產業系統，在表現出產業技術創新能力逐漸增強、產業組織結構合理有序、產業鏈完整緊密、產業結構優化升級等抽象能力的同時，還要在區域上和空間上通過產業的優勢互補、集群化發展等形式具體分佈在一定的地域範圍內，成為現代產業體系在區域內和區域之間的具體體現。發達國家現代產業體系發展的實踐和經驗證明，現代產業體系的發展不僅需要資源在產業之間的順暢流動和高效配置，而且還需要資源在區域之間自由流動和合理配置，資源在產業之間的有效配置主要解決先導產業的發展壯大、支柱產業的穩定協調發展、衰退產業的收縮和調整等問題，而資源在區域之間的合理配置主要解決區域間比較優勢的發揮、產業發展的集中與分散以及產業轉移等問題。從發達國家各國產業在區域間發展的歷史來看，總體上表現出產業在區域間的分散佈局與在區域內的集中、集群發展相結合，以及區域內新興產業的產生、發展和衰退產業（或產業鏈的非重要環節）的向外轉移相結合等特徵，即實現了區域內產業門類的新老更替和產業的國內佈局與國外佈局（向外轉移）的有效結合，實現了資源利用的揚長避短和集中高效利用。鑒於此，為了促進產業的新老更替，促進區域之間產業的合理分工和資源利用效率的提高，中國在發展現代產業體系的過程中，應該做好產業的合理佈局，即中國現代產業體系的區域實現。中國現代產業體系的區域實現是發展中國現代產業體系的重要組成部分，其本質就是中國現代產業體系內部各有機聯繫的產業的合理佈局，在宏觀上表現為各產業在中國國內的合理分佈，中觀上表現為在各產業在區域之間實現分工協作、優勢互補，微觀上表現為區域內部各企業之間的相互配套協作，處於產業鏈上下游關

係的具有各種技術經濟聯繫的企業之間能夠實現集中、集聚、集群和成鏈式發展。

根據中國的產業發展現狀，筆者認為中國現代產業體系區域實現的內涵可以歸納為：各不同區域在遵循國家主體功能區發展規劃、國家戰略性新興產業發展規劃等國家產業發展戰略的基礎上，各區域根據自身不同的區位、要素條件和產業基礎，以堅持經濟效益優先、注重產業發展的全局性、長遠性和區域間的分工協作、集中與分散相結合等為原則，選擇符合自身發展優勢和發展潛力的產業，以及相應戰略重點、發展目標和實施路徑等，從而實現中國現代產業體系內各產業在全國範圍內的合理分佈。具體來說，可以分為國家、大區域、中區域、小區域四個層面。從小區域層面來看，區域實現主要是指在地級市或較好的縣一級區域重點圍繞某產業鏈中的某一個環節（條件較好的可圍繞產業鏈的幾個環節），按照集中、集約、集聚的要求不斷做大做強，並在此基礎上不斷向產業鏈兩端延伸，以及集中小區域內部的優勢資源。從中區域層面來看，區域實現主要是指在省（直轄市）級區域內重點圍繞3~5個核心產業，按照鏈式發展、集群式發展的要求引導各小區域的產業組合成為相對完整的產業鏈，並在此基礎上形成各自相應的產業集群，以此協調各小區域之間的產業發展關係和有序的招商引資工作。從大區域層面來看，中國可以分為東部地區、中部地區、西部地區、東北地區四大區域，根據這四大區域的具體情況，結合全國主體功能分區、各區域產業發展規劃等要求，圍繞四大區域各自的核心產業，按照區域內部各中區域之間產業的優勢互補、競爭與協作相結合等要求，進一步整合區域要素資源，進一步推進產業的成鏈發展和集群化發展，以提高大區域內部產業的配套協作能力和資源利用效率。從國家層面來看，區域實現就是根據國家產業總體發展戰略目標、國民經濟發展計劃等戰略和規劃，結合各大區域或中區域的產業發展情況，按照縱向上產業鏈完整（部分不涉及國家安全的產業可控制產業鏈的關鍵環節），橫向上產業間關聯協作發展的要求，把各大區域或中區域中不完整的產業鏈補全、把聯繫不緊密的產業鏈緊密聯繫起來、提高各產業之間的關聯配套協作能力，以促進全國產業發展的集中與分散、競爭與協作、引進與轉出、短期性與長遠性、局部性與全局性發展的有效結合，使中國現代產業體系的體系化發展能夠在區域上得到具體落實，也就是產業在全國範圍內的合理佈局。

由於當前中國現代產業體系的發展還存在大區域產業關聯互動能力不強、中區域間產業分工協作不夠、小區域內產業集聚發展能力不強等產業佈局不合理的問題。因此，當前及今後一段時間，中國現代產業體系區域實現的重要內

容就是推進產業在東部、中部、西部和東北地區的合理佈局。

「產業佈局是指一個國家或地區產業各部門、各環節在地域上的動態組合分佈，是國民經濟各部門發展運動規律的具體表現。」[1] 簡新華認為：「產業佈局是指產業在一定地域空間上的分佈與組合，具體來說，是指企業組織、生產要素和生產能力在地域空間上的集中和分散的情況。」[2]「區域產業佈局在靜態上主要表現為產業部門、生產要素、產業鏈各環節在空間上的分佈和組合；在動態上主要表現為各企業為選擇最有效產出而形成的各產業、各種資源和生產要素在空間上的流動、配置和優化組合過程。」[3] 可見，產業佈局是指在產業發展運動規律的引導下，資源在各區域之間合理流動和重新組合的過程和狀態，是提高資源利用效率和配置效率的重要手段。產業佈局具有以下五個方面的發展規律[4]：

1. 生產力發展水平決定產業佈局規律

生產力及其組成要素（勞動者、勞動工具、勞動對象、科學技術等）的技術水平是衡量產業發展水平的重要標誌。有什麼樣的生產力發展水平，就有什麼樣的產業分佈條件、內容、形式和特點。不同的生產力水平下，產業之間的技術經濟聯繫水平和效應也不一樣，表現為在生產力水平較低的時候，產業之間關聯效應不強、統一工序流程的各環節之間聯繫不緊密、對水力等自然力的依賴性較強，產業佈局呈現出相對分散的特點。如「蒸汽機的發明使煤炭代替水力躍居為主要動力，機器大生產代替了手工工場。在產業佈局上則表現為工業由沿河流分散的帶狀分佈發展到圍繞煤炭產地和交通樞紐等地集中佈局，並由此導致工業城市雨後春筍般地增加起來」[5]。隨著電力、石化、機械、食品、汽車等產業的發展，同一產品各生產工序之間的連續性、產品銷售市場的相對集中性、產業之間技術經濟關聯的緊密性等促進了工業生產和消費的更加集中。工業生產和消費的更加集中，使得「工業生產分佈進一步走向集中，形成工業點、工業區、工業城市、工業樞紐、工業地區和工業地帶等空間上的集中分佈形式；農業逐漸工業化和現代化，農業地域專門化成為農業分佈的重要地域形式；交通運輸業逐漸現代化，綜合運輸與綜合運輸網成為交通運輸業地域分佈的重要形式；第三產業迅速發展，對產業佈局的作用也日益明顯；城

---

[1] 蘇東水. 產業經濟學 [M]. 北京：高等教育出版社，2000：305.
[2] 簡新華，楊豔琳. 產業經濟學 [M]. 武漢：武漢大學出版社，2009：119.
[3] 劉秉鐮，杜傳忠. 區域產業經濟概論 [M]. 北京：經濟科學出版社，2010：137.
[4] 簡新華，楊豔琳. 產業經濟學 [M]. 武漢：武漢大學出版社，2009：125-127.
[5] 史忠良. 產業經濟學 [M]. 北京：經濟管理出版社，2005：305.

市成為產業分佈的集中點等。」① 具體如表 6-1 所示。

表 6-1　　　　　　　生產力發展水平與產業佈局的關係

生產力發展階段	能源動力	生產工具	交通工具	產業佈局主要特點
農業社會	人力、獸力、水力、風力	石器、銅器、鐵器、手工機械	人力車、畜力車、風帆船	農業自然條件對產業佈局起決定性作用，產業佈局有明顯的分散性
第一次科技革命（產業革命，18 世紀末至 19 世紀初）	蒸汽動力	蒸汽機械	蒸汽火車、蒸汽輪船	產業佈局由分散走向集中，工業向動力基地（煤產地）集中
第二次科技革命（19 世紀末至 20 世紀初）	電力、內燃動力	電力機械、內燃機械	內燃機車、電力機車、汽車、飛機、內燃機船舶	產業佈局進一步集中，交通、位置條件等在產業分佈中的作用得到加強
第三次科技革命（第二次世界大戰後）	原子能	電子計算機、機器人	航天飛機、宇宙飛船、高速車輛	懂科技、高技術的勞動力，快速、便捷的交通樞紐成為產業佈局的重要條件，產業佈局出現「臨海型」、「臨空型」等新的形式。未來產業佈局將從過分集中走向適當分散

資料來源：史忠良. 產業經濟學 [M]. 北京：經濟管理出版社，2005：305.

2. 勞動地域分工影響產業佈局的規律

勞動地域分工是各地區之間經濟的分工協作、社會經濟按比例發展的空間表現形式，是地區佈局條件差異性的客觀反應。一方面，合理的勞動地域分工能充分發揮地區優勢，促進商品流通，形成合理的產業佈局，地域分工的深化和社會生產力的提高相互作用，推動產業佈局不斷形成由低級向高級不斷演進和發展；另一方面，合理的產業佈局有利於實現合理的地域分工與交換，提高社會勞動生產率，推動社會生產向前發展。勞動地域分工的作用使各地域逐漸形成了分工協作的統一的經濟體系。②

3. 資源稟賦制約產業佈局的規律

各區域的資源稟賦是不同的，也就是有利的自然資源稟賦（這種自然優勢表現在氣候、土壤、礦產、能源、水資源等方面）和後天的有利生產條件（這種「獲得性」的優勢主要是生產技術）都會使該地在生產上處於比其他地方具有絕對優勢和相對優勢的地位。不同的資源稟賦會形成不同特色或種類的

---

① 史忠良. 產業經濟學 [M]. 北京：經濟管理出版社，2005：306.
② 簡新華，楊豔琳. 產業經濟學 [M]. 武漢：武漢大學出版社，2009：126.

產業，各地不同的資源禀賦是實現產業合理佈局和形成全國性的產業體系的重要決定因素。但是，不能過於強調自然資源等初級要素的資源禀賦，防止陷入「資源詛咒」的陷阱。邁克爾·波特在總結發達國家產業發展成功經驗時強調：「戰後的產業史，是一頁創造富足而非消費富足的歷史。它強調的不是一個國家享有多少優勢條件，而是著重於國家如何轉換不利的生產要素。一時的國家困境，往往會轉化為一股創新求變的力量。」①

4. 產業分佈「分散——集中——適度分散」變化的規律

產業佈局的演變過程在空間上表現為集中與分散兩個相互交替進行的過程。在社會分工不發達的社會發展初期，產業佈局具有明顯的分散性，如沿河佈局以便運用水力，產業集中發展的趨勢既不明顯也很緩慢。產業革命以後，隨著機械化的發展和煤炭、石油等能源動力的大量使用以及地區生產專門化的發展，使產業佈局開始由以分散為主轉變為以集中發展為主，並使農業向自然條件優越的地區集中發展，工業集中分佈於原料或能源基地、交通樞紐、沿海沿河地區或大中城市。隨著產業技術水平的提高、專業化分工協作水平的提升、經濟全球化的發展，以及人民消費水平提高引起的「批量化」向「柔性化」生產方式的轉變，產業佈局也由集中佈局向相對分散佈局轉變。從世界產業佈局來看，出現了原有的各主要產業主要集中於發達國家的某幾個城市的格局，轉變為發達國家保留產品研發、關鍵零部件生產、關鍵產品組裝、產品品牌、物流和營銷渠道等高技術、高附加值的「腦袋產業環節」，而其他的原材料、非核心零部件生產和部分簡單產品的組裝等低技術、低附加值的「軀幹產業環節」轉移到其他發展中國家，從而實現在內容上「新的殖民體系」，佈局上的相對分散。從發展中國家來看，呈現出遞推的發展趨勢，即發達國家產業由集中向外部擴散的同時，發展中國家正好是產業由分散向集中轉變的階段。

5. 地區生產專門化與多樣化並存的規律

在完善的市場機制作用下，經濟利益的驅動使各地根據自己的絕對優勢或比較優勢進行勞動地域分工，當勞動地域分工發展到一定階段時，便會出現區域內的生產專業化和區域之間專業化分工協作。地區生產專門化對於充分利用技術和資源優勢、提高勞動生產率、降低各項成本、提高產品數量和質量、創造規模經濟效益、促進管理制度創新具有重要作用。地區專門化的發展會進一

---

① 邁克爾·波特. 國家競爭優勢 [M]. 李明軒，邱如美，譯. 北京：華夏出版社，2002：263.

步促進區域內部的分工深化，即同一產品生產的多樣化，從而實現地區生產的專門化與多樣化並存的發展格局。

6.2 東部地區現代產業體系的實現

6.2.1 東部地區推進現代產業體系實現的現狀和問題

1. 東部地區現代產業體系發展現狀

（1）區域經濟實力和競爭力較強

東部地區包括北京、天津、河北、上海、江蘇、浙江、福建、山東、廣東和海南10省（市），土地面積91.6萬平方千米，占全國的9.5%。截至2011年，東部地區的人口總人數為51,062.6萬人，占全國總數的38.1%；城鎮就業人員6,784.0萬人，占全國總數的47.1%；國內（地區）生產總值271,354.8億元，占全國總數的52%；全社會固定資產投資總額130,262.9億元，占全國總數的42.6%；貨物進出口總額31,386.7億美元，占全國總數的86.2%；三次產業產值比例為6∶49∶45；城鎮居民可支配收入26,406元，比全國平均水平高4,596元，農村居民人均純收入9,585元，比全國平均水平高2,608元[1]。據陳佳貴等人的測算，2005年，中國東部地區總體處於工業化後期的前半階段，其中上海、北京處於後工業化階段，天津、廣東處於工業化後期的後半階段，浙江、江蘇、山東處於工業化後期前半階段，福建處於工業化中期後半階段，河北處於工業化中期前半階段[2]。根據《「十一五」期間中國省域經濟綜合競爭力發展報告》分析，2010年，東部地區經濟綜合競爭力評價分值為46.77，遠高於中部的34.97，東北地區的36.01以及西部的29.99[3]。可見，東部地區呈現出經濟總量大、工業化水平高、區域經濟實力強等特徵，有利於現代產業體系的率先發展。

（2）產業結構不斷優化

在經濟總量逐年增大的同時，中國東部地區第二產業和第三產業的發展也取得了長足的進步，三次產業結構逐步實現了合理化和高度化發展。截至

---

[1] 資料來源：根據《中國統計年鑒2012》整理得來.
[2] 陳佳貴，等. 中國工業化進程報告1995—2005：中國省域工業化水平評價與研究 [R]. 北京：社會科學文獻出版社，2007：42.
[3] 李建平，等.「十一五」期間中國省域經濟綜合競爭力發展報告 [R]. 北京：社會科學文獻出版社，2012：7.

2009年，中國長江三角洲地區三次產業的產值構成為3.41：50.76：45.83，就業構成為12.28：48.07：39.65，而全國同期三次產業的產值構成和就業構成的平均水平分別為10.3：46.3：43.4和38.1：27.8：34.1，呈現出第一產業比重持續下降，第二、第三產業比重穩步上升，第二、第三產業共同推進區域經濟發展的鮮明特徵。① 2011年，東部地區三次產業的結構比例為6.22：48.92：44.86，而同期全國平均水平為10.04：46.61：43.35，三次產業結構比例明顯優於全國平均水平，呈現出三次產業結構逐漸優化的發展趨勢。

（3）科技支撐能力較強

東部地區集中了中國大量的科技資源和人才資源，不僅擁有中國大量的國家級和省部級院校、科研院所和國家級重點實驗室，而且還有大量的職業技術培訓學校和其他技術培訓機構，擁有豐富的創新人才和技術人才，為東部地區發展高技術產業提供了較為充足的智力支持。中國39所985高校有24所位於東部地區，2010年，全國3,321所高等院校，其中東部地區就占1,064所，全國高等院校研發人員593,569人，其中東部地區就占227,761人，接近全國總人數的一半；全國高校研發人員中博士畢業人員129,058人，其中東部地區就占62,730人，約占全國總人數的一半。2010年，中國研發機構總數為3,696個，其中，東部地區就占1,123個；全國研發從業人員總數為661,455人，其中，東部地區就占292,923人，超過總數的1/3。2010年，全國有研發機構的企業數為12,568個，其中，東部地區有8,473個，占全國總數的67.42%；同年，全國有R&D活動的企業數為12,889個，其中，東部地區就占8,791個，占全國總數的68.21%。② 可見，東部地區在科技院校、研發機構、研發人才和科技企業等方面均具有優勢，能夠支撐未來新能源、新材料等戰略性新興產業和高新技術產業的發展。

（4）區位和交通優勢明顯

東部地區地處中國東部沿海，具有沿海、沿江、沿邊等區位和地理優勢。中國除廣西以外的幾乎所有沿海港口都位於東部地區，這種沿海港口的分佈極大地降低了沿海地區海上運輸的成本，加上東部地區集中了中國北京、上海、廣州等大型機場，使得東部地區又具有空中運輸的優勢，同時，東部沿海地區城市大都處於長江、黃河、珠江等大江大河的出海口，又極大地方便了該地區的水上運輸。最後，東部地區還集中了中國大量的鐵路、公路交通干線網，如

---

① 徐長樂，馬學新. 長江三角洲發展報告2010 [R]. 上海：上海人民出版社，2011：2.
② 資料來源：根據《中國科技統計年鑒2011》整理得來。

京滬高鐵、京九鐵路、京珠高速、京津高鐵、滬寧高鐵、廣深高速等，北京、上海、廣州等東部城市依託全國性和區域性交通樞紐成為了全國性和區域性的物流中心，並借助海上運輸、空中運輸、陸上運輸等優勢，以及沿邊的優勢集聚了大量的外向型勞動密集型產業和資金密集型產業，並在資金技術累積的基礎上逐漸培育了一批技術密集型產業，從而有利於產業的體系化發展。

（5）產業集聚效應突出

東部地區由於地理區位優勢突出、產業基礎較為雄厚、市場經濟發展較快、市場信息靈敏和對外貿易頻繁等優勢，在工業化和產業發展方面明顯領先於中國其他地區，其中的一個特點就是在工業化和產業發展過程中出現了產業集聚發展的趨勢，湧現了一大批產業集群和產業帶，如浙江省內的嘉善木業產業集群、餘姚塑料產業集群、嘉興秀洲化纖織物產業集群、諸暨大唐襪業產業集群、嵊州領帶產業集群、紹興輕紡產業集群、臺州塑料產業集群、臺州泵類產業集群、臺州市玉環閥門產業集群和溫州產業集群，以及蘇州工業園、北京中關村等。在產業集聚發展的同時，還出現了跨行政限的區域性合作現象，如長江三角洲經濟區、珠江三角洲經濟區和環渤海經濟區，這種區域性合作又進一步增強了產業的集聚效應，有利於產業之間的關聯互動和產業的體系化發展。據統計，2009年，全國34種主要工業產品中，上海和江蘇、浙江共有13種產品的產量占全國總產量的25%以上。其中微型電子計算機占全國總產量的85.59%，化學纖維占全國總產量的78.33%，集成電路占全國總產量的62.10%，家用洗衣機占全國總產量的51.57%，布和化學農藥分別占全國總產量的42.22%和42.43%，等等，具體見表6-2[①]。

表6-2　　　2009年蘇浙滬主要工業產品占全國產量比重　　　單位：%

產品	占全國比重	產品	占全國比重
微型電子計算機（萬部）	85.59	金屬切削機床（萬臺）	34.18
化學纖維（萬噸）	78.33	乙烯（萬噸）	30.01
集成電路（萬塊）	62.10	機制紙即紙板（萬噸）	27.67
家用洗衣機（萬臺）	51.57	家用電冰箱（萬臺）	27.28
布（億米）	42.22	紗（萬噸）	25.12
化學農藥（萬噸）	42.07	燒鹼（萬噸）	22.03
大中型拖拉機（萬臺）	36.30	轎車	22.22

資料來源：根據江蘇、浙江和上海相關統計年鑒整理得來。

---

① 徐長樂，馬學新. 長江三角洲發展報告2010 [R]. 上海：上海人民出版社，2011：5.

（6）區域工業化發展模式的成功探索

改革開放以來，中國東部沿海地區產業在引進來和走出去的過程中，根據本區域的區位、政策等優勢，對區域工業化發展模式進行了積極探索，出現了「珠江三角洲模式」、「蘇南模式」和「溫州模式」等具有區域特色的工業化模式和經濟體制改革模式。其中，從經濟體制改革模式來看，珠江三角洲模式是以發展外向型經濟為主的改革模式，蘇南模式是以發展鄉鎮集體所有經濟為主的改革模式，溫州模式是以民營經濟發展為主的改革模式。從區域工業化模式來看，珠江三角洲模式是以外資驅動為主的工業化模式，蘇南模式是以鄉鎮集體所有資本驅動為主的工業化模式，溫州模式是以民營資本驅動為主的工業化模式。進入20世紀90年代中期以來，隨著蘇南地區實施「三外」（外資、外貿、外經）齊上、以外養內的戰略，蘇南的工業化模式開始向珠江三角洲模式轉化，發展成為所謂的「新蘇南模式」。2003年以來，溫州開始實施「以民引外」戰略，大力發展外資經濟，而以外資經濟領先的「新蘇南模式」，正在通過支持引導市場，支持和積極發展民營經濟，走上「內外並重、富民優先」的發展道路，外向型經濟代表的「珠江三角洲模式」，則正在努力培育自己的自主創新能力[①]。這些區域根據自身的優勢和外部環境及時對產業發展模式進行了調整，極大地促進了區域產業體系的發展。

（7）區域分工格局初步形成

改革開放以來，東部地區通過吸收外來投資，發展與跨國公司相配套的當地產業及產業網絡，以代工方式切入全球產業鏈，成為東部地區在全球化格局下實現工業化道路的有效戰略，並由此形成了以代工為主導的產業發展模式。這種模式使東部地區實現了產業的緩慢升級，達到了「干中學」的目的。[②] 這種配套協作的過程也間接促進了東部地區產業分工格局的形成。如在長三角的區域分工格局中，上海定位在大尺寸、高工藝芯片製造為主的高端產品製造與研發；蘇南電子產業帶具有綜合製造能力；杭州灣微電子產業帶則在中低端芯片和元器件製造方面佔有優勢。這種以市場因素為招商引資導向的產業分工，既避免了重複建設對各種資源的浪費，又消除了由於產品雷同所帶來的惡性市場競爭，使長三角的電子製造業呈現出一種有序競爭、分工協作、整體發展的

---

① 陳佳貴，等. 中國工業化進程報告1995—2005：中國國省域工業化水平評價與研究 [R]. 北京：社會科學文獻出版社，2007：18.
② 蘇啟林，張慶霖. 外生衝擊與代工產業升級：自東部地區觀察 [J]. 改革，2009（12）：41-42.

態勢。①

2. 東部地區發展現代產業體系存在的問題

（1）產業發展自成體系，導致產業同構和惡性競爭

發展中國的現代產業體系，要求各地區在產業選擇、重點產業培育等方面充分發揮區域比較優勢，通過區域間產業的錯位發展、優勢互補，使有限的資源能夠在全國範圍內有序流動和優化配置，能夠分別集中有限的資源支持各個不同產業的發展，保證現代產業體系內各重點產業能夠及時、足量的獲得相關的技術、資金、人才等要素支持。同時也可以避免區域之間爭搶資源導致資源過度分散，相關產業難以實現充分的發展，最終導致整個現代產業體系發展緩慢，或因部分瓶頸產業發展緩慢而遭遇「短板制約②」。而中國東部地區部分區域在追求地方 GDP 的激勵下，選擇了相同或相似的產業作為區域性主導產業和重點產業培育，這種區域間產業同構現象部分反應了區域產業集聚發展和企業間分工協作的要求，反應了擁有共同的資源稟賦和產業基礎，有利於產業鏈的延伸和產業配套體系的完善。但是，如果區域間在具體產業和產業環節等方面均存在產業同構現象，則將會導致區域間爭項目、搶資源、拼政策、區域市場的分割和破碎等惡性競爭，地區之間產業同構、低水平重複建設和產業相對自成體系等問題，不利於區域之間產業互補和整體優勢的發揮，阻礙了國家現代產業體系的發展。據統計，1997 年蘇浙滬之間有 5 個行業相同（電子、電氣、化工、普通機械、紡織），蘇浙之間有 7 個行業相同，蘇滬和浙滬之間各有 6 個行業相同。2009 年年末，蘇浙滬之間已有 8 個行業（電子、電氣、交通運輸、通用設備、化工、電熱、黑色金屬、金屬製品）完全相同，其中蘇滬之間有 7 個行業完全相同，蘇浙之間有 8 個行業完全相同（見表 6-3）③。

表 6-3　　　　1997 年與 2009 年蘇浙滬工業行業同構情況比較

1997 年同構情況			
	上海	江蘇	浙江
電器機械及器材製造業	3	4	2
電子及通訊設備製造業	4	5	7

---

① 陳秀山，孫久文. 中國區域經濟問題研究 [M]. 北京：商務印書館，2005：171.
② 短板制約是指在現代產業體系發展過程中，因部分產業鏈的關鍵環節或部分關鍵產業（或瓶頸產業）發展相對滯後，導致整個產業鏈難以提升和相關產業發展受阻，最終將導致整個產業體系發展受阻的現象。
③ 徐長樂，馬學新. 長江三角洲發展報告 2010 [R]. 上海：上海人民出版社，2011：17.

表6-3(續)

1997年同構情況			
化學原料及化學製品製造業	5	2	3
普通機械製造業	6	3	6
紡織業	7	1	1
交通運輸設備製造業	1	6	
服裝及其他纖維製品製造業	9		4
食品加工業		8	9
非金屬礦物製品業		7	5
2009年同構情況			
	上海	江蘇	浙江
通信設備、計算機及其他電子設備製造業	1	1	9
交通運輸設備製造業	2	6	3
通用設備製造業	3	7	4
化學原料及化學製品製造業	4	2	6
電器機械及器材製造業	5	3	2
黑色金屬冶煉及壓延加工業	6	4	10
電力、熱力的生產和供應業	7	9	5
金屬製品業	10	8	7
紡織業		5	1

資料來源：徐長樂，馬學新. 長江三角洲發展報告2010［R］. 上海：上海人民出版社，2011：18.

(2) 資源環境承載能力下降，產業的可持續發展問題突出

東部地區在經濟總量和產業技術水平穩步上升的同時，資源能源和環境等問題也逐漸凸顯，表現為缺電、缺地、缺資源和環境污染等問題突出。首先是缺電問題。東部地區是中國的主要用電地區，而大型的水力和火力發電站又主要位於中西部，因此，東部地區在經濟發展過程中不可避地免要面臨用電緊缺的問題。2011年，東部地區用電總量達到22,975.33億千瓦每小時，而中西部和東北地區分別僅為9,110.035、11,646.96和3,293.56，遠高於其他地區用電量，相當於全國用電總量的48.86%，人均用電量為4,499.45千瓦，是全國平均水平（3,490.25千瓦）的1.29倍。其次是土地資源緊缺問題。2011年，東部地區人均土地面積為2.69畝（1畝≈666.7平方米），是全國平均水平的1/4，近年來隨著工業化、城鎮化的加速發展和土地財政的實施，各項非農產

業用地與農用地發生了越來越激烈的用地矛盾，土地資源日益緊缺。三是礦產資源匱乏。2009年，江蘇省一次能源生產量2,618.5萬噸標準煤，自給率僅為11%，較2005年下降2.2個百分點①。四是東部地區大量的「兩頭在外，大進大出」的加工貿易方式和以初級產品為主的出口導向型發展模式，使資金、技術、產品等嚴重依賴國外資本、國外市場、國外技術，導致相關產業和企業被鎖定在產業鏈的低端環節，加重了經濟發展的資源約束、成本約束、生態約束、技術約束和市場約束，加上工業固體廢物、工業廢水的大量排放及其治理的大量投資，東部地區總體上呈現出「高投入、高污染、高消耗、低效益」的粗放式發展特徵，經濟的可持續發展能力大打折扣。

（3）自主創新能力不強，現代產業體系發展缺乏技術支撐

東部地區產業由於主要是承接國外產業轉移和發展低成本的勞動密集型產業為主，導致產業和產品層次較低，缺乏自己的關鍵核心技術和自主品牌，產業自主創新能力不強，難以支撐現代產業體系的發展。以長三角為例，從企業層面上看，目前，長江三角洲地區眾多本土企業，尤其是中小企業和民營企業，仍然處在以「低水平和數量擴張」為主的發展階段，企業規模小、技術水平低、管理落後。在技術引進過程中，普遍存在著低成本分散重複引進，重設備輕技術，重硬件輕軟件，重引進輕消化吸收和再創新等問題。引進的技術僅限於簡單地使用，還不具有進行消化吸收、複製、改進和創新的能力。2009年，上海大中型企業用於技術引進和消化吸收的經費比例為2∶1，而日本、韓國相應的經費投入比例為1∶3。在產品層面上，大多是一些低成本的勞動密集型產品，一些高新技術產業也大多停留在勞動密集型的技工裝配環節，缺乏擁有自主知識產權的核心技術。中外合資企業產品大都以國外品牌進行貼牌生產或代工生產。在產業層面上，儘管長江三角洲地區通過積極承接國際產業轉移逐步進入全球生產體系，但主要還處於全球產業價值鏈分工中的低價值環節，主要從事零部件加工和簡單的組裝工作，裝備製造業發展滯後，產業配套能力薄弱，關鍵技術、零部件和設備主要依靠從國外引進，導致產業發展效益不高。在制度層面上，普遍缺乏適合技術創新人才脫穎而出的激勵機制，同一行業的不同地區企業之間普遍缺乏分工協作和共享機制，不利於高新技術的擴散和產業的規模化發展，在產學研合作過程中由於存在科研與生產目標不一致等問題，導致科技成果難以實現產業化應用。② 這些因素共同導致了東部地區

---

① 江蘇省統計局. 江蘇轉變經濟發展方式的思考. http://www.jssb.gov.cn/jstj/fxxx/tifx/201102/t20110224_114907.htm.
② 徐長樂，馬學新. 長江三角洲發展報告2010 [R]. 上海：上海人民出版社，2011：14-17.

產業自主創新能力不強、產業技術水平不高、關鍵核心技術對外依存度較大、產業鏈和產業配套能力不強等問題，難以支撐現代產業體系的體系化和高端化發展。

6.2.2 東部地區推進現代產業體系實現的發展方向和戰略重點

根據以上分析，東部地區現代產業體系發展在具有區域經濟實力較強、產業結構不斷優化、科技支撐能力較強、區位和交通優勢明顯、產業集聚效應突出等優勢的同時，也面臨一些問題，如產業發展自成體系、產業同構和惡性競爭、資源環境承載能力下降、產業的可持續發展問題突出、自主創新能力不強、現代產業體系發展缺乏技術支撐。東部地區在今後的發展中，應該從以發展外向型經濟為主，轉變為「內外資本融通、內外市場融合、內外貿齊驅、內外向並舉」，初期以外向型經濟促進內向型經濟、內向型經濟補充外向型經濟，並逐步過渡到以內向型經濟促進外向型經濟、外向型經濟補充內向型經濟的內外向辯證協調發展的道路，目標是逐步提高內向型經濟的發展能力和活力，以解決因外向型經濟發展過度導致中國現代產業體系出現「體系外失血和體系內出血」的問題，提高中國現代產業體系的體系內循環能力和吸收外部營養的能力。在總結東部地區產業發展的優勢和劣勢的基礎上，我們認為東部地區現代產業體系發展應該注意以下幾點：

（1）加快推進傳統產業的改造升級。東部地區儘管產業總量很大和名義上大部分屬於高新技術產業，但很大部分都是從事的高新技術產業中的低技術、低附加值環節，實際上屬於傳統產業的範圍，這類產業發展過多不僅會導致行業競爭過度、原材料供應緊張、能源需求大增、環境污染加重、企業利潤不高、工人生活福利不好、產業關聯效應不強等經濟和社會問題，最重要是會造成產業體系的畸形發展，不利於整個產業體系中各類產業的全面發展，不利於產業向中西部地區有序轉移。因此，東部地區在未來的發展中應加快推進傳統產業的改造升級，通過傳統產業企業的兼並重組、產業轉移等進行傳統產業的存量和增量調整，通過實施對傳統產業的技術改造升級、傳統產業與新興產業的融合和加強自主創新能力培育等形式提高傳統產業的技術水平和技術創新能力，實現向傳統產業鏈中高價值環節的轉移。

（2）加快發展新材料、信息技術等高新技術產業。東部地區在創新人才、產業技術基礎、市場信息、區位交通等方面擁有得天獨厚的優勢，在發展現代產業體系過程中，應該充分發揮這些優勢，加快發展新材料、新能源、高端裝備製造、電子信息等戰略性新興產業，部分城市可重點發展船舶重工、民用航

空、航空航天、海洋工程裝備、新一代信息技術和物聯網等重點產業。同時依託東部地區物流、信息流、資金流等方面的樞紐地位，發展現代物流業、金融服務、信息諮詢服務等現代服務業，使東部地區真正從主要依託低端產業發展向依託低端產業、中端產業和高端產業發展的「三位一體」的現代產業體系轉變。

（3）統籌推進工業化、城鎮化和農業現代化的協調發展。改革開放以來，東部地區借助區域性優惠政策和沿邊沿江的特殊地理區位，通過承接國際產業轉移和發展民營經濟等途徑，極大地促進了區域內工業化、城市化和農業現代化發展。但也存在工業化質量不高、產業層次較低、產業的集聚和輻射帶動能力不強，沒能支撐和帶動現代服務業的發展，使得整個城市化的生產生活服務和要素集聚能力難以有效提升，而工業化和城市化發展的乏力，又在技術和需求等方面制約了農業現代化發展，從而出現了工業發展的集而不群，城市發展的大而無序，農業發展的大而不高等問題。因此，應該以提高工業化質量和水平為核心，統籌推進工業化、城市化和農業現代化的協調發展，以此促進的土地節約集約利用、資源能源利用效率的提高和產業發展的內需驅動。

（4）推進東部地區及更大範圍的區域合作。東部地區部分區域雖然在要素稟賦和產業基礎等方面極為相似，但還是具有很大的產業互補和分工協作的空間，區域之間通過要素的流動和佈局的優化還可以實現帕累托改進。因此，為了提高東部地區產業的分工協作效益和促進現代產業體系的發展，「各地應當在發揮自身優勢的基礎上，強化工業佈局、產業發展、環境保護、基礎設施、社會管理等方面的整體協調，逐步打破要素流動的區劃分割，消除行政性障礙，形成生產要素自由流動、商品與勞務市場全面開放的區域共同市場，並逐步向更大區域範圍甚至國際市場方面擴展。」[1]

6.3 中部地區現代產業體系的實現

中部地區包括山西、安徽、江西、河南、湖北和湖南6個省份，2011年，中部地區總人口為35,790.5萬，占全國的總人口數的26.7%；區域內GDP為104,473.9萬元，占中國GDP總數的20%；區域內人均GDP為29,229元，低

---

[1] 陳佳貴，等. 中國工業化進程報告1995—2005：中國國省域工業化水平評價與研究[R]. 北京：社會科學文獻出版社，2007：90.

於全國平均水平（35,181元）5,952元；三次產業產值比例為12∶54∶34；城鎮居民可支配收入為18,323元，農村居民人均純收入6,530元，分別低於全國平均水平（21,810元和6,977元）3,487元和447元；貨物進出口總額為1,626.7億美元，占全國的4.5%[①]。

6.3.1　中部地區推進現代產業體系實現的現狀和問題

1. 中部地區現代產業體系的發展現狀

（1）區域整體經濟發展活力較強

2011年，中部地區GDP為104,473.9萬元，占中國GDP總數的20%，區域內人均GDP為29,229元；區域內企業戶數為94,026個，占全國總數的19.7%，工業總產值為161,154.9億元，占全國的比重為19.1%。中部地區產業體系中國有企業佔有較大比重，但隨著近年來中部地區大力發展民營經濟，轉變經濟發展方式，使整個經濟體系中民營經濟的比例得到很大提高，整個經濟發展活力顯著增強。據統計，2010年，山西、江西、河南、湖北、湖南五省民營經濟實現工業增加值19,915.13億元，同比增長28.5%，占山西、江西、河南、湖北、湖南五省工業增加值的50.72%（見表6-4）[②]。可見，民營經濟的發展極大地提高了中部地區產業發展的效益和活力，有利於現代產業體系的發展。

表6-4　　　　2010年中部地區民營經濟實現增加值情況　　　　單位：億元，%

地區	工業增加值 總量	工業增加值 同比增長	民營經濟增加值 總量	民營經濟增加值 同比增長	民營經濟增加值 占工業增加值比例
山西	4,586.40	29.13	1,704.50	45.10	37.16
安徽	5,364.50	32.58	—	—	—
江西	4,359.20	66.98	2,237.30	24.92	51.32
河南	11,950.82	21.22	8,225.00	21.80	68.82
湖北	6,726.53	41.84	3,624.61	26.70	53.89
湖南	6,275.10	30.34	4,123.72	24.00	65.72
合計	39,262.55	37.02	19,915.13	28.50	50.72

資料來源：黃孟復，等. 中國民營經濟發展報告（2010—2011）[R]. 北京：社會科學文獻出版社，2011：145.

---

① 資料來源：根據《中國統計年鑑2012》整理得來。
② 黃孟復，等. 中國民營經濟發展報告（2010—2011）[R]. 北京：社會科學文獻出版社，2011：144-145.

（2）區位和交通優勢相對明顯

中部六省位於中國東西部之間，在地理位置上比較接近東部沿海地區，具有一定的交通運輸和市場輻射優勢，既能夠承接東部地區產業轉移和接受東部地區技術輻射效應，又能夠在產品和市場方面輻射西部，在產業發展上具有承前啓後的作用。同時，中部地區交通優勢也比較明顯，中國的「五縱三橫」鐵路主幹線有六條都要通過中部地區，分別是京九線、京廣線、焦柳線、京包—包蘭線、隴海—蘭新線、滬杭—浙贛—湘黔—貴昆線，中國「五縱七橫」的公路主幹線也有很大一部分經過中部各個省份，這些都為中部地區運輸原材料和產品以及發展區域經濟提供了條件。

（3）能源和礦產資源豐富

中部地區是中國四大區域中礦產資源最為豐富的區域，其中以能源、有色金屬、貴金屬為主，銅、鋁、金、銀、煤的保有儲量在東、中、西和東北部四個地區中居首位。一是水資源豐富。中國五大淡水湖中，由三個在中部地區，分別是鄱陽湖、洞庭湖和巢湖，全國十大河流中有長江、黃河、淮河和海河四條河流流經此地。中部六省中除山西水資源較為貧乏外，其他省份水資源均相對豐裕。2010 年，中部六省水資源總量為 3,976.92 億立方米，占全國的 17.1%；人均水資源佔有量為 7,056.28 立方米/人，是全國人均水資源佔有量的 4.08 倍。二是能源較為充足。2011 年中部六省的煤炭儲量為 1,032.76 億噸，占全國煤炭儲量的 47.86%，江西、湖南、湖北的地熱資源等也在全國佔有一定份額。三是礦產資源豐富。中部地區已探明儲量的礦產有 80 多種，2011 年，中部六省的銅礦儲量為 1,224 萬噸，占全國的比重為 43.52%；鋁土礦儲量為 35,253.79 萬噸，占全國的比重為 33.55%；硫鐵礦儲量為 45,109.23 萬噸，占全國的比重為 32.95%，磷礦儲量為 10.44 億噸，占全國的比重為 36.08%[1]。依託這些能源和礦產資源，「中部地區逐步形成了以山西、河南、安徽為三角的煤礦基地；以江西、湖北、湖南為三角的有色金屬基地；以湖北、湖南為中心的磷化工礦產基地。」[2] 這些水力資源和礦產資源成為中部地區產業發展的重要戰略物資，對中部現代產業體系的發展具有特殊的意義。

（4）具備一定產業發展基礎

中部地區地處中心地帶，早在「三線建設」時期，中部地區就佈局和發展了一大批製造業和電子信息產業，如湖北十堰的中國第二汽車製造業廠、武

---

[1] 資料來源：根據中國統計年鑒 2012 整理得來。
[2] 王素芹.影響中部地區產業集群的因素及建議 [J].經濟經緯，2008（2）：79-80.

漢已成為中國的「光谷」。經過多年的改革和發展，中部地區的國有企業和民營企業都獲得了更大的發展，如河南的雙匯集團、東風汽車股份有限公司、三一重工、中聯重科等。目前，區域內已發展成為中國重要光電子信息、新材料、先進製造技術、生物醫藥等高科技產業集群和全國著名的糧、棉、油和菸、果、肉生產基地。這些產業基礎為中部地區下一步整合產業資源、理順產業鏈、促進區域產業分工協作和培育現代產業體系奠定了堅實的基礎。

2. 中部地區現代產業體系發展存在的問題

(1) 專業化分工協作效應不突出

促進區域之間的產業或企業的專業化分工協作，有利於提高區域之間資源和能源的利用效率，實現產業的規模化發展，有利於資金累積和產業技術創新。而根據卿楓和鄭力丹（2009）的測算（如表6-5所示），中部地區六個省份中除了山西與其他省份的工業結構相似度較低以外，其餘各省之間的工業結構相似系數都在0.70以上，尤其是安徽—湖南、湖南—河南、河南—江西、湖南—江西幾個地區之間的工業結構相似系數更是接近或超過了0.90，說明這幾個地方的產業結構同構化較為嚴重。從發展趨勢來看，安徽—江西、江西—山西、湖北—江西、湖南—江西等地均呈現出產業結構趨異的發展趨勢，河南—湖南、河南—江西之間的工業結構則呈現出趨同的發展趨勢。另外從六個省的各個產業的區位商來看，「各省區位商大於1的行業基本上都較少，平均只有7.4個。其中以河南最多，不過也只達到了10個。也就是說，中部各省的地區性專業化生產行業並不多，輸出能力不強，成長得並不好，與全國的整體工業發展情況存在較大的成長差，因而存在較多的成長空間」[①]。由此可見，中部地區產業發展還呈現出產業同構現象嚴重，區域間產業的專業化分工協作效應不突出等問題。

表6-5　　2003—2007年中部六省的工業結構相似系數

區域組合	2003	2004	2005	2006	2007	平均值
安徽—河南	0.842	0.850	0.863	0.848	0.857	0.852
安徽—湖北	0.913	0.865	0.875	0.852	0.865	0.874
安徽—湖南	0.909	0.889	0.890	0.890	0.894	0.894
安徽—江西	0.894	0.877	0.877	0.865	0.792	0.861

---

① 卿楓，鄭力丹. 中部六省承接東部地區產業轉移的問題探析［J］. 江淮論壇，2009（1）：33.

表6-5(續)

區域組合	2003	2004	2005	2006	2007	平均值
安徽—山西	0.635	0.700	0.691	0.602	0.606	0.647
河南—湖北	0.720	0.709	0.730	0.692	0.725	0.715
河南—湖南	0.867	0.881	0.888	0.892	0.926	0.891
河南—江西	0.826	0.844	0.845	0.845	0.876	0.847
河南—山西	0.657	0.675	0.693	0.672	0.632	0.666
湖北—湖南	0.859	0.820	0.832	0.769	0.794	0.815
湖北—江西	0.897	0.834	0.844	0.765	0.701	0.808
湖北—山西	0.490	0.511	0.526	0.458	0.447	0.486
湖南—江西	0.922	0.915	0.898	0.901	0.853	0.898
湖南—山西	0.612	0.679	0.639	0.616	0.624	0.634
江西—山西	0.681	0.672	0.616	0.576	0.501	0.609

資料來源：國研網（教育版）工業統計數據庫（原始數據來源中國國家統計局，國研網整理）。轉引自：卿楓，鄭力丹．中部六省承接東部地區產業轉移的問題探析［J］．江淮論壇，2009（1）：33．

(2) 產業層次較低

由於中部地區經濟發展與東部地區相比相對緩慢，使得中部地區裝備製造業中資金密集型、技術密集型的產業及高加工度、高附加值產品比重低，特別是有效支撐製造業持續發展，引領產業結構調整的優勢行業、骨幹企業相對不足。行業有效整合不夠，集中度低，主導產業鏈不長，產業集聚效應不明顯。企業的集成創新、引進、消化吸收、再創新意識不夠強，能力不足，承擔重大技術裝備自主設計和成套供應的實力不突出，技術含量高、附加值高的精密加工和智能控制等裝備比例低，產品多數處於產業分工價值鏈的中低端。[1] 導致產品附加值低、產業利潤不高、企業技術創新資金不足等問題，進一步削弱了中部地區產業價值鏈提升的能力，整個產業體系也因缺乏高端產業的支撐和引領而難以實現體系化發展和不斷向更高層級的產業體系演進。

(3) 資源環境承載能力下降，產業的可持續發展能力不強

由於缺乏高端產業的支撐和產業整體技術水平較低，使得中部地區經濟整體上還呈現出粗放式發展的特徵。如中部六省以全國27%的人口實現了19%

---

[1] 範恒山，趙凌雲．促進中部地區崛起重大戰略問題研究［M］．北京：中國財政經濟出版社，2010：175．

的國內生產總值，人均 GDP、城鎮居民可支配收入和農村居民人均純收入均低於全國平均水平；單位產出占用的資源和能源需求處於較高水平，每平方千米產出水平尚不足東部沿海地區的 1/3，單位 GDP 的能耗和水耗均高於全國平均水平。2011 年，中部地區萬元地區生產總值能耗為 0.978 噸標準煤/萬元，高於東部地區 0.25 個百分點。支撐生產發展的能源生產和消費結構也不合理，能源生產以初級產品為主、附加值低，能源消費以煤炭等傳統化石能源為代表的高碳能源為主，其中煤炭在各省以此能源消費中的比例均大於 70%，風能、太陽能、生物質能等清潔能源和替代能源的應用比例依然偏小，並由此造成污染排放較高。① 這種粗放式發展模式將不可避免地造成中部地區資源能源和環境承載能力下降，不利於產業的可持續發展。

6.3.2 中部地區推進現代產業體系實現的發展方向和戰略重點

根據以上分析，中部地區現代產業體系的發展在具有區域整體經濟發展活力較強、區位和交通優勢相對明顯、能源和礦產資源豐富、產業發展基礎較好等發展優勢的同時，也面臨區域間專業化分工協作效應不突出、總體產業層次較低、資源環境承載能力下降，產業的可持續發展能力不強等問題。中部地區在未來的發展中應該堅持深化體制機制改革和擴大對外開放的原則，從以往的僅僅注重區域和國內市場的「內向型」發展模式，向以國內市場為主、國外市場為輔的內外兼修的「綜合型」發展模式轉變，以發展國外市場為基點引導區域內產業技術水平的提高和產業結構的升級，以國內市場為基礎不斷促進區域內產業的規模化和體系化發展，同時促進區域內產業與其他地區產業的分工協作，從而在區域合作中實現中國產業發展的承東啓西和一體化發展。在總結中部地區產業發展的優勢和劣勢的基礎上，我們認為中部地區現代產業體系發展應該注意以下幾點②：

1. 夯實農業產業發展基礎

中部地區是中國重要糧食基地，區域內有鄱陽湖平原、江漢平原、江淮地區、洞庭湖平原和華北平原等中國主要的商品糧基地，是中國重要的「糧倉」。因此，中部地區現代產業體系的發展不能忽視農業的發展，而且必須不斷夯實農業的基礎地位，紮實推進該地區的農業現代化，調整優化農業產業結

---

① 範恒山，等.「十二五」時期促進中部崛起若干問題研究 [M]. 武漢：武漢大學出版社，2011：118.

② 以下參考了《中共中央國務院關於促進中部地區崛起的若干意見》《國務院關於大力實施促進中部地區崛起戰略的若干意見》，以及中部各省的「十二五」規劃和相關產業規劃。

構。一是穩定糧食生產。把嚴格保護耕地放在突出地位，穩定糧食種植面積，提高糧食單產水平和商品率。完善對種糧農民直接補貼制度，繼續安排資金支持良種補貼和農機具購置補貼。逐步解決中部地區糧食主產區糧食流通領域的歷史遺留問題。加快制定促進糧食產區與銷區建立穩定購銷協作機制的政策措施。二是加強農業基礎設施建設。加強病險水庫除險加固，繼續開展節水改造、干旱山區雨水集蓄利用項目建設。加大對農業綜合開發、土地整理、中低產田改造、大型商品糧生產基地建設以及旱作農業的投入。繼續實施優質糧食產業工程、畜禽良種工程、超雜交水稻等種子工程和植物保護工程。加強動物疫病防治，推進農業科技推廣、應用和服務體系建設。三是發展農業產業化經營和農產品加工業，調整農業產業結構。加大對農業產業化龍頭企業和農民專業合作經濟組織的支持力度，引導龍頭企業、合作組織與農戶建立利益聯結關係，發展有優勢的農產品加工業，重點建設一批優質、專用、規模化和標準化的農產品加工基地，不斷增加農民收入。[①] 在黃淮海平原、江漢平原、鄱陽湖和洞庭湖地區、山西中南部等農產品優勢產區規劃建設一批現代農業示範區，著力發展高產、優質、高效、生態、安全農業，力爭使中部地區走在全國農業現代化前列。

2. 提升能源和原材料產業發展水平

中部地區擁有豐富的銅、鋁、金、銀、煤等礦產資源，但由於產業發展技術水平不高、產業組織結構不合理、產業鏈延伸不夠等問題，使得資源利用效率不高、資源浪費和環境污染問題加重。並且，材料產業屬於基礎性產業，既具有傳統產業的性質，又具有新興產業的功能，如新材料產業，材料產業發展水平的高低直接關係著一國裝備製造業的發展和高新技術產業的發展。美國、德國、日本等發達國家之所以擁有具有國際競爭力的裝備製造業，很大程度上就是因為其擁有發達的材料產業作為支撐。因此，中部地區在發展現代產業體系的過程中，應該著力提升能源和原材料產業的發展水平，使原材料產業成為裝備製造業和高新技術產業的重要支撐。一是整合煤炭等礦產資源，提高資源能源的綜合利用水平。繼續推進晉北、晉東、晉中、淮南、淮北和河南大型煤炭基地建設，積極淘汰煤炭落後產能，加快實施煤炭資源整合和兼並重組，培育大型煤炭企業集團。支持在長江沿岸規劃建設大型煤炭儲備中心。加強煤層氣資源開發利用，鼓勵採氣採煤一體化。加快大型火電基地建設，合理規劃建

[①] 中共中央國務院關於促進中部地區崛起的若干意見 [EB/OL]. http://www.qiyeku.com/xinwen/1155987.html.

設水電站。二是推進鋼鐵、石化、有色、建材等優勢產業結構調整，通過走原材料產業與新興產業相融合等方式改進原材料產業的加工技術水平、加工工藝和產品結構，並在此基礎上延伸產業鏈，與裝備製造業等後續產業緊密相連、相互促進，不斷提高產品附加值和市場競爭力，實現原材料工業由大變強，推動建設佈局合理、優勢突出、體系完整、安全環保的原材料精深加工基地。

3. 加快發展高端裝備製造業

裝備製造業尤其是高端裝備製造業是中國現代產業體系的核心產業，是實現中國現代產業體系不斷升級演進的發動機。中部地區作為中國重要的裝備製造業基地，在發展現代產業體系的過程中，必須不斷提高裝備製造業的發展水平，促進裝備製造業不斷做大做強。一是依託骨幹企業或行業性龍頭企業，重點發展清潔高效發電技術裝備、高壓輸變電設備、大型礦山開採設備、石化裝備、大型施工機械、數控機床及關鍵功能部件、新型農業裝備、高速鐵路列車、大功率鐵路機車、新型地鐵車輛、汽車及零部件、高附加值船舶及配套等關鍵技術設備和整機的生產。[1] 二是推進高新技術產業與裝備製造業的融合發展。充分發揮武漢、長株潭地區綜合性國家高技術產業基地和武漢信息、南昌航空、合肥電子信息等專業性國家高技術產業基地的輻射帶動作用，以高新技術改造和提升裝備製造業的發展水平，推進高新技術產業與裝備製造業的融合發展，在此基礎上逐步形成一批自主創新能力強、產業技術水平高、產業關聯效應大、集聚和輻射帶動能力強的國家裝備製造業產業集群，在此基礎上配套發展相應的物流業等現代服務業，使原材料產業、裝備製造業與現代服務業之間形成一個相互促進、互動發展的產業體系。同時，依託產業集群和現代產業體系的發展，帶動周邊地區工業化、城市化的發展，實現現代產業體系與現代城鎮體系在時間、空間上互動發展，即在發展前期以現代產業體系帶動現代城鎮體系，在發展後期以現代城鎮體系進一步促進現代產業體系發展，從而推進產業的合理佈局與城市功能的有效提升。

4. 加強區域之間的合作與交流

中部地區位於中國內陸腹地，人口眾多，自然、文化和旅遊資源豐富，科教基礎較好；已逐步形成便捷通達的水陸空交通網絡，具有承東啟西、連南通北的區位優勢。通過加強與東部和西部的交流與合作，使中國在東中西部地區的產業發展上呈現出空間上有序佈局、產業能級高低搭配適當、產業集中與分

---

[1] 中共中央國務院關於促進中部地區崛起的若干意見 [EB/OL]. http://www.qiyeku.com/xinwen/1155987.html.

散相結合的格局。一是推進區域性產業的集中發展，培育區域增長極。按照全國主體功能區規劃要求，依託長江黃金水道和重大交通干線，加快構建沿隴海、沿京廣、沿京九和沿長江經濟帶，引導人口和產業集聚發展，促進經濟合理佈局。重點推進太原城市群、皖江城市帶、鄱陽湖生態經濟區、中原經濟區、武漢城市圈、環長株潭城市群等重點區域發展，形成帶動中部地區崛起的核心地帶和全國重要的經濟增長極。推動晉中南、皖北、贛南、湘南地區開發開放，加快漢江流域綜合開發，打造湘西、鄂西生態文化旅遊圈和皖南國際文化旅遊示範區，培育新的經濟增長帶。二是加強中部地區與東部和西部、東北地區之間的區域性合作和交流。首先是可以擴大中部地區產業的產品市場，實現相關企業的規模化發展；其次，通過中部地區企業與東部、西部和東北地區企業之間交流合作，有利於促進行業內企業的整合和重組、提高不同產業之間的關聯發展水平，最終促進國內各產業的關聯協調發展和整個現代產業體系的形成。

6.4　西部地區現代產業體系的實現

西部地區包括內蒙古、廣西、重慶、四川、貴州、雲南、西藏、陝西、甘肅、青海、寧夏和新疆12省（市、自治區）。2011年，西部地區總人口為36,221.7萬，占全國的總人口數的27%；區域內GDP為100,235萬元，占中國GDP總數的19.2%；區域內人均GDP為27,731元，低於全國平均水平（35,181元）7,450元；三次產業產值比例為13：51：36；城鎮居民可支配收入為18,159元，農村居民人均純收入5,247元，分別低於全國平均水平（21,810元和6,977元）3,650元和1,731元；貨物進出口總額為1,839億美元，占全國的5.0%[①]。

6.4.1　西部地區推進現代產業體系實現的現狀和問題

1. 西部地區現代產業體系發展現狀

（1）自然資源豐富

西部地區土地面積占中國國土面積的71.5%，區域內擁有種類和數量豐富的、開發價值極高的動植物資源。例如，雲南有植物物種3萬多種，包括熱

---

① 資料來源：根據《中國統計年鑒2012》整理得來。

帶、亞熱帶、溫帶、寒帶以及古老的、衍生的、外來的植物種類,優勢生物物種有觀賞植物、野生油料植物、天然香料植物、野生纖維植物、藥用植物等,號稱植物王國、香料王國、天然花園和藥物王國;動物物種中,有兩栖類 92 種、爬行類 145 種、鳥類 778 種、哺乳類 259 種,野生動物種類接近全國的 50%。西藏的生物資源豐富而獨特,物種的多樣性和種群的珍稀性共存的特點突出。西藏有藏北高原區、藏中和藏南河谷高原區、中喜馬拉雅南坡、東喜馬拉雅地區和藏東三江流域五大生態區。新疆的野生植物資源種類多、用途廣,已查明食用、藥用、工藝、固沙、觀賞等植物 3,000 多種,稀有植物 100 多種,野生動物資源有 130 多種,有經濟價值的 44 種。[①] 除此以外,西部地區還擁有豐富的能源和礦產資源,據統計,截至 2011 年,西部地區石油儲量為 117,565.3 萬噸,占全國總量的 36.29%;天然氣儲量為 33,796.29 億立方米,占全國總量的 84.06%;煤炭儲量為 886.69 億噸,占全國總量的 41.09%;錳礦石儲量 13,282.56 萬噸,占全國總量的 72.82%;鉻礦儲量 13,282.56 萬噸,占全國總量的 98.88%;釩礦儲量為 952.99 萬噸,占全國總量的 77.44%;原生鈦鐵礦 22,582.81 萬噸,占全國總量的 91.85%;銅礦儲量 1,254.76 萬噸,占全國總量的 44.61%;鉛礦儲量 870.37 萬噸,占全國總量的 67.38%;鋅礦儲量 2,310.45 萬噸,占全國總量的 73.95%;鋁土礦儲量 69,649.06 萬噸,占全國總量的 66.29%;磷礦儲量 15.81 萬噸,占全國總量的 54.65%[②]。這些豐富的自然資源和礦產資源,為西部地區發展特色農產品加工業和資源深加工產業提供了得天獨厚的優勢。

(2) 特色優勢產業發展較好

西部地區擁有得天獨厚的自然資源優勢和礦產資源優勢,這些資源優勢為西部地區特色農產品加工業的發展和其他資源性產業的發展打下了堅實的基礎。一是特色農產品加工業穩步發展。西部地區依託特有的特色農產品資源發展了一批特色農產品加工龍頭企業,形成了一批特色農產品加工業產業集群,有力地促進了西部地區的經濟社會發展。如廣西的制糖業、雲南的烤菸業、貴州的辣椒產業和白酒業、四川的杯酒和生豬產業、陝西的蘋果加工業、寧夏的牛羊肉產業和清真食品產業、新疆的紡織業和水果加工業、內蒙古的乳製品和羊絨製品產業等。二是裝備製造業發展基礎較好。西部地區的裝備製造業興起於「一五」、「二五」和「三線」建設時期,經過多年的發展,西部地區裝備

---

① 孔祥智,闕付新.特色農業:西部農業的優勢選擇和發展對策 [J].農業技術經濟,2003 (3):34.
② 資料來源:根據《中國統計年鑒 2012》整理得來。

製造業迅速崛起，形成了軍工製造、機器製造、航天航空、紡織、化工等一批在全國有影響力的裝備製造業企業和產業集群，並逐步發展成為全國重要的製造業基地。如重慶的嘉陵集團、建設集團、長安集團，內蒙古的一機集團、北重集團、北創集團、北奔公司，四川的中國二重、東方電機、東方汽輪機、成飛集團，陝西的陝汽集團、陝鼓集團、秦川機床、西航集團等。三是國防工業發展迅速。西部地區國防科技工業規模龐大、行業優勢明顯，已形成橫跨航天、航空、兵器、電子、船舶、核工業和眾多學科，廠、所、院、校相配套的國防科研、試驗、生產體系。僅陝西省 2008 年就有軍工企事業單位 143 個（其中科研院所 33 個），從業人員 23.3 萬人，專業技術人員 11.1 萬人；有 2 個國家重點實驗室、13 個國防重點實驗室、3 個國家級企業技術中心和 31 個省級企業技術中心、6 個國防區域計量站，承擔著全國 1/5 的軍工研製生產任務。[①]

(3) 具備一定的高科技產業發展基礎

一是擁有一批科研院所、高等院校和高科技人才。西部地區的西安、成都、重慶、蘭州等地聚集了大量的高校和科研院所，為西部地區高科技產業的發展集聚了大量的人才資源。2010 年，西部地區高等學校研發（R&D）從業人員為 583,681 人，研發（R&D）人員合計為 125,086 人；2011 年，西部地區本科生招生人數為 854,489 人，占全國總數的 23.96%；2010 年，西部地區有研發機構的企業數為 1,399 個，有研發（R&D）活動的企業數 1,276 個[②]。二是高新技術產業發展已初見成效。2010 年，西部地區共有 20 個國家級高新技術產業開發區（分別位於包頭、南寧、桂林、成都、重慶、綿陽、貴陽、昆明、西安、寶雞、楊凌、蘭州、烏魯木齊、渭南、青海、昌吉、白銀、柳州、寧夏、自貢），這些地區通過整合本地的特色礦產資源優勢和科技教育資源優勢，發展了一批高科技龍頭企業和大企業集團，對促進西部地區新興產業的帶動和傳統產業的改造升級發揮了積極的作用。2011 年，西部地區 20 個開發區擁有高新技術企業數為 8,353 個，從業人員達到 1,711,968 人，企業總產值達到 157,926,652.4 萬元，實現總收入 189,906,672.2 萬元，出口總額達到 3,021,638.53 萬元，分別占全國 88 個開發區的 14.65%、15.95%、14.94%、14.23、9.5%[③]。

---

① 任媛，安樹偉. 西部地區發展特色優勢產業的優劣勢分析 [J]. 生態經濟，2011（5）：127.
② 資料來源：根據《中國科技統計年鑒2011》和《中國統計年鑒2012》整理得來。
③ 資料來源：根據《中國統計年鑒2012》整理得來。

2. 西部地區現代產業體系發展存在的問題①

（1）區位和交通優勢不明顯

西部地區地處中國內陸深處，西邊與越南、緬甸、印度、巴基斯坦等國接壤，但由於喜馬拉雅山等山脈的阻隔以及越南、緬甸等國家的消費水平不高，沒能實現向西的市場拓展或外貿總量不大；東邊緊鄰中部和部分東部地區，除了部分沿江省市能夠利用水上運輸以降低運輸成本外，其他的省份要發展對發達國家的對外貿易均要依靠公路、鐵路和空中運輸，從而使得交通運輸成本大大增加，加上西部地區的對外貿易主要以資源型產品為主，產品附加值不高，更加重了西部地區外貿產業的成本壓力。儘管中國部分交通樞紐干線經過西部地區，但主要是到達一些綜合性大城市，很大部分二三級城市交通運輸狀況還不理想，更不用說縣域城市和農村，因此，西部地區客觀上還存在著鐵路、公路交通設施的密度稀、通達深度差、公路網等級低、運輸成本高等問題。2008年西部鐵路營業里程為29,535千米，平均密度為43千米/萬平方千米，相當於東部的20%；公路里程為142.11萬千米，平均密度為2,069千米/萬平方千米，相當於東部的20%；高速公路里程為16,456千米，平均密度為24千米/萬平方千米，相當於東部的10%，占西部公路的1.2%，占全國高速公路的27.3%②。這種鐵路、公路等基礎設施建設失衡的現狀極大地抑制了西部地區農業、工業和服務業的發展，也延緩了西部地區現代產業體系的發展。

（2）區域經濟整體實力較弱

西部地區擁有全國71.5%的土地和27%的人口，且有「三線建設」時期建立的較為完備的工業體系，但由於地理區位、交通通訊、市場觀念等原因，西部地區特色優勢產業發展速度較慢、總量不大。2013年，中國工業總產值為267,514.2億元，其中，東部地區為134,282.5億元，占全國的比重為50.2%；中部地區為57,888.39億元，占比為21.6%，西部地區為51,709.37億元，占比為19.3%。東部地區工業總產值是西部地區的2.6倍，西部地區的工業總產值遠遠低於東部地區，甚至低於中部地區。③

（3）產業技術水平不高

世界科技的迅猛發展和人們收入水平的不斷提高，不僅促進了產業技術水

---

① 詹懿. 再工業化背景下的西部傳統產業升級研究［J］. 現代經濟探討，2012（2）：51-53. 略有改動。

② 任媛，安樹偉. 西部地區發展特色優勢產業的優劣勢分析［J］. 生態經濟，2011（5）：128.

③ 資料來源：根據《中國統計年鑒2014》整理得來。

平的迅速提高、縮短了產品的生命週期、促進了產品結構的升級，而且加快了需求結構的迅速升級，這些都將推進產業的不斷升級。由於西部特色優勢產業生產技術手段的落後、產業鏈條短，造成低檔次、低附加值產品過剩，高檔次、高附加值產品不足，在市場上缺乏應有的競爭力。主要表現為中低檔產品多、高檔產品少，附加值低的產品多、附加值高的產品少，資源和勞動密集型產品多、技術密集型產品少，老產品多、新產品少，出現了先進產品產能不足與落後產品產能過剩並存、高質量產品供不應求與低質量產品供過於求並存的現象。

(4) 企業經營管理水平不高

西部地區特色優勢產業由於體制機制不靈活、信息化水平不高等原因，導致企業總體經營管理水平不高，盈利能力不強。2013年，西部地區規模以上工業企業的總資產貢獻率為11.9%，低於全國平均水平1.37個百分點；流動資產週轉次數為1.9次/年，低於全國2.3次/年的平均水平；同年，西部地區規模以上工業企業成本費用利潤率為7.2%，高於全國6.7的%平均水平（見表6-6）。可見，西部地區特色優勢產業企業資產利用率較低，工業企業產品結構不合理，適應市場需求的能力不強，企業經營管理水平不高，盈利能力還有待加強。

表6-6　　2013年中國各地區大中型工業企業主要經濟指標

地區	總資產貢獻率（%）	流動資產週轉次數（次/年）	成本費用利潤率（%）
全國	13.27	2.26	6.65
東部	13.18	2.18	6.92
中部	18.18	2.88	9.21
西部	13.79	2.56	5.66
東北地區	15.13	2.16	7.67

資料來源：根據《中國統計年鑒2014》計算得出。

(5) 品牌優勢不突出

根據市場營銷理論，所謂「一流企業做標準、二流企業做品牌、三流企業做產品」。西部特色優勢產業由於缺乏品牌尤其是高端品牌，使很多同類產品的在國內市場競爭中處於劣勢地位，更談不上走向國際市場。由此導致產品的市場份額難以擴大，產品附加值難以提升，產業利潤不高，產業技術升級難度加大等一系列問題。據統計資料顯示，2007年，中國共有名牌數為853個，其中，東部地區有637個，占全國的比重為74.68%；中部地區有134個，占

比為15.71%；西部地區有78個，占比為9.61%，其中最多的省份為四川省有21個，最少的省份為青海和西藏擁有名牌數為零。而同期東部的浙江和廣東擁有名牌數均為129個，山東擁有117個，江蘇擁有99個，均超過西部名牌數的總和，四個省份擁有的名牌數占全國的比重為55.5%，占一半以上。[1] 可見，西部特色優勢產業產品的品牌數總量還不多，品牌知名度還不高，品牌帶動能力還不強，特色優勢產業的提升迫切需要培育一批知名度高、競爭力強的優勢品牌。

(6) 技術創新能力較弱

「創新」是1912年由熊彼特在其成名作《經濟發展理論》中提出的，創新就是要「建立一種新的生產函數」，即「生產要素的重新組合」，就是要把一種從來沒有的關於生產要素和生產條件的「新組合」引進生產體系中去，以實現對生產要素或生產條件的「新組合」；而這種「新組合」的目的是獲得潛在的利潤，即最大限度地獲取超額利潤。西部特色優勢產業由於技術創新經費投入不足、創新的人才缺乏、技術創新的體制機制不健全等原因，導致了產業技術創新成果不明顯、高新技術產業支撐引領能力不強。

①技術創新投入不足。第一，技術創新經費投入不足。 是地區研發經費投入不足。2013年，西部地區研發經費投入僅占全國研發經費投入總額的12%，而同期中部和東部地區研發經費投入分別為西部的1.25倍和5.58倍，西部地區研發經費投入總量沒有一個超過全國平均水平（382.15億元）。2013年，西部地區R&D經費投入強度為0.93%，只有全國的一半，而同期中部和東部地區研發經費投入強度分別為西部的1.49倍和2.67倍，研發強度超過全國平均水平的只有陝西省（見表6-7）。二是企業研發經費投入不足。2013年，西部地區大中型工業企業研發強度為0.56%，低於全國平均水平（0.81%）0.25個百分點。其中，研發強度最高的重慶市為0.90%，高於全國平均水平，而最低的省份為雲南、青海和新疆，分別只有0.46%、0.44%和37%，僅只有全國平均水平的一半。2013年，西部地區大中型工業企業新產品開發經費占全國的比重為9.49%，同期新產品銷售收入占全國的比重僅為8.16%。可見，西部地區研發投入存在總量不足、地區差異大等問題，促進特色優勢產業技術升級的資金支持和先進技術成果支撐不夠，西部特色優勢產業升級的經費投入和自主創新能力有待加強。

---

① 整理 http://www.chinamp.org/govfile/2007nianmingpaigonggao.htm 數據得來。

表 6-7　　　　2013 年中國各地區 R&D 經費投入及產出情況

地區	R&D 經費(億元)	R&D 經費投入強度(%)	專利申請授權數(項)
全國	11,846.6	2.08	1,228,413
東部	7,924.7	2.47	628,784
中部	1,771.1	1.38	150 018
西部	1,420.5	0.93	129,843
東北地區	730.4	1.24	47,694
廣西	107.7	0.75	7,884
內蒙古	117.2	0.7	3,836
重慶	176.5	1.39	24,828
四川	400	1.52	46,171
貴州	47.2	0.59	7,915
雲南	79.8	0.68	6,804
西藏	2.3	0.29	121
陝西	342.7	2.14	20,836
甘肅	66.9	1.07	4,737
青海	13.8	0.65	502
寧夏	20.9	0.81	1,211
新疆	45.5	0.54	4,998

資料來源：根據《2013 年全國科技經費投入統計公報》和《中國統計年鑒 2014》整理得來。

第二，技術創新人員投入不足。2013 年，西部地區研發（R&D）人員總數為 678,101 人，其中博士 44,366 人、碩士 115,316 人、本科 209,913 人，分別占全國的比例為 13.51%、15.43%、17.44%、15.12%。同年，西部地區研發（R&D）人員全時當量為 242,188 人年，占全國的比重僅為 9.7%，而同期中部和東部地區研發（R&D）人員全時當量分別為西部的 1.8 倍和 7 倍[1]。

②技術創新成果不明顯。第一，科研成果總量不多。2013 年，西部地區專利申請授權數為 129,843 項，僅占全國專利授權總數的 10.57%，而同期中部和東部分別為西部的 1.16 倍和 6.8 倍。西部地區三種專利申請授權數分別為：發明 95,045 項，實用新型 118,320 項，外觀設計 57,699 項，比例為 35：44：21[2]。第二，科研成果轉化率不高。美國經濟學家曼斯菲爾德（Mansfield M）認為，

---

[1]　資料來源：根據《中國統計年鑒 2014》相關數據整理得來。
[2]　資料來源：根據《中國科技統計年鑒 2014》相關數據整理得來。

當一項發明被首次採用時可以稱之為技術創新。2013 年，儘管西部地區專利申請授權數達到 271,064 項，但轉化率卻遠低於東部地區，大量的科研成果還僅僅停留在技術發明的水平上，沒有轉化成真正的技術創新。2013 年西部地區規模以上工業企業新產品銷售收入為 104,806,663 萬元，占全國的 8.16%，而同期中部和東部地區的新產品銷售收入分別為西部的 2.12 倍和 8.62 倍①，差距比較大。可見，要提高西部地區特色優勢產業的自主創新能力，科研成果總產出量和科研成果轉化率還有待提高。

(7) 產業集中度低，規模經濟效應不突出

①缺乏擁有核心技術和帶動效應強的大企業集團。第一，大企業集團數量少。根據《中國統計年鑒 2012》公布的數據計算，2011 年全國規模以上工業企業數為 325,609 個，其中東部地區為 196,949 個，占全國規模以上工業企業數的比重為 60.49%；中部地區為 64,026 個，占比為 19.66%；西部地區為 34,497 個，占比為 10.59%，遠遠低於東部和中部地區的企業數。根據 2011 年中國民營企業 500 強名單數據，西部地區上榜企業共有 51 家，比 2010 年少了 2 家，僅相當於總數的十分之一，且主要為傳統產業企業。第二，規模經濟效應不突出。2011 年，全國規模以上工業企業利潤總額為 61,396.33 億元，其中東部為 33,590.26 億元，占比為 54.71%；中部為 11,992.9 億元，占比為 19.53%；西部為 9,939.38 億元，占比為 16.19%，東北地區為 5,133.83 億元，占比為 8.36%，東部地區規模以上工業企業利潤總額是西部地區的 3.38 倍。而且，單位資產利潤率全國為 9.08%，東部為 8.90%，中部為 10.06%，西部為 8.60%，低於全國平均水平 0.48 個百分點。第三，產業就業帶動效應不強。2011 年，全國規模以上工業企業從業人員數為 9,167.29 萬人，其中東部為 5,429.65 萬人，占比為 59.23%；中部為 1,796.09 萬人，占比為 19.59%；西部為 1,163.42 萬人，占比為 12.69%（見表 6-8）。可見，西部地區工業企業存在大企業集團少、規模經濟效應不突出、就業帶動效應不強等問題，要實現現代產業體系的發展，大企業集團的培育還有待加強。

表 6-8　　2011 年全國分地區規模以上工業企業主要指標

	全國	東部	中部	西部	東北
企業數（個）	325,609	196,949	64,026	34,497	25,449
資產總額（億元）	675,796.9	377,294.6	119,215	115,614.8	55,235.01

---

① 資料來源：根據《中國科技統計年鑒 2014》相關數據整理得來。

表6-8(續)

	全國	東部	中部	西部	東北
利潤總額（億元）	61,396.33	33,590.26	11,992.9	9,939.38	5,133.83
資產利潤率（%）	9.08	8.90	10.06	8.60	9.29
就業人數（萬人）	9,167.29	5,429.65	1,796.09	1,163.42	642.66

資料來源：根據《中國統計年鑒2012》整理得來。

②產業集群數量和規模不大，協作效益不明顯。產業集群作為一種介於市場和等級制之間的一種新的空間經濟組織形式，由於其規模經濟效應、範圍經濟效應、要素集聚效應和技術擴散效應，對促進區域產業的專業化分工協作具有重要作用。但是，西部地區有相當一批傳統工業是在「三線建設」時期建立的，在當時「山、散、洞」原則指導下，企業的空間佈局過於分散和偏僻，產業鏈條短，運輸成本居高不下，生產協作難以進行，致使經濟效益低下。據統計，到2006年年底，中國共有產業集群數4,605個，其中東部3,630個、中部557個、西部418個，東、中、西部地區的產業集群數量比例約為79：12：9[①]，且主要為傳統製造業產業集群。另外，中國社科院工業經濟研究所對外發布的「2009中國百佳產業集群」的獲選名單，西部地區只有4個產業集群進入名單，分別是中國壁山摩托車產業集群、中國仁懷白酒產業集群、中國寶雞鈦業產業集群、中國石河子棉紡織產業集群，而東部地區總數為81個，中部地區總數為15個，東部地區集群數較多的省份為浙江24個、江蘇15個、廣東13個、山東11個。據統計，2005年浙江省產業集群的工業總產值超過萬億元，占全省工業總產值的一半多；而四川省集群銷售收入僅為671.4億元，占全省規模以上企業銷售總額的11.2%[②]，與浙江省的差距較大。可見，西部地區產業集群的發展還存在數量不多、規模不大的現狀，產業集群的要素集聚能力和經濟輻射帶動能力還有待加強，產業集群對促進區域現代產業體系發展的支撐作用還有待提高。

6.4.2 西部地區推進現代產業體系實現的發展方向和戰略重點

根據以上分析，西部地區現代產業體系的發展在具有自然資源豐富、特色優勢產業發展較好、具備一定高科技產業發展基礎等優勢的同時，也存在一系

---

① 劉世錦.中國產業集群發展報告（2007—2008）.北京：中國發展出版社，2008：19-20.
② 中國產業集群發展報告課題組.中國產業集群發展報告［M］.北京：機械工業出版社，2009：19、24.

列問題，如區位和交通優勢不明顯；區域整體經濟實力較弱；傳統產業技術水平不高，產品結構不合理；企業經營管理水平不高，盈利能力不強；品牌優勢不突出；技術創新能力較弱，高新技術產業滲透引領能力不強；產業集中度低，規模經濟效應不突出等。在國家實施新一輪西部大開發的背景下，西部地區應該積極借助國家給予的各項優惠政策，著力發展資源深加工產業、高端裝備製造業、新一代信息技術、新材料、新能源、生物等產業、特色農產品加工業等產業；以培育具有國內和國際競爭力的大型企業集團為主體；以培育和發展優勢產業帶和產業集群為載體；以提高區域產業自主創新能力為突破口；以促進東中西部地區之間產業互動、提高區域之間的產業互補性和產業規模化發展能力為手段；以培育中高端產業、實現中等收入者占多數的收入分配結構、著力啟動內需為動力；以發展國內市場為主，向東發展國家產品市場，向南發展東南亞國家市場，向西打通和開闢亞歐大陸商貿物流渠道，使之成為西部和中國現代產業體系開闢亞歐市場和獲取能源原材料的重要渠道為戰略方向。在總結西部地區產業發展的優勢和劣勢的基礎上，我們認為西部地區現代產業體系發展應該注意以下幾點：

1. 發展特色農產品加工業

發展特色農產品加工業是破解西部地區「三農」問題的重要突破口，促進西部地區工業化、城鎮化、農業現代化「三化」聯動推進的重要紐帶，加快新一輪西部大開發的重要著力點，促進西部地區城鄉統籌發展的重要載體。一是構建以特色農產品加工業為核心的產業鏈，產業前端與包裝、物流、營銷等服務業緊密聯繫，產業中端與食品研發、裝備製造、高新技術研發等產業緊密聯繫，產業後端與農業科研、生產、基礎設施建設等緊密聯繫，在此基礎上促進三次產業互動發展，不斷增強工業的輻射帶動能力、農業的基礎支撐能力和服務業的加速推進能力。二是以特色農產品加工業帶動特色農產品的種養殖業發展，以特色農產品種養殖業的生產、加工為產業載體，以經濟效益為基礎，引導當地農民或種養殖大戶保護生態環境，形成以經濟發展促進生態保護的集經濟效益、生態效益、社會效益「三位一體」的特色經濟發展模式。三是以特色農產品加工業為龍頭引導農業產業化項目發展，並以項目為基礎整合水利、交通等基礎設施建設以及區域性特色優勢產業發展。四是發揮農產品加工業勞動密集型的特徵，吸納周邊地區農村剩餘勞動力進城務工，依託當地親緣、地緣等文化優勢逐步促進當地農民工的市民化，以中小型城鎮為載體逐步推進區域的城鎮化。五是在特色農產品加工業的引領下，以農產品加工業的市場化、規模化發展促進農業生產的規模化、標準化、設施化、基地化等發展，

促進農產品品種結構的調整和農業科技水平的提升,促進農業生產組織模式的創新和培養新型農民,逐步提高西部地區農業現代化水平。六是發揮特色農產品加工業的產業關聯效應促進相關的包裝、加工設備製造業、研發、生物制藥、物流等產業的發展。

2. 促進傳統產業改造升級

傳統產業作為西部地區現代產業體系的重要組成部分,在支撐和促進產業發展和產業體系的演進中發揮著重要作用,是區域經濟發展的支柱產業。因此,西部現代產業體系的發展必須同步或超前推進傳統產業的改造升級。在目前西部地區工業化處於初期或中期而又面臨全球信息化衝擊的背景下,要改變西部傳統產業技術水平不高、產品附加值低、產業粗放型發展特徵明顯的局面,實現從傳統工業化道路向新型工業化道路轉變,必須堅持以信息化帶動工業化,以工業化促進信息化,利用高新技術改造和提升傳統產業,從軟硬件兩個方面解決西部傳統產業技術水平不高的問題。一是堅持以信息化帶動工業化,工業化促進信息化,促進信息化與工業化的融合推進。積極發展信息產業,推進企業的研發、設計、生產、營銷、物流等環節的信息化,增加 CAD、CAPP、CAM、CIMS、ERP、EC 等信息化環節在傳統產業中的應用,提高西部傳統產業企業的管理營運效率和高端製造能力。二是促進高新技術產業與西部傳統產業的融合,在融合中促進傳統產業的改造提升。發達國家改造提升傳統產業的歷史和經驗表明,高新技術產業與傳統產業之間是互動的關係,高新技術產業依靠傳統產業的市場和資金支持,而傳統產業依靠高新技術產業的技術支持。西部傳統產業的改造提升完全可以而且應該通過高新技術產業與傳統產業的融合,使高新技術產業的產品和技術滲透到傳統產業中,從而擴大傳統產業的市場容量,促進傳統產業產品的更新換代,並在此基礎上培育新業態、創造新產品,如新能源產業與汽車產業的融合促進了新能源汽車的出現。[①]

3. 振興老工業基地

西部地區聚集了一批「一五」、「二五」和「三線建設」時期建立和發展的以裝備製造業為核心的老工業基地,這些製造業的發展和工業基地的建立在推進西部地區工業化、城市化進程中發揮了重要的作用,但隨著產業技術的升級換代、消費結構的變化、沿海地區製造業的高速發展和國外企業的激烈競爭,西部地區的製造業發展遭遇了「寒冬期」,工廠開工不足或倒閉、工人被迫轉行、地區經濟發展乏力、城鎮化發展緩慢或止步、以原有製造業為核心的

---

① 詹懿. 再工業化背景下的西部傳統產業升級研究 [J]. 現代經濟探討,2012 (2):53-54.

產業體系面臨崩潰和瓦解，等等。基於此，在西部現代產業體系發展的過程中，不管是從需求上培育消費需求能力，還是促進關聯產業的發展，必須提高對振興老工業基地的重視。一是促進老工業基地產業的轉型升級，老工業基地的產業技術水平普遍不高，必須通過企業重組、加強技術創新人才的引進和培養力度、強化產學研合作等方式提高企業引進消化吸收和再創新能力、集成創新能力以及自主創新能力，延伸原有產業的產業鏈，使企業真正走上依靠科技進步和勞動者素質提高的，科技含量高、經濟效益好、資源消耗低、環境污染少、人力資源優勢得到充分發揮的新型工業化路子上來，不斷提高企業及其產品的市場競爭力。二是培育老工業基地的接續產業。部分老工業基地尤其是資源型老工業基地，其產業和區域經濟的發展與資源的數量和質量緊密相關，資源的耗竭將直接導致產業衰退，而「區域性產業衰退的原因在於其產業結構的單一化，產業結構老化的速度大於其更新的速度」[1]。因此，必須通過發展特色優勢產業、發展循環經濟、大力發展新興產業、促進產業的信息化改造等方式培育接續產業，使原區域的產業體系能夠在新的產業的帶動下繼續或重新得以完善和發展。

4. 大力發展戰略性新興產業

儘管西部地區傳統產業支撐了工業化和城市化的發展，但在當今世界科技發展日新月異的背景下，傳統產業在未來的發展中將難以承擔推進現代產業體系升級的需要。因此，要實現西部現代產業體系的體系化和高端化發展，必須加快發展戰略性新興產業。要發揮西部地區大中型城市如成都、西安、重慶等城市研究機構多、人才資源豐富、科研實力強的優勢，結合西部傳統產業的提升，依託西部各省的高新技術產業開發區和經濟技術開發區，有選擇、有重點的發展一批市場前景廣闊、技術擴散效應強的戰略性新興產業，如新能源、新材料、生物、新一代信息技術、高端裝備製造業等。在此基礎上逐步形成一批行業特色鮮明、技術水平較高、產業競爭優勢明顯、產業鏈佈局相對合理的戰略性新興產業基地[2]。如重慶可以重點發展高端裝備製造業、新一代信息技術、新材料等戰略性新興產業，以戰略性新興產業促進傳統產業改造升級，以戰略性新興產業引領高端產業發展，以戰略性新興產業促進相關產業的融合互動發展，以戰略性新興產業引導現代服務業配套發展，最終形成以裝備製造業為核心、信息產業和戰略性新興產業為先導、現代服務業配套發展的現代產業體系。

---

[1] 任保平. 衰退工業區的產業重建與政策選擇：德國魯爾區的案例 [M]. 北京：中國經濟出版社，2007：105.

[2] 詹懿. 再工業化背景下的西部傳統產業升級研究 [J]. 現代經濟探討，2012（2）：53.

6.5 東北地區現代產業體系的實現

東北地區包括遼寧、吉林和黑龍江3個省份。2011年,東北部地區總人口為10,966.4萬,占全國的總人口數的8.2%;區域內GDP為45,377.5萬元,占中國GDP總數的8.7%;區域內人均GDP為41,400元,高於全國平均水平(35,181元)6,219元;三次產業產值比例為11:53:36;城鎮居民可支配收入為18,301元,農村居民人均純收入7,791元,其中城鎮居民可支配收入低於全國平均水平(21,810元)3,508元,農村居民人均純收入高於全國平均水平(6,977元)813元;貨物進出口總額為1,566.2億美元,占全國的4.3%。[①]

6.5.1 東北地區推進現代產業體系實現的現狀和問題

1. 東北地區現代產業體系發展現狀

(1) 農業基礎較為紮實

東北地區是中國重要的商品糧基地,中國九大商品糧基地有2個位於東北地區,隨著東部沿海地區工業化、城市化的快速推進,中國糧食調運結構逐漸由「南糧北運」向「北糧南運」轉變,東北地區農業的基礎地位更加凸顯。在國家和地方政府的共同推動下,經過多年的發展,東北地區農業的基礎保障能力正呈現出逐年提高的趨勢。一是糧食供給能力逐漸增強。據有關研究預測,若按人均需求糧食400千克測算,東北地區2010年提供的商品糧可滿足1.34億~1.38億人的需求,到2030年可滿足1.67億~1.85億人的需求,即東北地區提供的商品糧可滿足中國未來50%新增人口的需求[②]。二是農業機械化水平較高,農業現代化發展潛力較大。據統計,2011年年底,東北三省農業機械總動力達到8,852.769萬千瓦,比2010年增長8.89%;大中型拖拉機1,257,000臺,增長14.28%;大中型拖拉機配套農具達到1,851,200部,比2010年同期增長20.47%;小型拖拉機1,608,600臺,比2010年增長2.59%;小型拖拉機配套農具達到3,502,800部,比2010年增長3.96%;農用排灌柴油機數量735,900臺,比2010年增長2.19%。據調查,2011年,東北地區農

---

① 資料來源:根據《中國統計年鑒2012》整理得來。
② 劉興土,佟連軍,武志杰,等. 東北地區糧食生產潛力的分析與預測[J]. 地理科學,1998, 18 (6): 501-509.

村居民家庭平均每百戶擁有大中型拖拉機 15.06 臺，擁有小型和手扶拖拉機 36.31 臺，擁有機動脫粒機 3.86 臺，擁有農用水泵 28.97 臺。[1]

(2) 擁有較為完整的工業體系

東北地區是中國工業發展較早，也是工業體系較為完善的地區之一。東北地區的工業基礎主要形成於中國國民經濟恢復時期，當時完全是出於國家戰略角度的考慮，將前蘇聯幫助中國建設的 156 項重點項目中的 58 個安排在東北三省，這些重點項目主要集中在機械、石油、化學和冶金等行業。「一五」期間，國家在東北三省的固定資產投資總額高達 124.34 億元，占全國的 20.33%。「二五」期間，固定資產投資總額為 183.67 億元，比「一五」增長了 42.5%，工業總產值達到 1,413.4 億元，比「一五」時期增長了 120.5%。同時東北地區圍繞「一五」、「二五」的重大項目，又投資基礎建設資金 316.6 億元，建成了各類國有企業 5,683 個，涉及八大部門，三十多個行業，工業體系更趨完善，老工業基地基礎更加牢固。在這之後，國家在不同的歷史時期，根據發展的需要，仍然在投入，一直到 1985 年的「撥改貸」。這一工業發展史，使東北三省的重化工業結構被「固化」，到目前為止，東北基本形成了以鋼鐵、機械、石油、化工、建材、煤炭等重工業為主體的基礎設施比較完善的工業基地，以瀋陽、大連、長春、哈爾濱和齊齊哈爾等重工業城市為代表的東北老工業基地，基本建成了獨立、完整的工業體系和國民經濟體系。[2] 經過多年的發展，東北地區的數控機床、遠洋船舶等裝備製造業具備較強的市場競爭力。如遼寧省機械成套裝備和重大裝備製造在國內居於領先地位，重型裝備類產品在國內具有不可替代的地位，數控機床、遠洋船舶、鐵路內燃機車、輸配電及燃氣輪機設備、石化專用設備、中央空調成套和冷凍及冷藏設備、礦山設備、冶金設備、軸承系列、輕型客車、車用柴油機和軍工等裝備產品在全國市場中有較高的市場佔有率。[3]

2. 東北地區現代產業體系發展存在的問題

(1) 高新技術產業發展緩慢

東北地區由於技術的引進、消化、吸收、再創新力度不夠、產業自主創新能力不強等原因，導致高新技術產業發展緩慢，現代產業體系因缺乏高新技術

---

[1] 資料來源：根據《中國統計年鑒 2012》和《中國統計年鑒 2011》整理得來。
[2] 蔣南平，黃方正. 可持續發展：振興東北老工業基地的關鍵 [J]. 當代經濟研究，2004 (10)：42.
[3] 王福君，沈頌東. 東北裝備製造業區域合作的重點、模式與對策研究 [J]. 東北師大學報：哲學社會科學版，2011 (3)：54.

產業的支撐和引領而難以實現高端化發展和向更高的水平演進。據統計，2011年，東北地區高新技術產業企業數為1,207個，從業人員數為399,562人，高新技術產業總產值為3,300.4億元，資產總計2,914.1億元，主營業務收入為3,289.3億元，利潤為298.5億元，稅收為397.5億元，出口交貨值為439.4億元，分別僅占全國的5.57%、3.48%、3.73%、4.49%、3.76%、5.69%、5.09%和1.08%[1]，與東北地區GDP占全國8.7%的比例不相稱。2010年，東北地區大中型工業企業中有研發機構的企業數為397個，占全國的比例為3.16%，占東北地區大中型企業數的比重為15.35%，而同期全國的平均水平為27.6%[2]。可見，東北地區高新技術產業的發展與全國其他地區還存在一定的差距，在促進現代產業體系發展的作用方面還有待加強。

(2) 資源性產業發展受阻，後續替代產業發展緩慢

東北地區產業體系中資源性產業佔有重要比重，但由於長期以來的掠奪式開發和粗放式發展，導致區域內資源能源儲量急遽下降，加上後續產業發展緩慢，使得整個區域經濟發展的可持續性大大降低。目前，東北老工業基地部分重點地區的礦產資源，已經瀕臨枯竭甚至完全枯竭，面臨無法維持下去的嚴峻局面，全面轉產已經不可避免。由於多年超強度開採，資源儲量下降，開採成本大幅度上升，依賴原油等特定自然資源形成的經濟優勢逐步喪失。例如年產量占全國石油產量一半的大慶油田可開採數量只剩下30%，到2020年，年產量只能維持在2,000萬噸，而且還需要大幅度增加成本投入。黑龍江省的四大煤炭生產基地雞西、雙鴨山、鶴崗、七臺河，已經面臨煤炭資源枯竭的局面；森林工業基地伊春，16個林業局中已經有12個無木可採，可採木材量不足500萬立方米。由於產業結構慣性的影響，加之體制和意識方面的落後，新興後續產業發展嚴重不足，經濟增長面臨難以為繼的局面。[3]

(3) 產業關聯互動發展效應不突出

東北地區現代產業體系的發展由於國有企業比重過高、區域間分工合作不足等「大而全、小而全」問題，使得整個地區產業關聯互動發展效應不突出，產業的體系化發展受阻。一是三次產業之間互動發展不夠。「從產業結構的演化過程看，東北老工業基地發展的初衷是為國民經濟工業化提供技術裝備而優先發展重工業，可在工業化進程中排斥了對第一產業和第三產業的升級改造和相應發展，結果重工業走了一條自我發展之路，在產業間缺乏有效的協同，起

---

[1] 資料來源：根據《中國高新技術產業統計年鑒2012》整理得來。
[2] 資料來源：根據《中國科技統計年鑒2011》整理得來。
[3] 韓嘉彬，任嘉真. 振興東北老工業基地與工業化建設[J]. 理論導刊，2006 (2)：70.

不到有效的帶動作用，其他產業也不足以維持重工業的發展。形成產業內部自我循環的運行方式，致使各行業與企業間鏈條的斷裂，減少了工業基地對本區域的擴散效應。」① 二是主導產業對關聯產業的輻射帶動能力有限。「根據國際規律，汽車對上游產業的帶動力大體為 1：1，對汽車服務業等下游產業的帶動力為 1：2。照此計算，汽車對上下游產業的帶動力應達到千億元以上，但吉林省並沒有發揮出這一潛能。該省鋼鐵工業生產出來的鋼多是建築用鋼，沒有汽車用鋼；吉林省的優勢企業石化工業生產出能用於汽車的產品也寥寥無幾。」②

（4）老工業基地衰退問題突出

東北地區是中國最早建立的工業基地，被稱為「新中國工業的搖籃」，為中國工業體系的完善發揮了重要的作用，但由於體制機制、技術水平、產業結構調整等原因，導致產業技術水平提高緩慢、產業結構調整乏力、工人失業下崗等老工業基地問題。老工業基地是指那些在長期的工業發展和工業化過程中形成的曾經對較大區域範圍或全國經濟發展產生較大影響的工業集中分佈的城市或區域③。這些城市中有一半左右分佈在東北三省，幾乎覆蓋了東北三省的主要城市。隨著改革開放的深入，老工業基地的體制性、結構性矛盾日益顯現，進一步發展面臨諸多困難和問題，如市場化程度低，經濟發展活力不足；所有制結構較為單一，國有經濟比重偏高；產業結構調整緩慢，企業設備和技術老化；企業辦社會等歷史包袱沉重，社會保障和就業壓力大；資源型城市主導產業衰退，接續產業亟待發展。④

6.5.2 東北地區推進現代產業體系實現的發展方向和戰略重點

根據以上分析，中國東北地區現代產業體系的發展在具有農業基礎較為紮實和擁有較為完整的工業體系等優勢的同時，也存在一系列問題，如高新技術產業發展緩慢；資源性產業發展受阻，後續替代產業發展緩慢；新興產業比重過低，產業結構調整緩慢；產業關聯互動發展效應不突出；老工業基地衰退問題突出等。在國家實施東北地區等老工業基地振興戰略的背景下，東北地區應

---

① 侯志茹.產業價值鏈視角下的東北地區產業集群發展問題研究［J］.經濟縱橫，2009（12）：77.

② 侯志茹.產業價值鏈視角下的東北地區產業集群發展問題研究［J］.經濟縱橫，2009（12）：77.

③ 中國企業管理研究會，中國社會科學院管理科學研究中心.東北老工業基地振興與管理現代化［M］.北京：中國財政經濟出版社，2005：4.

④ 改革雜誌社專題研究部.東北3省經濟發展定位及其總體框架［J］.改革，2012（9）：16.

該借助國家給予的各項優惠政策，著力發展現代農業、農產品加工業、新一代信息技術、新材料、新能源、生物、資源精深加工產業、高端裝備製造業等產業；以提高產業自主創新能力和產業關聯發展能力為突破口；以提高資源能源利用效率、延伸產業鏈、促進關聯產業發展等振興東北老工業基地為目標；以促進遼、吉、黑及內蒙古東部地區的區域互動為平臺，促進遼、吉、黑及內蒙古東部地區各類生產要素的自由流動和優化配置，拓寬東北地區的產業發展空間，實現東北地區產業的配套協作能力；以促進東北地區與環渤海地區、韓國、朝鮮、日本、俄羅斯等國家之間的交流與合作，促進產業市場的開拓和要素的獲取；以改造提升裝備製造業、穩步發展農業及其加工業、促進資源能源深加工產業發展等戰略方向。在總結東北地區產業發展的優勢和問題的基礎上，我們認為西部地區現代產業體系發展應該注意以下幾點：

1. 加快發展戰略性新興產業

戰略性新興產業是引領現代產業體系發展的重要產業，是與傳統產業相融合，改造提升傳統產業的重要途徑，也是改變東北地區傳統產業比重太大，調整東北地區產業結構的重要手段。要改變東北地區目前重工業偏重、輕工業偏輕的結構性局面，必須發揮戰略性新興產業的高端引領作用，從增量和存量兩個方面促進東北地區產業升級。一是加快發展新能源、新材料、新一代信息技術、生物、高端裝備製造等戰略性新興產業的發展，以提高東北地區資源能源利用效率、延伸資源型產業的產業鏈、提高裝備製造業的技術水平和市場競爭力、提高農業的產出水平和維護農業產業安全等為目標，通過培育產業集群、產業帶和重點龍頭企業等形式促進產業的規模化、集聚化和配套協作發展，不斷提高戰略性新興產業的比重和對傳統產業的改造升級能力。二是處理好戰略性新興產業與傳統產業之間的關係。從產業結構升級的客觀趨勢看，中國的工業化進程還遠沒有結束，一些高端裝備製造業技術設備對外依存度還很大，還應該大力發展基礎材料、裝備製造業等資本和技術密集型產業，在此基礎上，大力發展新材料、新能源、高端裝備製造等戰略性新興產業。堅持以傳統產業為基礎促進戰略性新興產業發展，以戰略性新興產業引領和改造傳統產業，兩者在互動過程中實現共同發展。東北地區產業結構的調整不能簡單地減少重工業的比重，而是要把戰略性新興產業的發展融入重工業之中，以此來促進重工業的技術升級和產品結構的調整。應該指出，改造傳統產業和發展高新技術產業並不矛盾，傳統產業並不等於「夕陽產業」，高新技術產業也不一定就是

「朝陽產業」，關鍵在於必須有較高的效率①。

2. 大力發展農產品加工業

東北地區是中國重要的農產品生產基地，也是中國重要的農產品加工基地。隨著近年來發生的中國大量榨油企業等農產品加工企業以及農產品科研機構等被外資惡意收購，從而控制中國農產品加工龍頭企業和整個農業產業鏈等行為的發生，建立區域性農產品加工龍頭企業和發展中國自己的農產品加工業越來越成為維護中國農業產業安全的焦點。因此，不管是維護中國農業產業安全還是帶動區域農業發展，東北地區發展農產品加工業都具有現實性和必要性。一是構建以農產品加工業為核心的第一、第二、第三產業體系，以農產品加工業為核心，促進相關的加工機械、產品包裝、種養殖業、現代物流業、連鎖經營等產業的發展，形成以第二產業引第一產業、促第三產業的互動發展格局。二是構建以農產品加工為核心的科研體系，以促進農產品市場銷售為導向，以促進農產品精深加工、開發新產品、新功能為基礎，引導特色農產品新品種培育和特色安全農產品識別技術的開發等，並促進信息化與工業化和農業現代化的融合發展。三是培育壯大區域性農產品加工龍頭企業。依託東北地區豐富的農產品資源（如大豆），按照靠近市場、靠近原料基地的要求，發展或培育一批農產品資源深加工龍頭企業，以龍頭企業為核心，通過上聯基地、下聯市場，實現產加銷、農工貿的一體化發展和農科教的聯合發展，不斷延伸農業產業鏈，提高農產品附加值和產品市場競爭力。② 四是依託東北地區的特色農產品資源推進農產品品牌建設，如發揮大豆等非轉基因食品的優勢，打造區域性和全國性綠色食品品牌。五是推進東北地區特色農產品的規範和標準認證工作。如為受地理標誌保護的「東北大豆」制定一系列種植規範和產品標準。只要在規定區域內，以一定種植技術規程生產，達到規定質量標準的非轉基因大豆，都可以成為受「東北大豆」地理標誌保護的產品。根據中國大豆種植資源豐富、良種出新潛力大的實際情況，種植品種不作為「東北大豆」地理標誌的特定因素。並根據市場需求，不斷開發適應當地種植、優質、高效、非轉基因的東北大豆新品種，以支持地理標誌「東北大豆」產業持續的競

---

① 蔣南平，黃方正. 可持續發展：振興東北老工業基地的關鍵 [J]. 當代經濟研究，2004 (10)：44.

② 詹懿. 轉變經濟發展方式背景下的西部特色農產品加工業發展研究 [J]. 經濟問題探索，2012 (7)：120-121.

爭力。①

3. 振興裝備製造業

裝備製造業是東北地區的特色優勢產業，也是該地區的支柱產業，裝備製造業的發展快慢和發展好壞直接關係整個東北地區的產業升級，以及以裝備製造業為核心的現代產業體系的要素聚合力和產業整合力的效應的發揮，對振興東北老工業基地和積極穩妥地推進工業化、城市化進程具有重要的支撐作用。而且，中國具有發展現代製造業的優勢。如「廣闊的消費市場，較低的勞動力成本，充沛的創業活力，較強的柔性生產能力，比較完善的工業配套設施，跨國公司及以華人為主體的廣泛國際關係網絡，以改革開放為核心的政府支持，構成中國發展現代製造業的七大優勢。」② 因此，東北地區應該加強對裝備製造業的改造升級。一是要加強產業鏈配套建設。大力發展介於原材料製造業與終端產品製造業之間的零部件、元器件和中間材料製造業的中間產業。通過改組、改造，形成高起點、專業化、大規模、可向全國甚至全球供貨的一批「小型巨人」式汽車零部件、自動化儀表元器件、電子元器件材料及其製品、機床動能部件、燃氣輪機部件、飛機零件、模具、鍛鑄件等製造企業。二是要加強相關產業區域合作，形成整體優勢，避免趨同化。東北三省各自具有優勢產業，互補性很強，相互協同非常重要。三省範圍內的協同聯合效果，較之各省單一式的改革調整效果要強得多，只有立足於整個東北地區進行產業區域合作，區域競爭優勢才能夠顯現出來。例如哈電集團和瀋陽輸變電集團，哈電集團的電站設備研究和製造水平很高，瀋陽輸變電集團在輸變電設備方面優勢很強，如果立足各自優勢進行強強合作，共同打造東北製造業在電力裝備方面的整體優勢，則可在同行業中取得舉足輕重的地位。三是以重大裝備製造業為基礎，引領高端裝備製造業發展。東北地區作為裝備製造基地，僅僅靠發展重大裝備很難持續健康發展，必須在保持、發揚重大裝備製造特色的同時，大力發展電子信息設備、環保設備、物流設備、機器人及自動化、數字化醫療設備、新型材料等新型裝備製造業，實現產業結構適度「輕型化和高技術化」。③

---

① 王志本. 實施地理標誌保護　促進中國東北大豆產業發展 [J]. 中國農村經濟, 2006 (12)：31.
② 陳秀山, 孫久文. 中國區域經濟問題研究 [M]. 北京：商務印書館, 2005：164.
③ 韓嘉彬, 任真真. 振興東北老工業基地與工業化建設 [J]. 理論導刊, 2006 (2)：71.

7 中國現代產業體系的制度實現

7.1 概述

「制度是為約束在謀求財富或本人效用最大化中的個人行為而制定的一組規章、依循程序和倫理道德行為準則。」同時,「制度提供人類在其中相互影響的框架,使協作和競爭的關係得以確定,從而構成一個社會特別是構成一種經濟秩序」[1],從而使得各類市場交易和經濟行為得以方便和規範地運行,降低了交易雙方的交易成本、提高了經濟運行的效率,是實現市場經濟健康順暢運行的重要保證。中國現代產業體系的實現不僅在技術上需要有效的產權激勵、成果產業化等制度安排,為中國發展現代產業體系提供源源不斷的技術支持,而且在區域上需要合理的區域利益協調機制、政績考核等制度安排,以促進要素在區域之間的合理高效配置。因此,中國現代產業體系的制度實現可以定義為:為實現中國現代產業體系中產業技術創新能力增強、產業組織結構有效化、產業結構高度化、產業區域佈局合理化、要素配置高效化、國家產業發展安全化等目標而提供的一系列制度安排,以及為實現這些目標而採取的制度創新。

由於當前中國產業發展還存在產業技術水平不高、產業組織結構不合理、區域差距較大、產業結構不優、產業安全度不高等問題,因此,中國現代產業體系制度實現的內涵可以分為以下三個層次:從宏觀層次上看,主要表現為為促進產業結構的不斷優化升級,產業的「體系化」發展能力不斷增強以及由此帶來的產業安全度的提高等採取的一系列制度安排和制度創新;從中觀層次上看,主要表現為為促進區域間產業的合理配置、產業組織結構的高效化等目

---

[1] 道格拉斯・C. 諾斯. 經濟史上的結構和變革 [M]. 厲以平, 譯. 北京:商務印書館, 1992, 227-228.

標而採取的一系列制度安排和制度創新；從微觀層面上看，主要表現為為提高各產業的技術水平等所採取的一系列制度安排和制度創新。

根據當前即今後一段時期中國現代產業體系發展的重點和難點，筆者認為中國現代產業體系制度實現的內容應包括以下幾個方面：一是宏觀層面的產業結構政策、產業安全政策、金融支持政策、政績考核制度的完善和創新；二是中觀層面的產業組織政策的完善和創新；三是微觀層面的產業技術政策的完善和創新。由於產業技術政策、產業組織政策、產業結構政策和產業安全政策中存在相互交叉的情況，因此，本書將把產業技術政策、產業組織政策、產業結構政策和產業安全政策統一納入產業政策的範圍內，分析、發現和提出解決中國產業政策中存在問題的對策和建議。由此，本章將著重對產業政策、產業發展中的政績考核制度等進行分析。

7.2 中國現代產業體系發展進程中的產業政策實現

7.2.1 產業政策在中國現代產業體系發展進程中的作用

1. 產業政策的概念

關於產業政策的概念，國內外學者從不同的角度進行了詮釋。①認為產業政策是為了彌補「市場失靈」而採取的補救政策。持這種觀點的有日本經濟學家小宮隆太郎，他認為：「產業政策（狹義的）的中心課題，就是針對在資源分配方面出現的『市場失靈』採取對策。」可以將產業政策的中心部分理解為「在價格機制下，針對資源分配方面出現的市場失敗進行的政策性干預」[1]。②認為產業政策是政府有關產業的一切政策的總和。持這種觀點的有日本經濟學家下河邊淳、管家茂和中國產業經濟學家蘇東水等，下河邊淳和管家茂在《現代日本經濟事典》中提出：「產業政策是指國家或政府為了實現某種經濟和社會目的，以全產業為直接對象，通過對全產業的保護、扶植、調整和完善，積極或消極參與某個產業或企業的生產、經營、交易活動，以及直接或間接干預商品、服務、金融等的市場形成或市場機制政策的總稱。」[2] 蘇東水認為：「產業政策是一個國家的中央或地區政府為了其全局和長遠利益而主動干

---

[1] 小宮隆太郎，等. 日本的產業政策 [M]. 黃曉勇，等，譯. 北京：國際文化出版公司，1988：5-6.

[2] 下河邊淳，管家茂. 現代日本經濟事典 [M]. 北京：中國社會科學出版社，1982：192.

預產業活動的各種政策的總和。」①周林、楊雲龍、劉偉（1987）認為：「所謂產業政策，就是政府將宏觀管理深入到社會再生產過程之內，對以市場機制為基礎的產業結構變化進行定向干預的一系列政策的總稱。它解決的主要問題是提高本國產業結構高度化，趕超發達國家的產業發展水平（結構水平和組織水平）。」②③認為產業政策是後進國家在努力趕超發達國家時採取的政策總和。如日本經濟學家並木信義指出，產業政策就是當一國產業處於比其他國家落後的狀態，或者有可能落後其他國家時，為了加強本國產業所採取的各種政策③。④認為產業政策就是為了加強本國產業國際競爭力的政策。持這種觀點的有美國學者查默斯·約翰遜，他在《產業政策爭論》一書中提出：「產業政策是政府為了取得在全球的競爭能力打算在國內發展或限制各種產業的有關活動的總的概括。作為一個政策體系，產業政策是經濟支撐三角形的第三條邊，它是對貨幣政策和財政政策的補充。」④⑤認為產業政策是政府系統設計的產業政策體系。經濟學家周淑蓮等在《中國產業政策研究》中指出：「產業政策是國家干預或參與經濟的一種高級形式，它是從整個國家產業發展的全局著眼而系統設計的較完整的政策體系，而不僅僅只是關於某一兩個產業的局部性政策。」⑤楊治認為：「產業政策就是以產業結構政策為核心，由其他諸政策與之相適應，共同構成的經濟發展目標與手段體系。」⑥

加入 WTO 以來，中國在獲取經濟全球化發展所帶來的利益和好處的同時，也面臨跨國公司及在本國的子公司對國內經濟發展的威脅和挑戰，其中很重要的一點就是產業安全的維護問題。因此，此處的產業政策分析不僅包括缺乏外部威脅情況下的產業政策，而且包括基於外部威脅情況下的產業政策——產業安全政策。

2. 產業政策體系

產業政策是由各種不同方面、圍繞實現產業不同發展目標的政策等組成的政策體系。依據不同的標準可以對產業政策有著不同的分類。根據功能定位的不同，產業政策可分為產業組織政策、產業結構政策、產業佈局政策和產業技

---

① 蘇東水. 產業經濟學 [M]. 北京：高等教育出版社，2000：330.
② 周林，等. 用產業政策推進發展與改革——關於設計階段中國產業政策的研究報告 [J]. 經濟研究，1987（3）.
③ 楊沐. 產業政策研究 [M]. 上海：上海三聯書店，1989：3.
④ 查默斯·約翰遜. 產業政策爭論 [M]. 金毅，等，譯. 美國當代研究所，1984：5. 轉引自：楊沐. 產業政策研究 [M]. 上海：上海三聯書店，1989：3.
⑤ 周淑蓮，等. 中國產業政策研究 [M]. 北京：經濟管理出版社，2007：35.
⑥ 楊治. 產業經濟學導論 [M]. 北京：中國人民大學出版社，1985：8.

術政策；根據政策對象領域的不同，產業政策還可以分為農業政策、能源政策、對外貿易政策、金融政策、環保政策、中小企業政策；根據政策目標的不同，還可以對產業政策進行細分，如產業結構政策就可以細分為戰略產業扶植政策、衰退產業調整政策、新興技術產業化政策，等等①。

3. 產業政策的作用

蘇東水認為產業政策具有以下作用：①彌補市場失靈的缺陷，如通過推行產業組織政策和產業結構政策，政府可以限制壟斷的蔓延，促進有效競爭的形成，加速產業基礎設施的建設，治理環境污染和生態環境，加快教育與科技發展，等等。②實現後發國家的超常規發展，縮短趕超時間。後發國家可以利用技術和管理等方面的後發優勢，通過制定和實施合理的產業政策，集中優勢資源迅速實現經濟的跨越式發展，縮小與發達國家的差距。③促進產業結構合理化與高度化，實現產業資源的優化配置。通過制定和實施產業結構政策，政府這只「看得見的手」可以有效地支持未來主導產業和支柱產業的成長壯大，可以有秩序、低成本地實現衰退產業的撤退和調整，從而加速產業結構的合理化和高度化，實現產業資源的優化配置。④增強產業的國際競爭力。⑤在經濟全球化過程中趨利避害，保證國家的產業安全和經濟安全。②

產業安全政策與一般的產業政策既有聯繫又有區別，一般的產業政策主要是在基於缺乏外部威脅的情況下，通過促進市場有效競爭、促進關鍵和瓶頸產業的發展、促進產業在區域間的合理佈局和促進產業技術進步等手段，促進資源在不同產業之間的合理配置、提高資源利用效率、促進一國產業結構的優化升級；產業安全政策主要是在基於全球視野和面臨外部威脅的情況下，強調保證一國產業安全及其在產業安全基礎上的產業發展、產業競爭力提升和本國產業利益等。因此，產業安全政策的作用是在保證產業安全的基礎上促進產業更好的發展，其對發展中國現代產業體系具體以下作用：

（1）保證國家產業安全。產業安全是一國經濟安全的核心，經濟安全是政治安全和國防安全的基礎，是維護國家主權獨立和民族獨立的基礎，也是構建現代產業體系的基本前提，只有在保證產業安全的基礎上，才能構建完整的現代產業體系。作為一個主權獨立的發展中大國，產業安全政策的作用首先體現在能夠調控本國產業發展方向和節奏、能夠及時有效地扶持關鍵產業和瓶頸產業以及保證本國產業順利地成長、能夠保證本國產業企業在技術經濟聯繫的

---

① 蘇東水. 產業經濟學 [M]. 北京：高等教育出版社，2000：335.
② 蘇東水. 產業經濟學 [M]. 北京：高等教育出版社，2000：333-334.

基礎上形成協作緊密的產業鏈式關係、能夠有效抵禦外國公司對本國關鍵行業和行業龍頭企業的控制以及對本國產業鏈的分割和對行業的分化整合。

（2）保證產業之間的有機聯繫。現代產業體系內各產業之間是互為條件、互為需求、互為市場和互動發展的有機體，產業之間基於各種技術經濟聯繫在相互作用中不斷向前發展，這種有機聯繫是產業體系中各產業發展的源泉和動力。而產業安全政策在維護中國產業安全的過程中直接或間接地保證和促進了各產業之間的有機聯繫，是現代產業體系得以獲得不斷壯大的「聚合力」①。

（3）促進關鍵產業的發展。現代產業體系的發展離不開關鍵產業的支撐和引導，關鍵產業是現代產業體系的核心和重要節點。產業安全制度維護產業安全，其中一個很重要的目標就是抵禦外資對中國關鍵產業的控制，為中國關鍵產業的發展營造一個有效的發展環境和足夠的產品市場，以此促進中國關鍵產業的發展。

（4）提高民族資本產業控制力。現代產業體系的發展要求本國民族資本控制各產業鏈的關鍵環節，實際上就是防止產業鏈的關鍵環節被外資控制後，外資基於自身利潤最大化的動機和要求進行分化整合，從而使得現代產業體系被人為地「解構」②。「如果我們千辛萬苦建設起來的工業體系被不同的跨國公司根據各自的需要分別整合，我們就失去了自己的民族產業，就失去了獨立自主發展的能力和機會。我們的技術進步，永遠只能被動地仰跨國公司鼻息，就會被長期鎖定在國際產業分工鏈條的底層。」③ 而產業安全政策作為維護國家經濟和政治獨立的重要手段，其重要作用就是通過制定各種法律法規和政策手段，阻止外資對中國產業的控制，提高民族資本對國內產業的控制力，保證國家對本國產業的自主發展權和控制權。

7.2.2 現階段中國產業政策存在的主要問題

1. 產業政策體系不完善

產業政策體系包括產業結構政策、產業組織政策、產業佈局政策、產業技術政策等，其中產業結構政策的目標是促進產業結構的合理化和高度化，「推

---

① 聚合力是指現代產業體系由於各產業之間的相互需求、相互競爭、相互促進等形成的產業整合效應、技術創新和擴散效應、產業集成效應、自組織效應等內化在一起的合力。

② 解構就是現代產業體系在發展過程中由於關鍵環節被外資控制，產業體系內部各產業之間原有的有機聯繫和向心力被外資割斷和拆解，各產業逐漸形成以外資為核心的產業單元，本國產業體系逐步趨於瓦解的趨勢和狀態。

③ 景玉琴. 產業安全的根本保障：提升民族資本產業控制力 [J]. 福建論壇：人文社會科學版，2006（1）：30-31.

進產業結構高度化的中心問題，是提高產業結構轉換能力，而提高產業結構轉換能力的關鍵在於創新」①。同時，通過制定產業發展戰略和規劃等引導各產業內企業的技術、資金和人才的流向，是整個產業政策體系的核心。產業組織政策、產業技術政策和產業佈局政策分別是產業結構政策的實現手段和具體體現。產業結構如產業組織政策通過發揮規模經濟效應和提高市場競爭活力，促進企業降低生產成本、促進要素流動、增加企業市場競爭壓力、加快落後企業的淘汰升級等，實現資源在產業內各企業間和各產業間的合理配置和促使企業加快技術進步、改善經營管理等目標，最後實現產業結構的合理化和高度化。產業佈局政策通過把產業和產業鏈的部分環節佈局到合理的區域，使產業本身的發展規律和特徵能夠與區域地理和要素優勢有效契合，從而實現產業要素的有效供給和區域要素資源的充分有效利用，這是實現產業結構合理化的重要途徑。產業技術政策通過實施技術引進政策、技術擴散政策、技術開發政策等促進產業技術創新，再通過產業技術擴散效應的發揮促進產業結構的高級化。而產業結構政策、產業組織政策、產業佈局政策與產業技術政策之間必須在作用方向和作用力度上保持一致，才能避免各產業政策之間發生政策效用的碰撞和摩擦，實現產業政策之間的合力。

而中國目前在產業政策的實施過程中，還存在對各產業政策的組合運用不足，沒能發揮產業政策體系的系統整合效應，體現在以下方面：

一是沒能構建具有長遠性和系統性的產業政策體系。「產業政策的規劃設計和實施運用缺乏整體考慮和長遠打算，以往設計制定的政策往往不系統、不配套、不完整，其實施運用也往往單一。有的政策措施的設計和運用不是著眼於產業的長遠發展和結構的根本改造；有的政策措施相互矛盾，一個要鼓勵擴大，另一個要限制發展，互相牽制互相抵消，造成產業發展中的失誤和盲目性。」②

二是產業政策配套實施手段不全。主要表現在制定產業發展規劃、鼓勵或限制產業發展、調整產業發展方向等環節和目標時，沒有形成完整的產業政策體系，如採取了產業結構政策，卻沒有相關的產業組織政策；採取了產業組織政策，卻沒有相關的產業結構政策或產業技術政策。中國當前在治理稀土企業過多、稀土資源無序開採、稀土出口惡性競爭、稀土走私等問題時，主要是從產業組織政策、外貿出口政策等手段入手，力求通過提高稀土產業市場集中

---

① 周振華. 產業結構政策的核心：促進創新 [J]. 上海經濟研究，1989（2）：23.
② 張曙光. 產業政策及其設計和運用 [M] //周淑蓮，等. 產業政策問題研究. 北京：經濟管理出版社，1987：67.

度，促進稀土加工企業的規模化發展，以及通過稀土出口配額等形式減少稀土原材料的出口，但結果是稀土大量走私，無序開採現象越演越烈。事實上，稀土作為關係國防、高端裝備製造業等產業發展的戰略性資源（如導彈、衛星、信息產業等），對稀土行業的整治不僅是產業組織不合理的問題，更是整個國家的發展戰略和產業結構的問題，應該實施產業結構政策、外貿政策、產業組織政策和產業技術政策等一體的產業政策體系，既從戰略上重視稀土資源的潛在利用價值，又要從產業和技術上重視利用技術開發稀土和稀土產業鏈的培育，實現稀土資源的高效節約利用和稀土產業的可持續發展。

三是產業政策協作力度不均勻。表現在：「不同層次產業政策在一定時點上，其政策重點不協調，從而政策力量互相牽制，甚至互相抵消。不同層次產業政策實施的力度不均衡，有的貫徹有力，有的落實不足，難以形成整體政策效應。」①

四是外資併購立法不成體系。外資併購立法是一個系統工程，而中國在外資併購立法上目前還缺乏一個完整的規制體系。外資併購立法分佈於各種法律、法規之中，在不同效力層次和規制領域上缺乏相互的配合，經常出現法律規範間的衝突和無法可依的狀況，這就為外國投資者利用法律漏洞實施規避法律的行為提供了契機，從而對中國經濟安全產生威脅或不利於國內經濟發展。②

五是法律法規之間缺乏協調性和權威性。從美國等發達國家外資併購審查的法律法規可以發現，除了有總體的各部門參與的外資併購審查程序和總體法規之外，還有相關的針對各個方面的公司法、證券法、反壟斷法、國防生產法等相配套。中國「由於沒有一部能統率外資併購相關法律規範的基本法，有限的外資併購立法在不同效力層次和領域中缺乏相互配合，經常出現法律規範的相互衝突，嚴重制約了執法的有效性。另外，目前中國關於外資併購的專門立法均為部門規章或暫行性規定，政出多門，法律規章之間的主次關係不清，使其權威性、穩定性差，影響各種法規之間的協調配合和統一執法。」③

六是法規效力層次低，規制作用不強。中國有關規制外資併購的法律法規可以分為三種：第一種是正式法律，即由最高權力機關全國人大及其常委會制定和頒布的法律。第二種是行政規章，既包括國務院制定和頒布的行政法規如

---

① 周振華. 產業政策體系分析 [J]. 江淮論壇, 1991（2）：51.
② 陳清. 中國外資併購政府規制研究 [D]. 北京：北京郵電大學, 2007：99-100.
③ 於立, 唐要家. 反壟斷視角下的外資併購政策分析 [J]. 經濟與管理研究, 2006（8）：23.

條例、規定、辦法等，也包括國務院各部委根據法律法規在本部門權限內制定和頒布的實施細則、命令、指示、通知等。第三種是地方性法規和地方政府規章制度。而中國目前關於外資併購的專門立法均為部門規章，由於立法效力層次較低，各種相關立法之間難以實現有效的配合。這就使得這些法律規範的權威性和普遍適用性大大降低，在解決外資併購中遇到的具體問題或與其他法規發生衝突時，往往缺乏應有的依據。它只能對外資併購活動提出一些規範性的要求和程序，對違反這些規範沒有也無權設立處罰條款。這樣，這些規章的法律約束力就很低，很難對外資併購這樣一個複雜的資本轉移過程產生強有力的法律約束，一旦發生併購的法律糾紛，也很難得到國際社會的承認。①

2. 產業安全相關的組織機構不健全

美國作為世界上併購活動最活躍的國家和併購法律體系最為完整的國家，在處理國內企業併購和外資併購等維護市場有效競爭和產業安全方面累積了豐富的經驗，建立起了集產業安全法律法規制定、調查取證、法規執行組成的「三位一體」的組織結構，並且機構成員中由國民經濟各個管理部門組成，能夠對相關案件進行全方位的審查和評估，保證了產業安全政策的有效性。如美國於1975年成立的外國投資委員會和外國投資辦公室，就是負責外資進入對國內經濟利益損害程度進行調查和提交報告的機構。其中，「前者負責分析外國在美投資發展的現狀和趨勢，考察外資注入是否符合美國利益，並向國會提供有關外資管理的立法和有關議案，其成員來自美國財政部、司法部、國防部、國土安全部及商務部等12個美國聯邦機構。後者負責調查外資在各部門及各地區的分佈，外資對國家安全的影響，外資對能源、自然資源、農業、環境、就業、國際收支和貿易等方面的影響，並向國會提交分析報告。1988年，美國立法授權總統基於國家安全利益，可否決外國投資者兼並美國企業的請求」②。而美國聯邦貿易委員會和司法部又進一步根據相關法律法規對外資的併購實施政府規制，並在規制中體現著「鬆緊有度、操控在我」的特點。這種較為健全的立案、調查、提交報告、實施規制的併購規制程序，保證了美國關鍵產業不被外資控制，促進了美國現代產業體系的不斷向前演進。

而中國由於國內企業併購和外資併購的時間不長，針對外資併購進行的監控、評估、調查、政策執行等相關的組織機構還沒有建立或不完善。表現在：一是缺乏對外國投資對本國產業安全的影響進行全方位監控和評估的專門機

---

① 陳清. 中國外資併購政府規制研究 [D]. 北京：北京郵電大學，2007：99-100.
② 劉一飛. 國外有關產業安全的經驗及教訓 [J]. 宏觀經濟管理，2010（4）：69.

構，而在美國有外國投資委員會專門負責監控外國投資對美國的影響。二是部分涉及產業安全的主管部門和單位沒有參與產業安全相關法規和程序的制定，如涉及農業產業安全的農業部，涉及高新技術產業安全的科技部，涉及國內行業機密和部分國家機密的國家安全局、國防部，涉及能源礦產安全的國土資源部，涉及文化產業安全的文化部，涉及國家金融產業安全的中國人民銀行、銀監會，涉及裝備製造業安全的工業和信息化部、總裝備部，等等。只有對口的主管部門從專業的視角對產業安全進行監控、評估和提交結論，才能保證產業完全的各個方面能夠得到有效維護。

3. 產業政策的制定和實施缺乏法律基礎

產業政策是一種政府政策，也是政府干預或調控經濟的行為。對產業政策的制定和實施實行法律化，不僅有利於法治社會的建立，而且有利於產業政策作為長期性政策的穩定性以及避免執行過程中的主觀性和隨意性。因為如果政府制定的產業政策和實施產業政策的行為缺乏法律約束，這種產業政策有可能變成部分地方政府和部門專權或牟利的工具，增加了其政策制定的「短期化」和政策執行的「隨意性」或「私利性」，如有的部門或政府為了局部和短期利益而私自修改產業政策，更為嚴重的是有可能導致部門間或地方政府間的政策衝突，使得產業政策的制定和執行效果大打折扣。博登海默認為「如果不對公共行政在為追求其目的而採取任何被政府官員認為是便利的手段方面的權力加以限制，那麼這種做法便是同法律背道而馳的，因為這將淪為純粹的權力統治」[1]。而且「產業政策一旦上升為法，就不再是政府意志，而是國家意志、全民意志。即使是政府的有關規定或行為與法相抵觸，也必須以法律為準，服從法律的要求」[2]。可見，為了保證產業政策的制定和執行效果，應該對產業政策輔以相應的法律依據。儘管產業政策的法律化對提高產業政策的經濟效果具有重要作用，但由於中國在產業政策的法律化方面發展滯後，導致政策的制定和執行還存在很多問題。如「一些政策手段的規劃設計和實施運用缺乏必要的法律基礎和法律依據，沒有嚴肅的政策條文，而是依據某些領導人的講話，或者主管部門的一些不成文的規定，有的可執行，有的可不執行，有的可以這樣執行，有的也可以那樣執行，造成政策多變。違背政策，造成失誤，無

---

[1] E. 博登海默. 法理學——法律哲學與法律方法 [M]. 鄧正來，譯. 北京：中國政法大學出版社，1999：367.

[2] 陳淮. 日本產業政策研究 [M]. 北京：中國人民大學出版社，1991：23.

法追究或不予追究，有的甚至還加官晉爵」①。這種缺乏法律基礎的產業政策，客觀上為部分地方政府官員和部門牟取私利提供了空間，加上政府和機構對執行產業政策導致的失誤或損失一般不承擔責任，更加弱化了產業政策執行的效果，有的甚至與宏觀產業規劃相衝突。

4. 產業安全法律法規種類不全

作為一個發展中的大國，對發達國家跨國公司兼並中國涉及國防工業、裝備製造業龍頭企業、關鍵零部件企業、戰略性新興產業龍頭企業和關鍵行業企業的行為採取適當的行政和法律措施，以維護中國國內企業的經濟權益和產業安全，既符合國家經濟利益的要求，也是世界上發達國家和部分發展中國家普遍採用的手段。但中國作為世界貿易組織的成員和建設中的法治國家，對外資惡意收購和兼並中國關鍵行業和企業時，不僅需要審批、調查等行政手段，更需要建立相關的法律法規。這樣不僅可以提高中國引進外資和開展國際貿易的透明度，營造一個公平公正貿易環境，有利於持續、有效地利用外資，防止因政策不透明等原因引起其他國家的報復，也可以防止國內相關主管部門及其人員在規制外商投資時出現執行不力或執行過度等問題，使中國的產業安全得以有效的維護。而且，隨著中國經濟發展水平的提升，出於促進市場公平競爭和市場效率的需求，中國也應該制定較為完善的產業規制和法律法規。但是，中國由於在產業安全維護方面存在經驗和實踐的不足，導致與維護產業安全相關的法律法規還不健全。到目前為止，中國有關涉及外資併購威脅中國產業安全的法律法規只有1993年9月制定的《中華人民共和國反不正當競爭法》，2007年8月30日通過的《中華人民共和國反壟斷法》，2006年8月8日，商務部、國資委、稅務總局、工商總局、證監會和外匯局聯合發布的《關於外國投資者併購境內企業的規定》，2006年2月1日起實施的《外國投資者對上市公司戰略投資管理辦法》等，還沒有一部像美國的《2007年外商投資與國家安全法案》（FINSA）那樣的專門針對外資併購的國家安全審查法，更不用說由此衍生出的相關領域的部門性法規，使得中國在面臨外資併購時往往由於缺乏相應的法律法規而力不從心。

5. 產業政策的制定程序不完善

由於制定部門或執行部門間協調性不夠，一方面導致不同部門出於自身的利益考慮制定出具有不同發展目標的產業政策或具體實施手段，如中央出於國

---

① 張曙光. 產業政策及其設計和運用 [M] //周叔蓮，等. 產業政策問題研究. 北京：經濟管理出版社，1987：68.

家戰略的考慮制定出的具有長遠性和戰略性的發展規劃，但地方政府會根據地方財政需要和地方經濟發展需要制定符合自身利益的具體政策和實施措施，結果不可避免地出現一些中央和地方的產業政策相互衝突的地方，使得產業政策的執行效果大打折扣。另一方面，不同區域主管部門之間出於自身的地方經濟利益考慮，也會出現對國家產業發展規劃和產業政策執行力度的差別，有的甚至出現一個地方不允許的產業而另一個地方卻為了短期的利益考慮而出現鼓勵或放鬆管制的現象，這種區域之間政策的內耗也降低了國家產業政策的執行力。如「中國稀土行業由多個部門進行監管：國土資源部管理稀土資源採礦權；工信部對冶煉分離企業等下發指令性生產計劃；稀土出口配額和出口關稅等由商務部和稅務總局確定；由環境保護部決定稀土企業的污染物排放標準。多頭分別管理最終導致政策、措施協調統一性差，多方之間的利益博弈、交流溝通和理解上的差異使總攬全局的高效的規章政策難以出抬。」① 導致國家稀土產業規劃難以落實，稀土產業政策難以實施，行業無序發展的態勢沒能得到治理，大量稀土資源被盜採濫挖和低價流失，而有關稀土利用的高端製造業也遲遲未能發展起來。

產業政策尤其是某些為了應付突發情況而制定的短期性產業政策一般執行時間不長，而由於產業政策的制定程序不完善，產業政策的制定週期太長，如中國《汽車工業產業政策》從開始制定到出抬共用了4年左右的時間，《機械工業產業政策》的制定耗用了6年時間，② 等到產業政策制定出來，國家宏觀經濟形勢和產業發展情況已經發生了變化，此時的產業政策很難達到準確、及時調控的目的，有的甚至會發生相反的作用。如在產業政策制定初期，國內外經濟形勢不好，應該制定扶持和鼓勵性的產業政策，但是經過幾年之後國內外經濟形勢發生變化，國內產業發展出現產能過剩和惡性競爭等現象，此時如果繼續按照當時的經濟情況制定的產業政策執行，顯然會進一步加重國內產業產能過剩和惡性競爭等問題，達不到及時調控經濟的目的，更不利於中國現代產業體系的發展和完善。因此，完善中國產業政策制定程序是提高中國產業政策效能，加快現代產業體系發展的重要保證。

6. 產業安全法律法規可執行性差

雖然制定了相關法律法規，但由於法律法規規定不具體，執行標準不夠細化，部分法律法規僅僅是採用定性的標準，缺乏相應的量化標準（如美國司

---

① 吳志軍. 中國稀土產業政策的反思與研討 [J]. 當代財經, 2012 (4)：96.
② 李壽生. 關於21世紀前10年產業政策若干問題的思考 [J]. 管理世界, 2000 (4)：51.

法部在 1982 年兼並準則中，制定了 HHI 指數來衡量市場集中化的程度。①），使得產業安全政策難以貫徹實施，或者法律法規與產業發展實際不相符，導致法律法規缺乏可操作性。

一是在法律層面上，2007 年 8 月 30 日通過的《中華人民共和國反壟斷法》第三十一條規定：「對外資併購境內企業或者以其他方式參與經營者集中，涉及國家安全的，除依照本法規定進行經營者集中審查外，還應當按照國家有關規定進行國家安全審查。」但國家安全包括哪些方面，具體如何審查，由什麼機構依據什麼程序進行審查均沒有相關的配套說明和實施細則。1993 年 9 月制定的《中華人民共和國反不正當競爭法》，與現在相隔 20 多年，很多新出現的問題沒能及時補充進去，並且從其規範內容來看，該法主要以冒用他人商標和姓名等欺騙性交易行為、限制性購買行為、商業賄賂行為、商業侵權行為、低價傾銷等作為限制對象，對外資對國內市場控制等可能影響產業安全的限制性商業行為卻缺乏明確的規定。「限制性商業行為是指限制他人的商業活動以削弱或消除自己所面臨的競爭對手或潛在競爭對手的行為。在引進外國資本過程中，尤其是技術引進過程中，限制性商業行為很常見。限制性商業行為包括搭入、搭出、排他性回饋、地域限制、數量限制及轉售限制等多種類型。無論哪種類型的限制，客觀上都起到了削弱技術受方競爭實力的作用，有利於技術供方的壟斷，進而對技術引進國的產業安全構成隱患。」②

二是在部門規章制度層面上，2006 年 8 月 8 日，商務部、國資委、稅務總局、工商總局、證監會和外匯局聯合發布的《關於外國投資者併購境內企業的規定》第十二條規定：「外國投資者併購境內企業並取得實際控制權，涉及重點行業、存在影響或可能影響國家經濟安全因素或者導致擁有馳名商標或中華老字號的境內企業實際控制權轉移的，當事人應就此向商務部進行申報。當事人未予申報，但其併購行為對國家經濟安全造成或可能造成重大影響的，商務部可以會同相關部門要求當事人終止交易或採取轉讓相關股權、資產或其他有效措施，以消除併購行為對國家經濟安全的影響。」③ 但對「重點行業」「國家經濟安全」「重大影響」等關鍵詞沒有明確其範圍和具體內涵。而且《關於外國投資者併購境內企業的規定》中涉及的核心是國家經濟安全，而《中華人民共和國反壟斷法》中涉及的是國家安全，這兩者之間存在內涵是否

---

① 徐力行，等.國外產業安全防範體系的比較及啟示 [J]. 財貿經濟，2007（12）：91.
② 景玉琴. 中國產業安全問題研究 [D]. 長春：吉林大學，2005：169.
③ 關於外國投資者併購境內企業的規定 [EB/OL]. http://www.gov.cn/flfg/2009-07/24/content_1373405.htm.

一致、誰決定誰等問題。「總體上看，目前中國規制外資併購的法律法規極為分散，不成體系，缺乏協調性和銜接性，對外資併購中國家經濟安全的維護多為原則性的規定，缺乏可操作的具體規則，實踐中亦不能有效防範外資併購對國家經濟安全的威脅。」①

7. 產業政策干預的領域過於寬泛

產業政策的重要目的和作用就是彌補市場的缺陷、扶持戰略性產業的發展、促進產業結構的合理化和高度化、提高產業國際競爭力和維護國家產業安全。可見，產業政策主要作用於一些市場機制無法發揮作用和發揮作用不足、需要借助政府等外部力量的領域和環節，產業政策的干預範圍並不是越多越深越好，而是在於少而精。事實上，「國家產業政策只應對市場不能很好實現資源配置的領域和環節進行引導和干預，產業政策的有效領域主要是國家需要加快發展和企業不願自覺進入的基礎設施、支柱產業、高新技術和公共產品領域。如果政府在每個產業、每個領域都制定產業政策，產業政策涉及的面太寬、太多、太濫，政策就會失去重點，我們就會制定出一個從總體上失效的產業政策」②。中國目前各級政府和不同的部門出於不同的角度考慮紛紛制定出不同類型和不同層級的產業政策，這種種類過多、範圍過於寬泛的產業政策客觀上使得不同的產業政策之間相互衝突，使得政策調控重點不突出、有限的資源不能集中使用於最關鍵、最急需的環節和領域，結果是產業政策越多政策效果越差。

8. 維護國內市場秩序的反壟斷等競爭性政策體系不健全

一是對外資主體地位的判定不明確。中國法律法規和相關規定對外資主體地位的判定存在「設立地」和「資本來源地」兩種標準，這種法律和規定之間的標準的不一致不僅給執行部門帶來了困難，也給外資兼併中國企業提供了可乘之機。中國外商投資企業法規定，外商投資企業是指外國的公司、企業和其他經濟組織以及個人在中國境內投資或與中國的機構合資合作設立的企業，屬於中國法人，這是採用設立地標準；而原外經貿部制定的關於外商投資企業再投資及外商投資性公司的相關規定中卻認為，外商投資企業及外商投資性公司再投資設立的企業仍然屬於外商投資企業，實際上就是認為外商投資企業還是外國投資者，這就是採用「資本來源地標準」，在《關於外國投資者併購境內企業的規定》中，對外資也交叉使用資本來源地和註冊地兩個標準。中國

---

① 邵沙平，王小承.美國外資併購國家安全審查制度探析——兼論中國外資併購國家安全審查制度的構建 [J].法學家，2008（3）：159.
② 李壽生.關於21世紀前10年產業政策若干問題的思考 [J].管理世界，2000（4）：50.

對外資主體的使用標準，在理論上產生一定程度的混亂，在有關部門規章中出現衝突，在對外資併購的監管中也存在問題。[①]

二是缺乏內外資標準統一的併購法規。產業安全的重要目標就是在國內部分產業免受或少受外部威脅的條件下實現更大的發展，提高產業市場效率和市場競爭力，因為在經濟全球化的時代，產業安全的最有效手段就是提高產業競爭力。因此，維護中國產業安全，不僅要在外資進入方面設置一定的規範和障礙，最重要的是在外資進入國內後能夠通過完善的內外資一致的反壟斷法等法律法規體系來約束外資的行為，畢竟國內企業的壟斷行為同樣不利於市場效率和產業競爭力的提升。「由於中國尚沒有採取美國那種內資併購和外資併購統一適用相關併購法規的外資政策，而是區分併購主體分別適用不同的法律體系，內資併購適用《關於企業併購的暫行辦法》為主的內資併購法律體系，外資併購的具體規範適用《關於外國投資者併購境內企業的規定》、《指導外商投資方向規定》、《外商投資產業指導目錄》等法律體系。這也造成了內資外資企業不同的國民待遇標準，容易產生外資在中國成立子公司後的間接收購。如2001年米其林集團投資與上海輪胎橡膠股份有限公司合資成立上海米其林回力輪胎股份有限公司，後合資公司斥資3.2億美元反向收購輪胎橡膠核心業務和資產，從而控制輪胎橡膠。」[②] 這種注重外資進入時的規制，而忽視進入以後的規制的法律法規體系，給外資通過間接方式兼並中國企業提供了可乘之機。加上中國政府在「以市場換技術」戰略引導下制定的一些針對外資的優惠政策和地方政府基於經濟發展和政績考核的需要出抬的更加優惠的政策，進一步強化了外資在中國的「超國民待遇」，抑制了中國民族產業的發展。

7.2.3　中國現代產業體系發展進程中產業政策創新的對策建議

作為發展中國家，目前中國在經濟水平和產業技術水平等方面與發達國家還存在一定的差距，因此，中國當前即今後一段時間產業政策的重點應該是在以下兩個方面：一方面是維護國內產業發展和市場競爭秩序，扶持關鍵產業發展和促進產業結構的合理化和高度化；另一方面是阻止發達國家跨國公司對中國關鍵產業和企業的兼並收購以及利用各種不正當手段擠占中國市場，妨礙中國關鍵產業和企業的正常發展和市場競爭力的提升，以及破壞中競爭性行業

[①] 劉麗芳. 外資在華併購規制研究 [D]. 瀋陽：遼寧大學，2007：84.
[②] 鄔小宇. 外資在華併購的經濟效應和規制研究 [D]. 成都：西南財經大學，2009：125.

的正常競爭秩序,威脅中國產業安全和經濟獨立。早在1919年,孫中山在其《實業計劃》一書中就提出,要合理有度的利用外資和外國技術人才,要讓外資為我所用,但不能讓外資操控中國的產業發展,威脅中國經濟產業安全和經濟獨立;否則,將給國家發展帶來深重的災難。他說:「惟止可利用其資本人才,而主權萬不可授於外人」①,「惟發展之權,操之在我則存,操之在人則亡,此後中國存亡之關鍵,則在實業發展之一事也」。② 事實上,現在拉美的一些國家正是由於沒有處理好對外資的利用和規制問題,過分引進外資和對外資開放領域過於寬泛,結果導致外資控制了國內經濟的關鍵產業和部門,民族產業被不斷打壓以至於瀕於崩潰,國家經濟被外資控制,導致政治動盪、政權不斷更迭,整個國家的居民處於水深火熱之中。基於此,中國應該借鑒發達國家的經驗和部分拉美國家的教訓,構建具有中國特色的產業政策體系。

1. 建立健全中國的產業政策體系

制定和實施產業政策作為政府管理國民經濟的重要職能和調控手段,其政策作用的發揮需要借助於財政政策、金融政策等組成的政策體系和政策手段的配合和運用。「產業政策同財政政策和金融政策的有機結合,行政手段同法律、財政、稅收、金融、信息手段的綜合運用,是產業政策達到宏觀調控目標的基本條件。」③ 同時,「產業政策與其他宏觀調控政策息息相關,特別要處理好產業政策與投資政策、產業政策與貨幣政策、產業政策與稅收政策、產業政策與價格政策、產業政策與勞動力政策、產業政策與資源能源政策的銜接與協調。」④ 因此,中國在發展現代產業體系的過程中,應該構建起一個政策目標一致、作用力度一致和相互配套協作的產業政策體系,實現產業政策 $1+1>2$ 的效用。

(1) 搭建好國家產業政策體系框架。一是做好具有前瞻性和戰略性的產業發展戰略規劃設計以及相關的配套措施和實施機制,即做好國家產業政策規劃實施的「頂層設計」,然後以產業發展規劃的分期目標和產業發展的關鍵環節為基礎,制定相應的細分產業政策,形成以國家產業規劃戰略為總體方向和框架,其他配套政策為具體措施和手段的國家產業政策體系。二是針對產業政策調控的對象和調控的程度制定相應的財政政策、金融政策、外貿政策等配套政策,由於產業政策實施的階段性和針對性,因此,相關的配套政策也應制定

---

① 陶藩濤. 孫中山傳 [M]. 成都:四川人民出版社,1995:284.
② 孫中山. 實業計劃 [M]. 北京:中華書局,1985:248.
③ 李壽生. 關於21世紀前10年產業政策若干問題的思考 [J]. 管理世界,2000 (4):50-51.
④ 張士元. 完善產業政策法律制度應注意的幾個問題 [J]. 法學,2010 (9):22.

出大致的實施年限和具體的實施手段，保證產業政策合理有效的運行。

（2）完善產業政策相關的法律法規。一是在外資政策方面，通過制定和完善外資政策法規，確定外資併購的產業導向、待遇標準、審批制度，從宏觀上對外資併購進行引導和控制。二是在競爭政策方面，完善中國對外資併購中的反壟斷和反不正當競爭的規制，利用反壟斷法，進一步明確壟斷的實體標準及監管程序，抑制外資併購中的反競爭效應，阻止外資併購中的壟斷行為，保證市場的可競爭性。三是在外資併購審查制度方面，對外資審查制度作出統一全面的規定，明確審查標準、審查程序等事項，同時理順和明確各相關法律之間、外資併購審批部門之間的關係。①

（3）增加各法律法規之間的協調性和統一性。為保證各法律法規之間的協調性和一致性，在制定《中華人民共和國反壟斷法》的同時，適當修訂《中外合資企業經營法》《中外合作企業經營法》和《外資企業法》，實現「三法」合併，制定統一的《外商投資企業法》，修訂《中華人民共和國公司法》《中華人民共和國證券法》，使這些法規與《中華人民共和國反壟斷法》協調配套，形成完整的規制外資併購的法律體系。② 另外，抓緊修訂《中華人民共和國反不正當競爭法》。現行的《中華人民共和國反不正當競爭法》主要以欺騙性交易行為、商業賄賂行為、商業侵權行為作為限制對象，對可能影響產業安全的限制性商業行為缺乏明確的規定。在引進外國資本及技術過程中，限制性商業行為很常見。限制性商業行為會削弱資金、技術受讓方的競爭實力，有利於資金、技術供方的壟斷，進而對引進國產業安全構成隱患。早日實行國民待遇，取消對外資的種種優惠。清理現行法規中不合時宜的條款，刪除對民營經濟發展不利的限制性或歧視性規定，統一到有利於提高中國產業競爭力的目標上來。③

2. 完善產業安全相關的組織機構

加入 WTO 以後，隨著中國綜合國力的增強和人民生活水平的提升，中國的內需市場將逐漸釋放出巨大的潛力，這將吸引大量外國投資者進入中國市場，其中不乏控制中國產業和市場以獲取高額利潤壟斷者。而且，中國目前的發展速度也令某些西方國家不安，通過企業併購等經濟方式（非政治和非軍

---

① 楊鎬. 跨國併購與政府規制——兼論中國對外資併購的規制 [D]. 北京：中國社會科學院，2003：142.
② 桑百川. 完善中國外資併購制度環境的思考 [J]. 國際經濟合作，2005（11）：47.
③ 景玉琴. 產業安全的根本保障：提升民族資本產業控制力 [J]. 福建論壇：人文社會科學版，2006（1）：30-31.

事方式)制約中國產業和經濟的發展,阻礙、削弱中國的經濟實力和經濟獨立也是值得我們關注的問題。因此,中國應該首先完善產業安全組織機構,為合理有效地利用外資做好組織和人才保證。一是建立由商務部或其他某一個主管部門牽頭的,由商務部、國資委、工業和信息化部、國家稅務總局、工商總局、證監會、國家外匯管理局、農業部、科技部、國家安全局、國防部、國土資源部、文化部、中國人民銀行、銀監會、總裝備部和人力資源與社會保障部等涉及產業安全的相關人員組成的外資併購審查常設機構(外商投資審查委員會),加強從各方面對外資併購中國企業的調查和監控。其中,「國家發展和改革委員會或商務部可作為外商投資審查委員會的常設機構,負責組織包括國家發展和改革委員會、商務部等多部委參加的部際聯席會議,對外資併購交易進行國家安全審查。外商投資審查委員會下設辦公室,由國家發展和改革委員會或商務部有關負責產業安全的司(局)承擔日常行政工作。運行過程中要強化各部門的行政首長責任制;明確要求各部門信息、行政資源共享;強制規定各相關部門對牽頭部門的協助義務;建立外商投資聯合審查委員會領導下的決策程序;由外商投資聯合審查委員會主席根據調查報告決定是否批准該併購交易;確立外商投資聯合審查委員會對國務院事後匯報的程序。」[①] 二是在《中華人民共和國反壟斷法》和其他法律法規的細化基礎上確定反壟斷執行機構,該執行機構不僅應具有一定的行政權,而且還應包括一定的司法權,由此保證《中華人民共和國反壟斷法》等產業安全法律法規實施。

3. 理順產業政策制定或執行部門間的關係

產業政策的制定和實施要求相關各部門間相互配合、協調一致,而實現各部門間相互配合、協調一致的首要條件就是理順產業政策的制定和實施主體之間的利益關係,建立部門間政策協調的統一協調機構和協調機制,減少產業政策制定和執行過程中出現的各種相互推諉和抵觸情況的發生,提高產業政策制定和執行的效率。一是與國家產業政策體系相適應,國家產業政策的制定和實施部門也應該組建一個由各部門、企業、相關學者或社會成員組成的決策諮詢委員會,由決策諮詢委員會負責產業政策的制定和對產業政策執行情況進行監管,並對相關措施和情況廣泛徵求民意,提高產業政策制定和執行的科學性、合理性、動態性、針對性和有效性。二是依照國家產業政策頂層設計的要求科學設計中央與地方政府之間的稅收分成比例,改變地方政府承擔的事權和相應

[①] 王小瓊,何焰.美國外資併購國家安全審查立法的新發展及其啟示——兼論《中華人民共和國反壟斷法》第三十一條的實施[J].法商研究,2008(6):19.

的財權不匹配的問題，降低地方政府制定過多產業政策和過多干預地方經濟發展的動機，從根本上理順各級政府和各部門之間的利益關係，為產業政策的順利制定提供保障。

4. 不斷推進中國產業政策的法治化建設

產業政策的法治化是產業政策科學合理地制定和準確順利地執行的重要條件，也是實現中國依法治國和防止產業政策執行過程中出現「權力尋租」等腐敗問題的重要手段，對維護社會公眾利益具有重要作用，因為「在產業政策的制定與實施過程中，一般說來，政府代表的是社會共同利益，但這並非在任何時候都能夠自動實現，而需要在產業政策法中得到體現和保障」[①]。因此，中國在完善產業政策的過程中，應該逐步推進產業政策的法治化。一是規範產業政策制定程序，提高產業政策制定的參與度與透明度，如增加企業或行業代表等參與產業政策的制定，提高產業政策的科學性和合理性。二是明確產業政策執行主體的職責範圍。產業政策很大程度上就是為了彌補市場的缺陷，而不是代替市場或降低市場對資源配置方面的作用。因此，產業政策法律化的建設，很大程度上就是防止政府對市場經濟活動的過度干預或不合理干預，應該對產業政策執行主體進行規範約束，明確產業政策執行主體的職責範圍。三是提高產業政策的法律效力，通過立法的方式使產業政策法律化，防止產業政策執行過程中出現由於缺乏法律依據而執行不力甚至於受到抵制等問題，提高產業政策的執行力。

5. 明確外資併購審查程序

構建透明化、公開化的外資併購審查程序，有利於提高外國投資者在中國投資的預見性，減少因透明化不足在對外貿易中遭受對方國的報復行為，也符合世界貿易組織規則和中國進入國際市場的要求。同時，也有利於國內外資審查的相關機構行使相應的職能。具體程序可以參考以下幾點：①涉及國家安全的併購交易，交易方可主動向外商投資審查委員會提出進行國家安全審查的申請，外商投資委員會的成員也有權要求交易方提交申請。成功通過審查的交易方可被認為不會危害國家安全。②在收到交易方的申請或外商投資審查委員會自行決定進行審查後，外商投資審查委員會將進行特定期限的審查來評估該交易是否會對國家安全構成威脅。③只要有一位外商投資審查委員會成員認為有必要就併購交易進行進一步審查，該委員會就啓動進一步的調查。④外商投資審查委員會在上述調查結束後，應對是否批准該交易向委員會主席提交完整詳

---

① 王先林. 產業政策法初論 [J]. 中國法學, 2003 (3): 115.

細的報告,委員會主席將在特定時間內決定是否批准該交易。①

6. 推進維護市場競爭的政府規制改革

建立健全外資併購等產業安全法律法規的重要目標是防止外資對中國重要行業和企業的兼並收購,保證產業安全、維護市場競爭秩序、促進產業健康發展、提高產業市場競爭力。但是,僅僅制定了相關的法律法規進行規制還不夠,而且有可能導致弱化國內企業競爭,不利於產業競爭力提升。因此,在營造一個促進競爭的法律環境的同時,還要營造一個促進競爭的政務環境。一是推進對政府的規制改革,就是要把不該由政府機關辦的事堅決減下來,做到不「越位」;把該由政府機關管的事管住管好,做到不「缺位」;把政府、企業、事業單位的職能分離開來,做到不「錯位」,從而使政府職能該弱化的弱化,該強化的強化,該轉移的轉移,致力於建設一個「親市場」的政府。② 二是推進經濟性規制改革。經濟性規制改革以整體放鬆規制為主,並在局部上強化規制。第一,全面放鬆競爭性行業的准入規制,同時加強市場經濟秩序規範。取消基於所有制、地區或部門的各種不合理的限制,尤其要打破地方保護主義和部門本位主義。要以放鬆和取消進入限制為突破口和重點,全面清理有礙公平競爭的法律、法規,大幅度減少行政性審批;同時,要規範市場經濟秩序,尤其要加強資本市場和仲介市場的規範與監管,努力創造一個公平競爭的環境。第二,改革政企不分的政府管理體制,打破規制者與被規制企業之間的直接利益聯繫,使規制機構能超然地行使經濟性規制職能。第三,區分自然壟斷性業務和非自然壟斷性業務,加快對非自然壟斷性業務的放鬆規制。第四,適應新形勢變化的要求,完善涉外規制和加強重要產業安全規制。③

7. 精簡產業政策的干預範圍,提高產業政策的效能

產業政策作為政府深入產業內部直接調控企業和市場結構的政策手段,主要針對現代產業體系中的部分產業和產業鏈中的部分環節,並不是涉及的產業範圍越寬越好和涉及產業環節越細和越深入越好,而是強調對產業體系中的關鍵產業、瓶頸產業、需要優先發展的產業和關係國家產業安全的產業,以及產業鏈中的關鍵環節和薄弱環節進行有針對性的調控,以達到促進市場有效競爭、提高產業市場競爭力、促進基礎產業和瓶頸產業、培育戰略性新興產業、

---

① 王小瓊,何焰. 美國外資併購國家安全審查立法的新發展及其啟示——兼論《中華人民共和國反壟斷法》第三十一條的實施 [J]. 法商研究,2008 (6):19.
② 景玉琴. 中國產業安全問題研究 [D]. 長春:吉林大學,2005:176.
③ 何維達. 加入WTO後政府規制的改革與完善 [D]. 光明日報,2002-05-21.

促進關聯產業間「成鏈式」發展①、促進國家各產業「成體系」的發展和維護國家產業安全的目標。因此，中國發展現代產業體系的過程中必須認真分析產業發展演進規律、國內外經濟發展形勢、中國產業發展的實際情況和未來的發展戰略，在此基礎上對重點發展的產業和產業環節做出科學合理的判斷和選擇，合理確定產業政策的干預範圍和干預程度，真正實現產業政策在調控經濟餘缺中的「四兩撥千斤」的作用。

7.3 中國現代產業體系發展進程中的政績考核制度實現

7.3.1 政績考核制度在中國現代產業體系發展進程中的作用

政績考核制度作為衡量地方政府官員施政能力強弱和施政情況好壞的重要手段和標準，對促進地方經濟發展、提高地方政府官員發展經濟、社會、民生等問題具有積極的促進作用。考辨中國歷朝歷代的吏治制度可以發現，中國自夏商周以來就開始重視官員政績的考核，如《尚書·舜典》已有「三載考績，黜陟幽明」的記載。夏朝開始用「三宅」之法考選官吏；商、周又在「三宅」的基礎上提出「克用三宅三俊」之法考察官吏，把「宅心」、「俊心」作為考核官吏政績的標準；戰國時較為普遍的考核方式是「上計」制度。② 到了唐朝，官員的考核逐步進入了規範化和常態化，還建立了吏部考功司這個專司的官員考核管理的機構，並制定了相關的制度，如「凡百司之長，歲校其屬功過，差以九等」③。可見，政績考核制度對國家和地方經濟發展的重要性。有效的政績考核制度對促進地方經濟發展，發展和完善中國現代產業體系也具有積極的作用，主要表現在以下幾個方面：

1. 促進產業鏈延伸

合理的政績考核制度能夠激發地方政府對長遠性經濟發展的積極性，以及對社會、民生等問題的關注，而不僅僅是關注與短期經濟效益相關的 GDP、引進外資數量、投資額等數量性指標。注重地區或區域間長遠發展的政績考核體系可以使地方政府領導處理好短期發展與長遠發展之間的關係，把資金合理

---

① 「成鏈式」發展是指各關聯產業之間通過一定的技術經濟聯繫形成產業鏈的上中下游關係，並通過這種產業鏈上中下游關係形成的供求結構關係和互動關係不斷推進各關聯企業的技術創新，最終實現各關聯企業的技術升級和整個產業鏈的升級。
② 黃啓昌.論唐代的政績考核制度與吏治 [J].湖南社會科學，2012（3）：218.
③ 黃啓昌.論唐代的政績考核制度與吏治 [J].湖南社會科學，2012（3）：219.

分配在短期項目和長期項目中，使區域產業發展戰略的貫徹執行具有可持續性，使區域經濟更具可持續發展的能力。如在短期方面，地方政府可以通過招商引資和培育本地企業等方式增加同一產業或相關產業企業的數量；通過科學選址和規劃產業（工業）園區或工業集中區，搞好園區及周邊基礎設施和社會服務配套設施、配套產業等促進區域內相關產業的集中、集聚和集群發展。在長期方面，地方政府可以有意識地培育某一個產業或拉長加粗某產業鏈，通過從以前的招商引資轉向招商選資、圍繞產業鏈招商、圍繞產業配套招商、圍繞外圍服務招商等，使區域內同類或相關企業在獲得產業的規模經濟效應和專業化分工協作效應的同時，也要通過同類企業之間的競爭壓力和配套企業之間的需求動力實現園區內企業之間的技術創新效應，在這些壓力和動力的相互碰撞中不斷提高集群內企業的技術水平和自主創新能力，在實現產業技術水平提升、產業結構優化升級的同時，不斷延伸集群內主導產業的產業鏈。

2. 促進三次產業協調發展

合理的政績考核制度不僅使政府關注區域的長遠發展，而且有利於貫徹落實科學發展觀，有利於區域內經濟社會的全面發展。如區域內工業化、城市化和農業現代化的協調發展，一方面是事關產業發展、增加就業、社會保障、城鄉公共品供給、農業科技、農民增收、新農村建設等經濟社會問題；另一方面，工業化、城市化和農業現代化的協調發展客觀上要求三者在時間上大致一致、空間上有序推進、佈局上錯落有致、功能上相互補充，而要實現以上四個方面的目標，需要相應的產業基礎作為支撐。工業化需要非農產業尤其是製造業規模和技術水平的不斷升級，城市化需要工業化的發展提供就業崗位和要素「集聚力」，農業現代化需要城市化的要素需求和工業化的要素供給，製造業的規模化發展和專業化分工深化會演化出新的生產性服務業，城市化的發展會促進信息、金融等現代服務業的發展，農業現代化的發展也會促進科技、物流等服務業的發展，最後，工業化、城市化和農業現代化的協調發展將演化成三次產業的協調發展。可見，合理的政績考核制度將間接推進三次產業的協調發展，進一步推進現代產業體系的發展。

3. 發展高端產業或產業鏈的高端環節

合理的政績考核制度不僅使地方政府注重經濟總量的增加，而且更加注重經濟發展質量的提高，如資源能源利用效率的提高、生態環境的改善、產業技術水平的升級、產業競爭力的提升、產品附加值的提高，等等。資源能源利用效率的提高和生態環境的改善需要產業技術水平和加工工藝的改進和升級，產業技術水平和加工工藝的改進和升級需要關鍵技術設備的支撐，產業關鍵技術

設備的獲取從發達國家技術封鎖和設備適應性來看應該逐步向國內相關企業獲取為主轉變；產業競爭力的提升需要產業內企業掌握核心和關鍵技術，歸根結底需要產業技術創新能力的提升。最終，關鍵技術設備的獲取和技術創新能力的提升都需要高端產業或者產業鏈高端環節的支撐。因此，合理的政績考核制度在促進資源能源利用效率的提高、生態環境的改善、產業技術水平的升級、產業競爭力的提升、產品附加值的提高等經濟社會目標的過程中，將不可避免地要推進高端產業或產業鏈中的高端環節的發展。

7.3.2 現階段中國政績考核制度存在的主要問題

合理的政績考核制度對發展現代產業體系具有積極的促進作用，但事實上，中國現階段的政績考核制度還存在很多問題，如政績考核過於注重GDP等數量指標的考核，導致經濟發展質量不高、資源能源供應緊張、生態環境破壞嚴重、企業技術生產經營利潤不高、內需拉動不足等經濟和社會問題。

1. 過於注重GDP等短期經濟指標的考核

GDP即一個國家或地區的經濟中所生產出的全部最終產品和勞務的價值，常用來衡量一個國家的國力和財富。保持合理的GDP數量和增長速度是促進經濟發展和改善人民生活的基礎，正常情況下，GDP越大說明這個國家經濟增長速度越快、人均生活水平越高。美國經濟學家曼昆在《經濟學原理》中指出：「GDP高有助於我們過好生活。GDP沒有衡量我們孩子的健康，但GDP高的國家負擔得起孩子更好的醫療。GDP沒有衡量孩子們的教育質量，但GDP高的國家負擔得起更好的教育制度；GDP沒有衡量我們的詩歌之美，但GDP高的國家可以教育更多的公民閱讀和欣賞詩歌；GDP沒有考慮到我們的知識、廉正、勇氣、智慧或對國家的熱愛，但人們不用過多關心是否負擔得起生活的物質必需品，這一切美好的品質也容易養成。簡言之，GDP沒有直接衡量這些使生活有意義的東西，但它確實衡量了能使我們過上這份有意義生活的投入能力。」[1]

但由於GDP中包含了外資創造的收入、重複性投資產生的過剩產品等非正常指標，一個國家GDP中外資創造的收入越多，表明經濟自主能力越差，重複性投資產生的過剩產品越多，表明經濟結構失衡越嚴重，經濟增長過程中產生的浪費越多。因此，應該正確看待一國的GDP及其增長速度。中國產業發展過程中由於片面追求GDP等短期經濟指標的考核，在地方財政稅收、短

---

[1] 曼昆. 經濟學原理（下冊）[M]. 梁小民，譯. 北京：機械工業出版社，2005：106-107.

期低水平就業、地方公共服務和 GDP 考核的激勵和約束下，地方政府往往對房地產、鋼鐵、水泥等投資大、見效快、技術成熟項目（往往是產能過剩的項目）具有較大的偏好。這些低端產業的過量發展不僅會引發資源的大量消耗和對生態環境構成威脅，而且會造成對原材料大量需求的「假象」，引導原材料產業過量發展和產品價格上漲，一旦經濟不景氣或外部需求下降，這些產業首先將受到衝擊，從而引發整個經濟的下滑。同時，大量政績工程的上馬，對一些項目盲目的求高求大，為了短期經濟利益不惜犧牲民族企業的發展而給予外資以優厚的待遇，使得民族企業發展空間越來越小，客觀上加重了內需啟動的困難，這種發展格局對構建中國現代產業體系形成了兩大危害。

第一，從單個地方來看，這種注重短期經濟效益的經濟發展方式可以迅速增加地方財政和稅收收入，在領導短期任期和政績考核的激勵和約束下無疑是最優的選擇。但從全國來看，這種注重對短期利益的投資偏好，不僅會導致低端製造業的產能過剩，而且會導致某些有利於提高整個產業技術水平的、但投資週期長且見效慢的關鍵基礎產業和先進製造業的發展不足，導致整個國家的產業體系因缺乏先進製造業和關鍵基礎產業的支撐而難以構成完整的體系和不斷向前演進。

第二，部分地區政府為了短期利益和盲目的求洋求大，不惜提供最優惠的政策引進外資占據高端產業和產業鏈的高端環節，而國內民族企業卻不能享受相關優惠政策，這給擁有技術、資金、管理等優勢的外資企業併購中國關鍵行業和關鍵企業提供了得天獨厚的優勢，外資在控制企業品牌、渠道、核心技術等關鍵環節之後，把核心技術和高端環節轉移到母國，不僅摧毀了中國先進製造業的研發和生產能力，而且打破了企業原有的供應鏈關係，而轉向跨國公司母國或跨國公司在國內的配套生產企業，從而打擊原有企業的配套企業和原有產業的相關產業，最終摧毀該產業相關的整個產業體系。同時，這種區域利益的最大化和為之而進行的區域之間的惡性競爭，加上部門領導問責制的不健全等，共同促成了地方領導決策的短期化，客觀上加劇了中國國有資產流失、優質國有企業被惡意收購、民族企業生存空間縮小等問題，整個國家現代產業體系的構建也因此而受阻。

2. 過於注重單個區域自身的發展

中國在 1994 年實施分稅制改革以來，逐步確立了中央與地方之間的財政分權體制，使中央對地方的調控方式逐步從行政命令為主過渡到以經濟手段為主，地方政府的自主發展權增加了，但隨著全面小康社會的推進和對醫療保障、住房保障、公共基礎設施等社會民生問題關注的增加，地方政府承擔的社

會公共事物越來越多，在地方產業發展不足的情況下，會出現在原有的分稅制下地方政府財政所得增加相對落後於地方政府承擔的社會公共事物，由此出現了地方政府擁有的財權與承擔的事權不匹配的問題，加上地方經濟發展作為地方政府領導考核的重要指標，使地方政府面臨著兩個方面的壓力：一是由於割斷了地方政府收入與「支出需求」的聯繫，硬化了地方政府的預算約束，增大了財政支出的壓力；二是地方政府之間從計劃經濟時的「兄弟關係」過渡為兩個相對獨立的經濟主體的關係，且地方政府官員積極參與晉升博弈，使地方政府之間面臨著「非進即退」的競爭壓力。[①]這兩個方面的壓力，一方面確實對單個地方政府領導發展經濟形成了很大的激勵，提高了地方政府領導發展經濟的積極性和主動性，有利於為各地區經濟社會的發展打下經濟基礎；但另一方面，這種預算硬約束和官員晉升壓力也給縮小區域差距、促進要素在區域之間的流動、形成全國統一的大市場和發展中國的現代產業體系帶來了一定的障礙。表現在以下兩個方面：

一是加劇了地區分割和要素流動的障礙。財政分權給地方政府帶來的預算硬約束提高了地方政府發展本地經濟的積極性，加上在GDP等短期經濟指標的刺激下，為了保證本區域內產品的銷售和企業的發展，提高本區域的財政收入以及承擔發展社會公共事物的能力，往往會對其他地方的企業和產品實施一定的障礙，這就造成了國內大市場被人為地分割成塊，難以保證國內的行業性龍頭企業實現充分的規模化和專業化發展，企業技術創新能力也可能因市場不足和利潤不足而難以迅速提升。另外，這種過於注重單個區域自身的發展除了導致地區市場分割外，還會引起區域之間要素流動的障礙。在同一區域的同級地方政府官員之間的晉升壓力下，地方政府可能會對因成本原因本應該轉移到其他地方的企業提供低成本要素以促使其繼續留下，使得區域之間的比較優勢難以發揮，在招商引資的時候爭相降低產業進入門檻，而項目落地後由於成本過低往往難以兌現，從而惡化了區域整體的招商引資環境，也阻礙了要素在區域之間的正常流動。

二是導致區域之間產業同構現象加劇。預算硬約束和官員晉升壓力給地方政府官員造成一種激勵，就是在最短的時間內實現經濟發展規模和水平的最大化。而產業發展具有自身的演進規律，各個地區由於要素條件、需求條件和配套產業等產業基礎不同，對不同的產業發展具有不同的相對比較優勢，對同一

---

① 王文劍，覃成林. 財政分權、地方政府行為與地區經濟增長——一個基於經驗的判斷及檢驗 [J]. 經濟理論與經濟管理，2007（10）：60.

產業也具有不同的產業發展速度和發展潛力。地方政府如果追求的是經濟總量的增大，往往對一些投資大、見效快的低端產業情有獨鐘，各地方政府競相追逐的結果是低端產業的產能過剩，以及各地均形成以低端產業為主體的產業結構，並且可能導致區域經濟發展的「去服務化」①的發展趨勢。地方政府如果在政策的激勵下追求的是發展產業高端和高端產業，片面追求產業結構的高度化，就會對金融、房地產、物流、新能源、新材料、生物制藥、信息產業等現代服務業和戰略性新興產業情有獨鐘，而對現代服務業和戰略性新興產業的發展起基礎性作用的製造業重視不夠，結果是現代服務業和戰略性新興產業因缺乏發展基礎而成為了「無源之水和無本之木」，整個地區經濟結構出現「產業空心化」②的發展趨勢。這兩種發展趨勢導致的結果都是區域之間產業結構的趨同，產業同構帶來的後果是加劇能源和原材料的供應緊張局面，抬高能源原材料的價格，加劇經濟發展的結構失衡和經濟發展的波動性，從而不利於經濟的全面、協調和可持續發展。

7.3.3　中國現代產業體系發展進程中政績考核制度創新的對策建議

1. 樹立正確的政績觀

考核是最管用的「指揮棒」，政績考向哪裡，幹部就會干向哪裡。科學的考核制度會促進各級政府把更多的要素投向有利於地區長遠發展的項目和產業中，有利於部分關鍵產業和產業鏈中的關鍵環節的發展，最終促進中國現代產業體系的發展。要把堅持和貫徹落實科學發展觀與樹立正確的政績觀相結合，樹立科學發展觀相適應的正確的政績觀。習近平總書記在指導河北省委常委班子專題民主生活會時強調，要「樹立正確政績觀，切實抓好打基礎利長遠的工作」。發展經濟固然要有一定規模、數量和速度，但決不能以破壞資源和犧牲環境為代價，單純追求總量和速度，以 GDP 論英雄。樹立正確政績觀，必須堅持全面協調可持續發展理念，走生產發展、生活富裕、生態良好的文明發展道路，努力建設資源節約型、環境友好型社會，實現速度規模和質量效益相統一，經濟發展與人口資源環境相協調。要走出「唯 GDP 論」的誤區，把工

---

①「去服務化」就是經濟發展過程中由於過於強調短期經濟績效，過度重視製造業尤其是資源密集型和勞動力密集型產業等低端製造業的發展，而對一些投資週期較長和見效慢的高端製造業和服務業重視不夠，導致服務業發展嚴重不足的現象。

②「產業空心化」是指在一些高度發達的國家和城市，其產業結構出現這樣一種趨勢：非物質生產的服務性產業所占比重遠遠超過物質生產部門所占比重。出現產業空心化的原因主要是，高度發達的國家或城市，由於追求完善的經濟服務，使得大部分物質生產部門都轉移到了欠發達國家和城市。郭萬達. 現代產業經濟辭典 [M]. 北京：中信出版社，1991：38.

作重點轉到調整經濟結構、轉變經濟發展方式和提高質量效益上來。只有放下GDP這個包袱，下決心甩掉高消耗、高污染的帽子，大力推動綠色發展、循環發展、低碳發展，加快產業結構向高端、高質、高效邁進，才能創造出全面協調和可持續發展的優質政績。[1]

2. 健全地方政府政績考核體系

一是降低GDP等短期經濟指標在地方政府政績考核體系中的權重，引入產業自主創新能力、民族企業在關鍵產業和產業鏈關鍵環節的市場控制力等注重整體實力和長遠發展的經濟指標，以及居民就業、社會保障、生活水平、教育水平、發展指數、生態環境保護等生態和社會指標。二是加大轉移支付力度、增強中央財政在基礎設施和社會保障等方面的基礎作用，改變以地方政府為經營主體的區域之間的惡性競爭格局，使政府真正承擔起經濟調節、市場監管、社會管理和公共服務的職責，充分發揮企業作為市場主體在產業升級、技術創新、市場網絡等方面的主體作用。三是堅持「顯績」考核與「潛績」考核相結合。由於「顯績」考核具有短期性、見效快、可持續性差等特點而成為地方黨政領導幹部的首要選擇，尤其是一些臨近退休的領導幹部和急於升遷的領導幹部。而「潛績」考核則具有長期性、見效慢、可持續性強等特點，由於「潛績」的實現一般需要十年或者更長時間，在目前領導幹部五年一任期的幹部任免制度下，這類「潛績」的實現一般要經歷幾屆領導班子才能完成。因此，很多地方黨政領導幹部都消極應付，不願意做這種「前人栽樹、後人乘涼」的事[2]，由此導致很多能夠加強區域間產業分工協作水平、區域內產業鏈延伸、企業技術升級等有利於現代產業體系發展的政策和項目難以制定和實施。因此，應健全地方政績考核體系「顯績」與「潛績」的關係，根據不同地區和不同發展階段合理調整「顯績」與「潛績」在政績考核中的權重，以利於地區經濟的可持續發展和現代產業體系的發展。

---

[1] http://news.eastday.com/chyauto/2013-10-30/935921.html.
[2] 尹旦萍.對完善地方黨政領導幹部考核評價機制的思考［J］.福建行政學院學報，2010（1）：25.

參考文獻

[1] 馬克思, 恩格斯. 馬克思恩格斯文集: 第六卷 [M]. 北京: 人民出版社, 2009.

[2] 馬克思, 恩格斯. 馬克思恩格斯選集: 第二卷 [M]. 北京: 人民出版社, 1995.

[3] 馬克思, 恩格斯. 馬克思恩格斯選集: 第四卷 [M]. 北京: 人民出版社, 1972.

[4] 馬克思, 恩格斯. 馬克思恩格斯文集: 第五卷 [M]. 北京: 人民出版社, 2009.

[5] 毛澤東. 毛澤東文集: 第七卷 (一九五六年一月—九五八年十二月) [M]. 北京: 人民出版社, 1999.

[6] 鄧小平. 鄧小平文選: 第一卷 [M]. 2版. 北京: 人民出版社, 1994.

[7] 鄧小平. 鄧小平文選: 第二卷 [M]. 2版. 北京: 人民出版社, 1994.

[8] 鄧小平. 鄧小平文選: 第三卷 [M]. 2版. 北京: 人民出版社, 1993.

[9] 洪遠鵬. 《資本論》教程簡編 [M]. 上海: 復旦大學出版社, 2009.

[10] 蘇東水. 產業經濟學 [M]. 北京: 高等教育出版社, 2000.

[11] 宋承先. 西方經濟學名著提高 [M]. 南昌: 江西人民出版社, 1998.

[12] 沃里希·里昂惕夫. 投入產出經濟學 [M]. 崔書香, 譯. 北京: 商務印書館, 1982.

[13] 威廉·配第. 政治算術 [M]. 周錦如, 譯. 北京: 商務印書館, 1978.

[14] 西蒙·庫茲涅茨. 各國的經濟增長 [M]. 常勛, 等, 譯. 北京: 商務印書館, 1985.

[15] 安虎森. 區域經濟學通論 [M]. 北京: 經濟科學出版社, 2004.

[16] 弗里德里希·李斯特. 政治經濟學的國民體系 [M]. 陳萬煦, 譯.

北京：商務印書館，1981.

［17］邁克爾·波特. 國家競爭優勢［M］. 李明軒，等，譯. 北京：華夏出版社，2002.

［18］馮·貝塔朗菲. 一般系統論——基礎、發展與應用［M］. 林康義，等，譯. 北京：清華大學出版社，1987.

［19］魏宏森，曾國屏. 系統論——系統科學哲學［M］. 北京：清華大學出版社，1995.

［20］周肇光. 論馬克思產業協調思想的科學內涵及其現實意義［J］. 當代經濟研究，2006.

［21］陳英. 馬克思的資本流動理論與產業結構的變動規律［J］. 教學與研究，2007.

［22］李颺. 構建現代產業體系的路徑選擇——廣東現代產業體系及其支撐要素互動關係研究［M］. 北京：中國社會科學出版社，2008.

［23］陳佳貴，等. 中國工業化進程報告：1995—2005年中國省域工業化水平評價與研究［M］. 北京：社會科學文獻出版社，2007.

［24］陳甬軍，等. 中國城市化道路新論［M］. 北京：商務印書館，2009.

［25］白益民. 三井帝國在行動——揭開日本財團的中國佈局［M］. 北京：中國經濟出版社，2008.

［26］夏徵農，陳至立. 辭海［M］. 6版. 上海：上海辭書出版社，2009.

［27］鬱義鴻，管錫展. 產業鏈縱向控制與經濟規制［M］. 上海：復旦大學出版社，2006.

［28］李孟剛. 產業安全理論研究［M］. 3版. 北京：經濟科學出版社，2012.

［29］李孟剛. 中國產業安全報告（2010—2011）：產業外資控制研究［M］. 北京：社會科學文獻出版社，2011.

［30］約瑟夫·熊彼特. 經濟發展理論［M］. 何畏，譯. 北京：中國社會科學出版社，2009.

［31］金碚. 中國工業國際競爭力——理論、方法與實證研究［M］. 北京：經濟管理出版社，1997.

［32］曹榮湘. 經濟安全——發展中國家的開放與風險［M］. 北京：社會科學文獻出版社，2006.

［33］薛敬孝，白雪潔. 當代日本產業結構研究［M］. 天津：天津人民出版社，2002.

[34] 梅俊杰. 自由貿易的神話——英美富強之道考辨 [M]. 上海：上海三聯書店，2008.

[35] 陳曦文. 英國16世紀經濟變革與政策研究 [M]. 北京：首都師範大學出版社，1995.

[36] 李慶餘，等. 美國現代化道路 [M]. 北京：人民出版社，1994.

[37] H. N. 沙伊貝，等. 近百年美國經濟史 [M]. 彭松建，等，譯. 北京：中國社會科學出版社，1983.

[38] 布羅代爾. 15~18世紀的物質文明、經濟和資本主義：第三卷 [M]. 顧良，等，譯. 北京：三聯書店，1993.

[39] 周振華. 產業結構優化論 [M]. 上海：上海人民出版社，1992.

[40] 孫久文. 區域經濟規劃 [M]. 北京：商務印書館，2004.

[41] 道格拉斯·諾斯. 制度、制度變遷與經濟績效 [M]. 劉守英，譯. 上海：上海三聯書店，2008.

[42] 道格拉斯·諾斯. 西方世界的興起 [M]. 厲以平，譯. 北京：華夏出版社，2009.

[43] 傅家驥，等. 技術創新學 [M]. 北京：清華大學出版社，1998.

[44] 齊建國，等. 技術創新——國家系統的改革與重組 [M]. 北京：社會科學文獻出版社，2007.

[45] 吳添祖，等. 技術經濟學概論 [M]. 3版. 北京：高等教育出版社，2010.

[46] 王緝慈，等. 創新的空間：企業集群與區域發展 [M]. 北京：北京大學出版社，2001.

[47] 許慶瑞. 研究、發展與技術創新管理 [M]. 北京：高等教育出版社，2000.

[48] 科學技術部專題研究組. 中國產業自主創新能力調研報告 [R]. 北京：科學出版社，2006.

[49] 中華人民共和國科學技術部. 中國科學技術發展報告2010 [R]. 北京：科學技術文獻出版社，2012.

[50] 李政. 2011中央企業技術創新報告 [M]. 北京：中國經濟出版社，2011.

[51] 吳敬璉. 中國經濟增長模式抉擇 [M]. 上海：上海遠東出版社，2006.

[52] 黃孟復，等. 中國民營經濟發展報告（2010—2011）[R]. 北京：

社會科學文獻出版社，2011.

［53］中國科學院農業領域戰略研究組.中國至2050年農業科技發展路線圖［M］.北京：科學出版社，2009.

［54］簡新華，楊豔琳.產業經濟學［M］.武漢：武漢大學出版社，2009.

［55］劉秉鐮，杜傳忠.區域產業經濟概論［M］.北京：經濟科學出版社，2010.

［56］史忠良.產業經濟學［M］.北京：經濟管理出版社，2005.

［57］李建平，等.「十一五」期間中國省域經濟綜合競爭力發展報告［R］.北京：社會科學文獻出版社，2012.

［58］徐長樂，馬學新.長江三角洲發展報告2010［R］.上海：上海人民出版社，2011.

［59］範恒山，趙凌雲.促進中部地區崛起重大戰略問題研究［M］.北京：中國財政經濟出版社，2010.

［60］範恒山，等.「十二五」時期促進中部崛起若干問題研究［M］.武漢：武漢大學出版社，2011.

［61］姚慧琴，任宗哲.西部藍皮書：中國西部經濟發展報告（2009）［R］.北京：社會科學文獻出版社，2009.

［62］中國企業管理研究會，中國社會科學院管理科學研究中心.東北老工業基地振興與管理現代化［M］.北京：中國財政經濟出版社，2005.

［63］陳秀山，孫久文.中國區域經濟問題研究［M］.北京：商務印書館，2005.

［64］劉世錦.中國產業集群發展報告（2007—2008）［R］.北京：中國發展出版社，2008.

［65］中國產業集群發展報告課題組.中國產業集群發展報告［M］.北京：機械工業出版社，2009.

［66］任保平.衰退工業區的產業重建與政策選擇：德國魯爾區的案例［M］.北京：中國經濟出版社，2007.

［67］道格拉斯·諾斯.經濟史上的結構和變革［M］.厲以平，譯.北京：商務印書館，1992.

［68］小宮隆太郎，等.日本的產業政策［M］.黃曉勇，等，譯.北京：國際文化出版公司，1988.

［69］下河邊淳，管家茂.現代日本經濟事典［M］.北京：中國社會科學出版社，1982.

［70］楊沐. 產業政策研究［M］. 上海：上海三聯書店，1989.

［71］周淑蓮，等. 中國產業政策研究［M］. 北京：經濟管理出版社，2007.

［72］楊治. 產業經濟學導論［M］. 北京：中國人民大學出版社，1985.

［73］博登海默. 法理學——法律哲學與法律方法［M］. 鄧正來，譯. 北京：中國政法大學出版社，1999.

［74］陳淮. 日本產業政策研究［M］. 北京：中國人民大學出版社，1991.

［75］隗瀛濤. 孫中山傳［M］. 成都：四川人民出版社，1995.

［76］孫中山. 實業計劃［M］. 北京：中華書局，1985.

［77］曼昆. 經濟學原理（下冊）［M］. 梁小民，譯. 北京：機械工業出版社，2005.

［78］陳建軍. 關於打造現代產業體系的思考——以杭州為例［J］. 浙江經濟，2008（17）.

［79］向曉梅. 著力構建現代產業體系［J］. 港口經濟，2008（9）.

［80］劉明宇，芮明杰. 全球化背景下中國現代產業體系的構建模式研究［J］. 中國工業經濟，2009（5）.

［81］張明哲. 現代產業體系的特徵與發展趨勢研究［J］. 當代經濟管理，2010（1）.

［82］彭興庭. 論現代產業體系的構建［J］. 天府新論，2010（1）.

［83］周權雄. 現代產業體系構建的背景條件與動力機制［J］. 科技進步與對策，2010（2）.

［84］唐家龍. 經濟現代化與現代產業體系的內涵與特徵［J］. 天津經濟，2011（5）.

［85］江湧，李雪瑜. 依靠科技創新構建廣東現代產業體系［J］. 科技管理研究，2011（24）.

［86］王海燕，劉家順. 科技創新與現代產業體系相關關係［J］河南理工大學學報：社會科學版，2011（3）.

［87］宋立根. 構建現代產業體系的財稅政策支持［J］. 中國發展觀察，2011（3）.

［88］牛竹梅，喬翠霞. 加快山東省現代產業體系建設的思路與對策［J］. 理論學刊，2010（1）.

［89］楊永華. 廣東構建現代產業體系的理論探析［J］. 廣東金融學院學報，2008（6）.

[90] 王雲平，王昌林. 三次產業協同驅動經濟增長的思路和政策建議 [J]. 改革，2008（10）.

[91] 田伯平. 美國次貸危機與全球經濟新挑戰 [J]. 世界經濟與政治論壇，2008（6）.

[92] 谷源洋. 2012 年世界經濟仍將艱難爬坡——在中國經濟年會（2011—2012）上的演講 [J]. 經濟研究參考，2012（21）.

[93] 陳寶森. 為什麼後金融危機時期仍然危機不斷 [J]. 當代世界與社會主義，2011（5）.

[94] 路甬祥. 經濟危機往往催生重大科技創新 [J]. 當代經濟，2009（2）.

[95] 徐冬青. 後金融危機時代中國能源安全戰略體系的構建 [J]. 世界經濟與政治論壇，2010（6）.

[96] 李海艦，聶輝華. 現代企業的腦體產業分離發展 [J]. 中國經貿導刊，2003（15）.

[97] 李海艦，聶輝華. 全球化時代的企業營運——從腦體合一走向腦體分離 [J]. 中國工業經濟，2002（12）.

[98] 馬宇. 歐債危機的特殊性、解決方案與對中國的啟示 [J]. 開放導報，2010（5）.

[99] 周茂榮，楊繼梅.「歐豬五國」主權債務危機及歐元發展前景 [J]. 世界經濟研究，2010（11）.

[100] 劉華春，等. 淺析美國次貸危機及其對中國經濟的影響 [J]. 思想戰線，2009（S2）.

[101] 陳佳貴，等. 中國地區工業化進程的綜合評價和特徵分析 [J]. 經濟研究，2006（6）.

[102] 稅尚楠. 全球化視角下中國糧食安全的新思維及戰略 [J]. 農業經濟問題，2012（6）.

[103] 袁海平. 確保新時期中國糧食安全的戰略對策研究 [J]. 農業經濟問題，2011（6）.

[104] 詹懿. 中國現代產業體系：癥結及其治理 [J]. 財經問題研究，2012（12）.

[105] 高鐵生，等. 中國食用油市場安全和儲備制度改革 [J]. 經濟與管理研究，2008（8）.

[106] 張曉山.「入世」十年：中國農業發展的回顧與展望 [J]. 學習與探索，2012（1）.

[107] 魯德銀.中國農產品加工技術與發達國家的差距與政策［J］.科學管理研究，2005（6）.

[108] 袁勝軍，黃立平，劉仲英.產學研合作中存在的問題及對策分析［J］.科學管理研究，2006（6）.

[109] 張紅宇，等.加快推進農業基礎設施建設的重點領域與政策思路［J］.農村經濟，2011（6）.

[110] 韓俊.對新階段加強農業基礎地位的再認識［N］.人民日報，2008-02-15（007）.

[111] 尹曉珺.「入世」十年中國石油安全狀況簡析［J］.中國經貿導刊，2012（9）.

[112] 王海壯，等.中國鋼鐵工業沿海佈局戰略研究［J］.世界地理研究，2011（2）.

[113] 馬竹梧.中國鋼鐵工業自動化技術應用60年的進展、問題與對策（下）［J］.電氣時代，2010（8）.

[114] 高江虹.流通業主渠道盛世危言：外資已占60%［N］.21世紀經濟報導，2009-12-03.

[115] 劉書瀚，賈根良.出口導向型經濟：中國生產性服務業落後的根源與對策［J］.經濟社會體制比較，2011（3）.

[116] 鄭新立.美國控制我2/3信用評級市場［N］.經濟參考報，2010-04-12.

[117] 蔣中俠.外資引進「拉美化」之憂［N］.國際金融報，2004-07-09.

[118] 傅捷.外資控制產業命脈的三種武器［J］.中國投資，2006（10）.

[119] 王國平.產業體系運行的新態勢與發展新空間［J］.學術月刊，2011（9）.

[120] 曹曼，葉文虎.循環經濟產業體系論綱［J］.中國人口、資源與環境，2006（3）.

[121] 周淑蓮，王偉光.科技創新和產業結構優化升級［J］.管理世界，2001（5）.

[122] 李靖，魏後凱.基於產業鏈的中國工業園區集群化戰略［J］.經濟經緯，2007（2）.

[123] 龔勤林.論產業鏈構建與城鄉統籌發展［M］.經濟學家，2004（3）.

[124] 陶文昭.技術民族主義與中國的自主創新［J］.高校理論戰線，2006（5）.

［125］李遠.美國、日本產業政策：比較分析與啟示［J］.經濟經緯，2006（1）.

［126］王宏偉.美國的軍民一體化［J］.中國軍轉民，2004（5）.

［127］王宏偉.美國「引民入軍」對中國的啟示［J］.國防科技工業，2004（12）.

［128］鐘明.美國信息產業對宏觀經濟的影響［J］.世界經濟與政治論壇，1999（2）.

［129］金志奇.美國信息產業革命與宏觀經濟目標［J］.新東方，1999（2）.

［130］朱式毅，傅政.信息產業與美國經濟——以信息科學和信息技術裝備起來的美國經濟［J］.國際商務研究，1997（1）.

［131］孫永平，葉初升.自然資源豐裕與產業結構扭曲：影響機制與多維測度［J］.南京社會科學，2012（6）.

［132］劉偉，等.中國產業結構高度與工業化進程和地區差異的考察［J］.經濟學動態，2008（11）.

［133］寧光杰.技術創新與資本主義經濟的動力［J］.教學與研究，2009（2）.

［134］劉蘇燕.技術創新模式及其選擇［J］.華中師範大學學報：人文社會科學版，2000（1）.

［135］張強，盧荻.技術外溢、規模效應和內生經濟增長［J］.南開經濟研究，2011（2）.

［136］佟家棟，彭支偉.從「干中學」到「加工中學」——經濟全球化背景下的國際分工、技術外溢與自主創新［J］.南開學報：哲學社會科學版，2007（6）.

［137］舒珺，等.基於中國科技創新現狀的科技人才優先發展戰略探析［J］.科技管理研究，2012（1）.

［138］趙紅光.中國科技人才隊伍面臨的危機及對策［J］.中國科技論壇，2001（3）.

［139］詹懿.再工業化背景下的西部傳統產業升級研究［J］.現代經濟探討，2012（2）.

［140］蔡兵.自主創新能力不足與自主創新的文化、制度障礙［J］.學術研究，2006（2）.

［141］肖洪鈞，張薇.加入WTO後中國企業技術創新模式的選擇［J］.科學學與科學技術管理，2002（5）.

［142］溫家寶.提高認識　統一思想　牢固樹立和認真落實科學發展觀

[N].人民日報,2004-3-1.

[143] 馮海發.結構變革的歷史順序[J].當代經濟科學,1989(3).

[144] 馮德連.研發國際化趨勢下中國技術創新模式的選擇[J].財貿經濟,2007(4).

[145] 肖海晶.國外技術創新模式及對中國的啟示[J].學習與探索,2006(6).

[146] 詹懿.轉變經濟發展方式背景下的西部特色農產品加工業發展研究[J].經濟問題探索,2012(7).

[147] 陳建武,龍華.現代育種理論和育種技術的新思路[J].現代農業科學,2008(3).

[148] 劉國新,李興文.國外技術創新過程中的政府作用分析——對中國實施自主創新戰略的啟示[J].當代經濟管理,2006(12).

[149] 林慧岳,等.技術創新的文化考量[J].自然辯證法研究,2007(2).

[150] 蘇啓林,張慶霖.外生衝擊與代工產業升級:自東部地區觀察[J].改革,2009(12).

[151] 王素芹.影響中部地區產業集群的因素及建議[J].經濟經緯,2008(2).

[152] 卿楓,鄭力丹.中部六省承接東部地區產業轉移的問題探析[J].江淮論壇,2009(1).

[153] 孔祥智,關付新.特色農業:西部農業的優勢選擇和發展對策[J].農業技術經濟,2003(3).

[154] 任媛,安樹偉.西部地區發展特色優勢產業的優劣勢分析[J].生態經濟,2011(5).

[155] 劉興土,佟連軍,武志杰,等.東北地區糧食生產潛力的分析與預測[J].地理科學,1998(6).

[156] 蔣南平,黃方正.可持續發展:振興東北老工業基地的關鍵[J].當代經濟研究,2004(10).

[157] 王福君,沈頌東.東北裝備製造業區域合作的重點、模式與對策研究[J].東北師大學報:哲學社會科學版,2011(3).

[158] 韓嘉彬,任熹真.振興東北老工業基地與工業化建設[J].理論導刊,2006(2).

[159] 侯志茹.產業價值鏈視角下的東北地區產業集群發展問題研究[J].經濟縱橫,2009(12).

[160] 改革雜誌社專題研究部.東北3省經濟發展定位及其總體框架 [J].改革,2012 (9).

[161] 王志本.實施地理標誌保護促進中國東北大豆產業發展 [J].中國農村經濟,2006 (12).

[162] 周林,等.用產業政策推進發展與改革——關於設計現階段中國產業政策的研究報告 [J].經濟研究,1987 (3).

[163] 景玉琴.產業安全的根本保障:提升民族資本產業控制力 [J].福建論壇:人文社會科學版,2006 (1).

[164] 周振華.產業結構政策的核心:促進創新 [J].上海經濟研究,1989 (2).

[165] 周振華.產業政策體系分析 [J].江淮論壇,1991 (2).

[166] 於立,唐要家.反壟斷視角下的外資併購政策分析 [J].經濟與管理研究,2006 (8).

[167] 劉一飛.國外有關產業安全的經驗及教訓 [J].宏觀經濟管理,2010 (4).

[168] 吳志軍.中國稀土產業政策的反思與研討 [J].當代財經,2012 (4).

[169] 李壽生.關於21世紀前10年產業政策若干問題的思考 [J].管理世界,2000 (4).

[170] 徐力行,等.國外產業安全防範體系的比較及啟示 [J].財貿經濟,2007 (12).

[171] 邵沙平,王小承.美國外資併購國家安全審查制度探析——兼論中國外資併購國家安全審查制度的構建 [J].法學家,2008 (3).

[172] 張士元.完善產業政策法律制度應注意的幾個問題 [J].法學,2010 (9).

[173] 桑百川.完善中國外資併購制度環境的思考 [J].國際經濟合作,2005 (11).

[174] 王小瓊,何焰.美國外資併購國家安全審查立法的新發展及其啟示——兼論《中華人民共和國反壟斷法》第三十一條的實施 [J].法商研究,2008 (6).

[175] 王先林.產業政策法初論 [J].中國法學,2003 (3).

[176] 何維達.加入WTO後政府規制的改革與完善 [D].光明日報,2002-05-21.

[177] 黃啓昌.論唐代的政績考核制度與吏治 [J].湖南社會科學,2012 (3).

[178] 王文劍，覃成林. 財政分權、地方政府行為與地區經濟增長——一個基於經驗的判斷及檢驗 [J]. 經濟理論與經濟管理，2007（10）.

[179] 尹旦萍. 對完善地方黨政領導幹部考核評價機制的思考 [J]. 福建行政學院學報，2010（1）.

[180] 陳清. 中國外資併購政府規制研究 [D]. 北京：北京郵電大學，2007.

[181] 景玉琴. 中國產業安全問題研究 [D]. 長春：吉林大學，2005.

[182] 劉麗芳. 外資在華併購規制研究 [D]. 沈陽：遼寧大學，2007.

[183] 鄒小宇. 外資在華併購的經濟效應和規制研究 [D]. 成都：西南財經大學，2009.

[184] 楊鐳. 跨國併購與政府規制——兼論中國對外資併購的規制 [D]. 北京：中國社會科學院，2003.

[185] http://news.xinhuanet.com/newscenter/2007-10/24/content_6938568_4.htm.

[186] 中國科學報. 複合材料產業化的技術之惑 [EB/OL]. http://news.sciencenet.cn/htmlnews/2012/10/270960.shtm.

[187] 國務院關於印發「十二五」國家戰略性新興產業發展規劃的通知 [EB/OL]. http://www.gov.cn/zwgk/2012-07/20/content_2187770.htm.

[188] 國務院關於促進企業兼並重組的意見 [EB/OL]. http://www.gov.cn/zwgk/2010-09/06/content_1696450.htm.

[189] 江蘇省統計局. 江蘇轉變經濟發展方式的思考 [EB/OL]. http://www.jssb.gov.cn/jstj/fxxx/tifx/201102/t20110224_114907.htm.

[190] http://www.chinamp.org/govfile/2007nianmingpaigonggao.htm.

[191] 中共中央國務院關於促進中部地區崛起的若干意見 [EB/OL]. http://www.qiyeku.com/xinwen/1155987.html.

[192] 關於外國投資者併購境內企業的規定 [EB/OL]. http://www.gov.cn/flfg/2009-07/24/content_1373405.htm.

[193] 以正確政績觀推動科學發展 [EB/OL]. http://news.eastday.com/chyauto/2013-10-30/935921.html.

[194] Rick Delbridge. Manufacturing in Transition [M]. Lon-don. Newyourk：Routledge，1998.

[195] Tibor Kis. Reidustrialiation Problems of Regions of Eco-nomics in Tran-stions - Case of Vojvodina [J]. Advances in Busi-ness - Related Scientific Research

Journal (ABSRJ) Volume 2, Number 2, 2011.

[196] LiPson E. The Histroy of the Woollen and Worsted Industries (The firet roll) [M]. London: Victor Gollancz L TD, 1921.

[197] Stavrianos L S. A Global Histry: The Word since 1500 [M]. 2nd. Englewood Cliffs, N. J.: Prentice Hall, Inc, 1971.

[198] Freeman C. The Economics of Industrial Innovation [M]. 3rd. The MIT Press, 1997.

[199] Peter Ramsey. Tudor Economic Problems [M]. London: Victor Gollancz L TD, 1963.

[200] Gameron: A Concise Economic History of the World: From Paleolithic Times to the Present [M]. 3rd. New York & Oxford: Oxford University Press, 1997.

後　記

　　我大學本科是在西安財經學院度過的，儘管那時候學校就開設了產業經濟學的課程，但由於我對社會經濟情況接觸不多，對產業經濟的認識還不足。不過，本科階段所學習的廣泛的學科知識，卻拓寬了自己的知識面，為以後的學習研究和工作奠定了基礎。

　　我對產業經濟學的研究，是從來到四川大學開始的。2006年9月，我考取了四川大學經濟學院的研究生，師從四川大學經濟學院蔣永穆教授。在導師的悉心指導下，我開始研究產業經濟學，同時參與了四川省「兩化互動」發展戰略及部分市縣產業發展規劃的編製工作，在學習和課題研究的過程中，我逐漸認識到產業尤其是以製造業為核心的產業體系對一個地區、一個國家經濟發展和綜合實力提升的重要性。

　　2010年9月，我考取了四川大學經濟學院的博士生，繼續跟隨蔣老師研究產業經濟學，在研究的過程中，選取了「中國現代產業體系實現論」作為自己的研究題目，並圍繞這一題目寫出了我的博士論文。論文從準備到完稿，前後花了近三年的時間。論文的選題和寫作都離不開蔣老師的悉心指導，蔣老師不僅對論文的選題、框架結構、主要思路等提出了寶貴的意見，而且還對文章的調整和修改給出了眾多的提示和建議。蔣老師寬容大氣的胸懷、嚴謹的學術精神、慈父般的教導，使我在學術和做人方面獲益匪淺。他教會了我如何嚴格要求自己、如何寬容待人、如何謙遜求學，除此之外，蔣老師和師母劉潤秋女士還經常關心我的生活，使我得以順利完成碩士生學習和博士生學習過程。在此，我深表敬意和感謝。

　　我也十分感謝李天德教授、朱方明教授、張銜教授、蔣和勝教授、李萍教授、張克俊研究員等專家的細心指導。感謝紀志耿、楊少壘、肖明輝、彭亮、鮮榮升、李麗、王豐等師兄師姐以及四川大學經濟學院2010級博士生班同學的關心和幫助。感謝中共重慶市巴南區委黨校的領導和同事對我的關心和支

持。感謝西南財經大學出版社的同志們為本書的出版付出的辛勤勞動。在此，謹向他們表示衷心感謝。

謹將此書獻給我的導師、父母以及其他關心和幫助過我的老師、領導和朋友們。

詹 懿

2015 年 12 月

國家圖書館出版品預行編目(CIP)資料

中國現代產業體系實現論 / 詹懿 著. -- 第一版.
-- 臺北市：財經錢線文化出版：崧博發行, 2018.12
　面； 公分

ISBN 978-957-680-315-4(平裝)

1.經濟發展 2.產業發展 3.文集 4.中國

552.27　　　　107019962

書　　名：中國現代產業體系實現論
作　　者：詹懿 著
發行人：黃振庭
出版者：財經錢線文化事業有限公司
發行者：崧博出版事業有限公司
E-mail：sonbookservice@gmail.com
粉絲頁　　　　　網　址：
地　　址：台北市中正區延平南路六十一號五樓一室
8F.-815, No.61, Sec. 1, Chongqing S. Rd., Zhongzheng
Dist., Taipei City 100, Taiwan (R.O.C.)
電　　話：(02)2370-3310　傳　真：(02) 2370-3210
總經銷：紅螞蟻圖書有限公司
地　　址：台北市內湖區舊宗路二段 121 巷 19 號
電　　話：02-2795-3656　傳真：02-2795-4100　網址：
印　　刷：京峯彩色印刷有限公司（京峰數位）

　　本書版權為西南財經大學出版社所有授權崧博出版事業有限公司獨家發行電子書及繁體書繁體版。若有其他相關權利及授權需求請與本公司聯繫。
定價：400元
發行日期：2018 年 12 月第一版
◎ 本書以POD印製發行